Der Tod

Ein Lesebuch von den letzten Dingen

*Herausgegeben von
Rainer Beck*

VERLAG C.H.BECK

Mit 6 Abbildungen

Die Deutsche Bibliothek – CIP-Einheitsaufnahme

Der Tod : ein Lesebuch von den letzten Dingen / hrsg. von
Rainer Beck. – Orig.-Ausg. – München : Beck, 1995
  Beck'sche Reihe ; 1125
  ISBN 3 406 39225 3
NE: Beck, Rainer [Hrsg.]; GT

Originalausgabe
ISBN 3 406 39225 3

Umschlagentwurf: Uwe Göbel, München
Umschlagabbildung: © Gerrit Jan Vos, Amsterdam
© C. H. Beck'sche Verlagsbuchhandlung (Oscar Beck), München 1995
Satz und Druck: Presse-Druck- und Verlags-GmbH, Augsburg
Gedruckt auf säurefreiem,
aus chlorfrei gebleichtem Zellstoff hergestelltem Papier
Printed in Germany

Inhalt

Vorwort 9

I. Frühe Zeit

Gilgamesch-Epos: „Was ist das für ein Schlaf?" 14
Jan Assmann: Totengedenken als kulturelles
    Gedächtnis 15
René Girard: Die Rache der Toten 20
Hans-Peter Hasenfratz: Altiranisches Begräbnis 22
Homer: Troja: Klagegesänge für Hektor 23
Kurt Hübner: Die Wirklichkeit der Verstorbenen 26
Egon Friedell: Ägyptische Gräber 33
Jan Assmann: Die Idee des Totengerichts 38
Richard Gombrich: Das „Ausblasen der Feuer" –
    Buddhas Weg der Erlösung 42
Wolfgang Röd: Pythagoreische Seelenwanderungslehre 49

II. Antike

Platon: Der Abschied des Sokrates 54
Walter Burkert: „Straße der Seligen" – griechische
    Mysterien 57
Mary R. Lefkowitz: Antike Märtyrerinnen 64
Malte Hossenfelder: Epikur: „Der Tod geht uns nichts
    an" 67
Ranuccio Bianchi Bandinelli: Römisches Patriziat:
    Lebende Bilder der Ahnen 69
Publius Ovidius Naso: Orpheus und Eurydike......... 72
Mircea Eliade: Ereignis in Judäa: Die Auferstehung
    des Gekreuzigten 74
Paulus: „So werden in Christus alle lebendig..." 79
Villy Sørensen: Seneca an Lucilius – Todesgedanken ... 82
Mircea Eliade: Odin. Gott der Toten, des Kriegs und
    der Ekstase 88

Aurelius Augustinus: „Ich empfand nur Schmerz und
weinte…" 90

III. Mittelalter

Aaron J. Gurjewitsch: Egill Skallagrímsson: Das Lied
vom Söhne-Verlust 96
Arnold Angenendt: Heilige Leichen 99
Aaron J. Gurjewitsch: Leben und Tod im Mittelalter ... 105
Margareta Porete: Mystischer Tod 112
Dante Alighieri: Ein Blick in das Licht Gottes 113
Emmanuel Le Roy Ladurie: Seelenboten – Nachrich-
ten aus dem Jenseits................................ 116
Michail M. Bachtin: Hölle, Tod und Karneval –
mittelalterliche Lachkultur......................... 121
Iris Origo: Der Schwarze Tod und die Weißen Brüder .. 125
Claudine Herzlich/Janine Pierret: Fleischgewordenes
Übel 134
Ruggiero Romano/Alberto Tenenti: Abscheu vor der
Endlichkeit: Die makabren Themen................. 138

IV. Frühe Neuzeit

Thomas Morus: Der Tod in Utopia 146
François Rabelais: Spöttischer Dialog: „Lustfeuer des
Himmels" 148
Max Weber: Reformation des Jenseits 150
Claudine Herzlich/Janine Pierret: Krankheit und
Schuld... 154
Andreas Gryphius: Vanitas! Vanitatum Vanitas! 160
Albrecht Schöne: Bühnenbilder: „Der Schauplatz liegt
voll Leichen" 161
Samuel Pepys: „Der schönste Traum meines Lebens" .. 163
Heide Wunder: Riskante Schwangerschaft 166
Claudine Herzlich/Janine Pierret: Der Sterbende als
Hauptdarsteller: Das große Zeremoniell............. 171

Henri Sanson: Staatliches Grauen: Die Hinrichtung
Damiens.. 175
Michel Foucault: Politische Disqualifizierung des
Todes.. 178
Wolfgang Röd: Religionskritik. Paul Henri Thiry
d'Holbach.. 185
Charlotte von Kalb: Das eigene Grabmal.............. 188
Christiaan L. Hart Nibbrig: Der Tod als Schlaf –
ästhetische Immunisierung......................... 189

V. Moderne

Jean Paul: Fragwürdiges Jenseits: Die Rede vom toten
Christus... 196
Gerhard Schulz: Liebe und Tod – „Penthesilea" 200
Manfred Vasold: Die Mortalität in den großen Städten 203
Michel Vovelle: Wandel der Friedhöfe und neues
Familiengefühl..................................... 209
Claudine Herzlich/Janine Pierret: Die romantische
Krankheit 215
Johann Friedrich Dieffenbach: Äther – „der Tod hat
nur noch sein halbes Grauen" 218
Arthur Schopenhauer: „Kurze Vergangenheit" – über
das Alter 219
Manfred Vasold: Erfolge in der Seuchenbekämpfung .. 220
Wilhelm Busch: Der frommen Helene Versuchung und
Ende 224
Reinhart Kosellek: Das Kriegerdenkmal 226
Jorge Semprun: „Unter dem Lachen der SS-Männer" .. 229
Annemarie Pieper: Camus' „Sisyphos" und das
Absurde des Lebens 233
Roland Barthes: Vermißt? Erwägungen über den
Liebestod.. 239
Philippe Ariès: Der Beginn der Lüge und das Verbot
des Todes.. 240

VI. Gegenwart

Andy Warhol: Auflösen 248
Am Tod stirbt niemand – Sterbestatistik 248
Ulrich Beck: Eigenes Leben, eigener Tod 249
Freyermuth: „Vom Hamburger zur Kuh" – Wiederauf-
  erstehungsutopie 255
Claudine Herzlich/Janine Pierret: Prüfung durch
  Leiden, Freundschaft durch Leiden 263
Klaus Maag: Aids – „ich vermisse euch" 266
Sherwin B. Nuland: Die Tragödie des Horace Giddens 269
Klaus Sagaster: Kulturtransfer. Das tibetische
  Totenbuch 275
FAZ, 24. 3. 94; Michael Maar: Nachrichten vom
  „Nahtod" – auf nichts ist mehr Verlaß 282
Norbert Elias: Die Einsamkeit der Sterbenden 284
Thomas H. Macho: Wir erfahren Tote, keinen Tod 293

Abbildungsnachweis 299
Autoren- und Quellenverzeichnis 300

Editorischer Hinweis

Die Überschriften der einzelnen Beiträge sind vom Herausgeber gewählt; Anmerkungen und Quellenhinweise der Originaltexte wurden für diesen Band gestrichen; Textkürzungen und Erklärungen des Herausgebers sind durch eckige Klammern kenntlich gemacht.

Vorwort

Verdrängen wir, verdrängt unsere Gesellschaft den Tod? So einfach, wie noch vor wenigen Jahren, läßt sich das heute sicher nicht mehr behaupten.

Der Tod ist zum Thema, hier und da zum Spektakel geworden: Von tödlicher Krankheit getroffene Politiker und Journalisten bereiten sich medienwirksam auf ihr Hinscheiden vor; Begräbnisunternehmer preisen „alternative" Bestattungen mit schrillen Särgen und Rockmusik; Todgeweihte diskutieren in Talkshows über ihr Befinden. Die Debatten über Sterbehilfe und Sterbebegleitung, den Sinn mancher lebensverlängernden Maßnahmen und über die seelische Verelendung von Menschen, die in der sozialen Kälte des Krankenhauses auf ihr Ende warten, weisen auf aktuelle Veränderungen in der Einstellung gegenüber Sterben und Tod hin. Und in dieselbe Richtung deuten institutionelle Veränderungen, etwa die plötzliche Ausbreitung der Hospizbewegung. Möglicherweise erleben wir also gerade die Wende einer Entwicklung, die noch vor zwanzig Jahren auf die völlige Abschiebung der Sterbenden und ein Verbot des Todes hinauszulaufen schien.

Daß die Einstellungen gegenüber dem Tod durchaus wandelbar sind, darauf machte in den 70er Jahren schon der französische Historiker Philippe Ariès in einer umfänglichen „Geschichte des Todes" aufmerksam. Einst – und mit einst ist hier das Mittelalter gemeint – seien die Menschen mit dem Tod vertraut, und der Tod gleichsam gezähmt gewesen. Das Sterben war ein öffentliches Ritual. Mit Einfachheit, so Ariès, seien „die Todesriten hingenommen und vollzogen [worden], auf zeremonielle Weise zwar, aber doch ohne dramatischen Charakter, ohne exzessive emotionale Regungen". Erst das 20. Jahrhundert habe diese alte Vertrautheit gänzlich aufgegeben und bis in die 70er Jahre hinein den Tod mehr und mehr tabuisiert – so, daß er durch dieses Abdrängen regelrecht verwilderte. Wenngleich Ariès nicht unwidersprochen blieb, konnte einen doch Wehmut überkommen bei der Vorstellung eines so familiären und unproblematischen Umgangs mit dem Sterben. Geschichte wurde auf diese Weise in ein Modell, in ein Kontrastbild verwandelt, an dem die Gegenwart sich messen sollte.

Und heute, wo das eben erst errichtete Tabu wieder gebrochen und der Tod aus seinem Versteck geholt zu werden scheint: Beginnen wir, uns dem Tod wieder zu stellen, ihn in das Leben zu integrieren – oder erleben wir nur seine Aneignung durch eine Gruppe von Spezialisten, die immerhin das Verdienst haben, das Unabwendbare jenen, die ihrer Dienste bedürfen, etwas angenehmer zu machen?

Hier und da läßt sich beobachten, wie überholt geglaubte Formen wieder aufgegriffen oder herbeigewünscht werden. Einzelne fangen von neuem an, zu Lebzeiten ihre Gräber zu entwerfen oder detailliert die Dramaturgie ihrer Bestattung zu planen – wie im Mittelalter oder zur Zeit des Barock. Und während gut zwei Drittel der Deutschen derzeit im Krankenhaus sterben, scheinen immer mehr Menschen das Gegenteil zu begrüßen: 76 Prozent der Befragten erklärten jüngst, sie wären bereit, ihre sterbenden Angehörigen zu Hause bis ans Ende zu begleiten. Aber Geschichte kehrt sich nicht einfach um. Der Wunschtod der Moderne ist trotz dieser Entwicklungen ganz und gar *un*traditionell geblieben. Vom christlichen Mittelalter bis in die Neuzeit hinein galt alle Furcht dem plötzlichen Sterben, einem Tod, der keinen Abschied mehr erlaubt. Genau dieser Tod aber, ein sang- und klangloses Verschwinden, ist nach wie vor der Wunschtraum der Menschen von heute – wenigstens was ihr eigenes Sterben betrifft. Die Individualisierung im Zuge der frühen Neuzeit, die Auflösung festgefügter sozialer Bindungen wie auch die Entzauberung der Welt und des Himmels von einst blieben nicht folgenlos für die Einstellung gegenüber dem Tod und für die Gefühle, mit denen man ihn zu denken vermag.

Den Tod – wie das so gerne geschieht – natürlich zu nennen, sagt reichlich wenig über ihn aus. Er ist wandelbar, ist weit mehr kulturelles als Naturereignis. Und jeder Rede über den „Tod" haftet eine gewisse Paradoxie an. Denn über ihn selbst, seine Innenseite, gibt es streng genommen nichts zu sagen – jedenfalls nichts, was auf Erfahrung beruhte. Nur Scheintote erwachen wieder zum Leben, um über ihre Erlebnisse zu berichten. Was wir über den Tod wissen, sind Annäherungen, Spekulationen, ist ein Modus, ihn bei anderen zu erleben und bei sich selbst zu denken – zu denken im Rahmen bestimmter kultureller Konventionen. Aber es ist ohnehin nicht so sehr der flüchtige Moment des endgültigen Überganges vom Leben zum Tod, der uns beschäftigt. Weit mehr geht es um das Davor und das Danach bzw. die je besondere Bedeutung, die dem Tod innerhalb dieser sich wandelnden Zusammenhänge zukommt. Hiervon, von seinen verschiedenen Wirkungen und Erscheinungsformen – und von den Toten selbst –, handelt dieses Lesebuch; und zwar in einem Zeitraum, der von den frühen Hochkulturen über die klassische und nachklassische Periode der griechisch-römischen Antike, über Mittelalter und Neuzeit bis zur jüngsten Gegenwart reicht – ein Zeitraum von knapp 5000 Jahren.

Daß mit dem Tod alles vorbei ist, auf diese kühne und etwas trostlose Erkenntnis hat sich bekanntlich erst die Moderne eingelassen (zusammen mit der Verpflichtung, sich nur mehr um das zu kümmern, was unserem Denken zugänglich und durch unser Handeln gestaltbar ist). Davor hingegen haben wir es fast allenthalben mit Vorstellungen zu tun, in denen der Tod wohl die Überschreitung einer Schwelle bedeutet, nicht aber das Ende jeglichen Seins. Angesichts mancher der frühen Hochkulturen kann man im Gegenteil sogar zu dem Schluß gelangen, daß nicht die Unsterblichkeit, sondern die Sterblichkeit erst bewiesen werden wollte. Daher schien es mir richtig, in diesem Lesebuch den verschiedenen Vorstellungen von der Folgewelt und den Nach-Todes-Zuständen, den „letzten Dingen", ausreichend Platz einzuräumen – mehr Platz als ihnen gebührte, würde man den Tod nur aus heutiger Perspektive betrachten.

Für Epikur – das war im dritten Jahrhundert vor Christus – stand fest: „Der Tod geht uns nichts an!" Ganz überzeugten mich seine Argumente nicht – sonst hätte ich darauf verzichtet, diesen Band zusammenzustellen.

Unterfinning, Juli 1995   *Rainer Beck*

I

Frühe Zeit

Gilgamesch-Epos *

„Was ist das für ein Schlaf?"

„Hört mich, ihr Ältesten von Uruk, ihr Männer hört mich an!
Um Enkidu weine ich, um meinen Freund,
Wie ein Klageweib bitterlich klagend!
Du Axt an meiner Seite, so verläßlich in meiner Hand!
Du Schwert an meinem Gurt, du Schild, der vor mir ist!
Du mein Festgewand, du Gurt für meine Kraftfülle!
Ein böser Dämon stand auf und nahm ihn mir weg!
Mein Freund, du flüchtiger Maulesel, Wildesel des Gebirges,
    Panther der Steppe!
Enkidu, mein Freund, du flüchtiger Maulesel, Wildesel des
    Gebirges, Panther der Steppe!
Nachdem wir, alles gemeinsam verrichtend, den Berg erstiegen,
Den Himmelsstier packten und töteten,
Auch den Chumbaba umbrachten, der da wohnte im Zedern-
    wald –!
Was ist das nun für ein Schlaf, der dich gepackt hat?
Du wurdest umdüstert und hörst mich nicht mehr!"
Der aber schlägt die Augen nicht auf,
Und da er nach seinem Herzen faßte, schlug es nicht mehr!
Nun, da er dem Freund gleich einer Braut das Gesicht verhüllt hat,
Springt er über ihm umher wie ein Adler,
Wie eine Löwin, die ihrer Jungen beraubt ist.
Er wendet sich immer wieder vorwärts und rückwärts,
Rauft sich das gelockte Haar, schüttet es zu Boden,
Reißt seine schönen Kleider ab und wirft sie hin wie etwas
    Unberührbares.
[...]
Gilgamesch – um Enkidu, seinen Freund,
Weint er bitterlich, läuft herum in der Steppe:
„Werd ich nicht, sterbe ich, ebenso sein wie Enkidu?
Harm hielt Einzug in meinem Gemüte,
Todesfurcht überkam mich, nun lauf ich herum in der Steppe;
Zu Utnapischtim hin, dem Sohn Ubara-Tutus,
Hab den Weg ich genommen, zieh eilig dahin.
Zu den Pässen des Berges gelangt' ich des Nachts.

Löwen sah ich und fürchtete mich,
Hob empor mein Haupt, betend zu Sin [Mondgott],
An die Größte unter den Göttern ergeht mein Flehn:
„... laß heil mich bleiben in dieser Gefahr!'"

* [Babylonisches Epos. Gilgamesch war wahrscheinlich ein sumerischer
König des 3. Jahrtausends v. Chr. Etwa 1200 v. Chr. wurden die Sagen um
Gilgamesch zu einem Epos zusammengefaßt – dem ersten bekannten
Großepos der Weltliteratur.]

Jan Assmann
Totengedenken als kulturelles Gedächtnis

Was der Raum für die Gedächtniskunst, ist die Zeit für die
Erinnerungskultur. Vielleicht darf man noch einen Schritt
weitergehen: wie die Gedächtniskunst zum Lernen, so gehört die Erinnerungskultur zum Planen und Hoffen, d. h.
zur Ausbildung sozialer Sinn- und Zeithorizonte. Erinnerungskultur beruht weitgehend, wenn auch keineswegs ausschließlich, auf Formen des Bezugs auf die Vergangenheit.
Die Vergangenheit nun, das ist unsere These, entsteht überhaupt erst dadurch, daß man sich auf sie bezieht. Ein solcher
Satz muß zunächst befremden. Nichts erscheint natürlicher
als das Entstehen von Vergangenheit: sie entsteht dadurch,
daß Zeit vergeht. So kommt es, daß das Heute morgen „der
Vergangenheit angehört". Es ist zum Gestern geworden. Zu
diesem natürlichen Vorgang können sich aber Gesellschaften auf ganz verschiedene Weise verhalten. Sie können, wie
es Cicero von den „Barbaren" behauptete, „in den Tag hinein leben" und das Heute getrost der Vergangenheit an-
heimfallen lassen, die in diesem Fall Verschwinden und Vergessen bedeutet, sie können aber auch alle Anstrengungen
darauf richten, das Heute auf Dauer zu stellen, etwa dadurch, daß sie, wie Ciceros Römer, „alle Pläne auf die Ewig-

keit ausrichten" und wie der ägyptische Herrscher „sich das Morgen vor Augen stellen" und sich „die Belange der Ewigkeit ins Herz setzen". Wer in dieser Weise schon im „Heute" auf das „Morgen" blickt, muß das „Gestern" vor dem Verschwinden bewahren und es durch Erinnerung festzuhalten suchen. In der Erinnerung wird Vergangenheit rekonstruiert. In diesem Sinne ist die These gemeint, daß Vergangenheit dadurch entsteht, daß man sich auf sie bezieht. [...]

Die ursprünglichste Form, gewissermaßen die Ur-Erfahrung jenes Bruchs zwischen Gestern und Heute, in der sich die Entscheidung zwischen Verschwinden und Bewahren stellt, ist der Tod. Erst mit seinem Ende, mit seiner radikalen Unfortsetzbarkeit, gewinnt das Leben die Form der Vergangenheit, auf der eine Erinnerungskultur aufbauen kann. Man könnte hier geradezu von der „Urszene" der Erinnerungskultur sprechen. Der Unterschied zwischen dem natürlichen oder auch technisch ausgebildeten bzw. implementierten Sich-Erinnern des Einzelnen, der von seinem Alter her einen Rückblick auf sein Leben wirft, und dem Andenken, das sich nach seinem Tode von seiten der Nachwelt an dieses Leben knüpft, macht das spezifisch *kulturelle* Element der kollektiven Erinnerung deutlich. Wir sagen, daß der Tote in der Erinnerung der Nachwelt „weiterlebt", so als handele es sich um eine fast natürliche Fortexistenz aus eigener Kraft. In Wirklichkeit handelt es sich aber um einen Akt der Belebung, den der Tote dem entschlossenen Willen der Gruppe verdankt, ihn nicht dem Verschwinden preiszugeben, sondern kraft der Erinnerung als Mitglied der Gemeinschaft festzuhalten und in die fortschreitende Gegenwart mitzunehmen.

Die sprechendste Veranschaulichung dieser Form von Erinnerungskultur ist der römisch-patrizische Brauch, die Ahnen in Gestalt von Porträts und Masken (lat. „persona": der Tote als „Person") in Familienprozessionen mitzuführen. Besonders eigenartig erscheint in diesem Zusammenhang der ägyptische Brauch, diese Erinnerungskultur, die nur die Nachwelt einem Verstorbenen in bewußter Überbrückung des durch den Tod bewirkten Bruchs angedeihen lassen kann, schon zu Lebzeiten selbst zu stiften. Der ägyptische Beamte legt sich sein Grab selbst an und läßt sich seine eigene Biographie darin aufzeichnen, und zwar nicht im Sinne von „Memoiren", sondern im Sinne eines vorweggenommenen Nekrologs. Der Fall des Totengedenkens als der ursprünglichsten und verbreitetsten Form von Erinnerungskultur macht zugleich deutlich, daß wir es hier mit Phänomenen zu tun haben, die mit dem herkömmlichen Begriff der „Tradition" nicht angemessen erfaßbar sind. Denn der Begriff Tradition verschleiert den Bruch, der zum Entstehen von Vergangenheit führt, und rückt dafür den Aspekt der Kontinuität, das Fortschreiben und Fortsetzen, in den Vordergrund. Gewiß läßt sich manches von dem, was hier mit den Begriffen *Erinnerungskultur* oder *kulturelles Gedächtnis* beschrieben wird, auch Tradition oder Überlieferung nennen. Aber dieser Begriff verkürzt das Phänomen um den Aspekt der Rezeption, des Rückgriffs über den Bruch hinweg, ebenso wie um dessen negative Seite: Vergessen und Verdrängen. Daher brauchen wir ein Konzept, das beide Aspekte umgreift. Tote bzw. das Andenken an sie werden nicht „tradiert". Daß man sich an sie erinnert, ist Sache affektiver Bindung, kultureller Formung und bewußten, den Bruch überwindenden Vergangenheitsbezugs. Dieselben Elemente prägen das, was wir das kulturelle Gedächtnis nennen und heben es über das Geschäft der Überlieferung hinaus. [...]

Die Erinnerung an die Toten gliedert sich in eine retrospektive und in eine prospektive Erinnerung. Das retrospektive Totengedenken ist die universalere, ursprünglichere und natürlichere Form. Es ist die Form, in der eine Gruppe mit ihren Toten lebt, die Toten in der fortschreitenden Gegenwart gegenwärtig hält und auf diese Weise ein Bild ihrer Einheit und Ganzheit aufbaut, das die Toten wie selbstverständlich miteinbegreift. Je weiter wir in der Geschichte zurückgehen, desto dominierender tritt diese Rückbindung der Gruppe an die Toten und Ahnen hervor. In der prospektiven Dimension geht es um den Aspekt der *Leistung* und *fama,* der Wege und Formen, sich unvergeßlich zu machen und Ruhm zu erwerben. Dabei kann jedoch das, was den Einzelnen unvergeßlich macht, von Kultur zu Kultur sehr verschieden sein. In Ägypten wird Leistung gemessen an der Erfüllung sozialer Normen, in Griechenland an der kompetitiven Überbietung. Hier sind solche Taten erinnerungswürdig, die gerade nicht das bloße Maß, sondern nur das Übermaß menschlichen Könnens bezeugen: Pindar hat die Sieger in den panhellenischen Spielen in Oden verewigt, die Gründer von Kolonien lebten in Heroenkulten fort. In der retrospektiven Dimension geht es um den Aspekt der *Pietät,* der Wege und Formen, das Seine beizutragen zur Unvergessenheit der anderen.

In seiner Verbindung der prospektiven und der retrospektiven Dimension des Totengedenkens stellt das Alte Ägypten einen Sonderfall dar. Diese Verbindung wurde nicht nur dadurch hergestellt, daß der Einzelne, soweit und sobald ihn ein hohes Staatsamt dazu in die Lage versetzte, sich ein Monumentalgrab anlegte und dadurch – „prospektiv" – sein eigenes Andenken stiftete. Vielmehr stand hinter diesen Aufwendungen ein besonderes Konzept von Gegenseitigkeit: man darf für sich soviel Pietät von der Nachwelt erwarten, wie man sie seinerseits seinen Vorfahren entgegenbringt. Das soziale Netz der Reziprozität ist hier auf Ewigkeitsformat verzeitlicht. Daher stellt das Alte Ägypten einen Extremfall dar. Das bezieht sich nicht nur auf die ausgedehnten Totenstädte mit ihren gewaltigen Grabmonumenten. Das monumentale Grabdenkmal ist nur das äußere Symbol einer unvergeßlichen Lebensleistung, wie sie ein nach den Weisungen der Ethik geführtes Leben darstellt: „Das (wahre) Denkmal eines Mannes ist seine Tugend", lautet das ägyptische Sprichwort. Die entsprechenden Tugenden der Reziprozität, also Dankbarkeit, Familien- und Bürgersinn, Solidarität, Loyalität, Verantwortungs- und Verpflichtungsbewußtsein, Treue und Pietät spielen daher auch in der ägyptischen Ethik eine zentrale Rolle. Diese Tugenden bestimmen bereits das Leben vor dem Tode und werden nur, indem sie auch die Toten miteinbeziehen, ins Nachleben verlängert. Die Imperative der ägyptischen Ethik, durch Aneinander-Denken das soziale Netz nicht zerreißen zu lassen, werden ergänzt durch den Appell „Gedenket!", den die ägyptischen Grabmonumente zehntausendfach an das kommemorative Gedächtnis richten. Aber es sind nicht notwendigerweise nur materielle Monumente, es kann auch der bloße Laut der Stimme sein, in dem ein Name weiterlebt. „Ein Mann lebt, wenn sein Name genannt wird", heißt ein ägyptisches Sprichwort.

In mehr oder weniger abgeschwächter Form ist das Prinzip der „memoria" in den beiden Dimensionen der Erinnerung einfordernden Leistung und der sich erinnernden Pietät in allen Gesellschaften wirksam. Die Hoffnung, im Andenken der Gruppe weiterzuleben, die Vorstellung, seine Toten in eine fortschreitende Gegenwart hinein mitnehmen zu können, gehört wohl zu den universalen Grundstrukturen der menschlichen Existenz.

Totengedenken ist in paradigmatischer Weise ein Gedächtnis, „das Gemeinschaft stiftet". In der erinnernden Rückbindung an die Toten vergewissert sich eine Gemeinschaft ihrer Identität. In der Verpflichtung auf bestimmte Namen steckt immer auch das Bekenntnis zu einer soziopolitischen Identität.

René Girard

Die Rache der Toten

In bestimmten Kulturen sind Götter nicht vorhanden, oder sie sind verschwunden. An deren Stelle treten anscheinend mythische Ahnen oder die Toten insgesamt. Sie gelten als Gründer und eifersüchtige Wächter zugleich und, wenn nötig, als Zerstörer der kulturellen Ordnung. Wenn sich Ehebruch, Inzest und Übertretungen jeglicher Art, wenn sich Streitigkeiten zwischen Angehörigen häufen, dann zeigen sich die Toten unzufrieden, und als Geister suchen sie die Lebenden heim oder nehmen von ihnen Besitz. Sie verursachen Alpträume, Wahnsinnsanfälle, ansteckende Krankheiten; sie verursachen Auseinandersetzungen und Konflikte zwischen Verwandten und Nachbarn; sie bewirken Perversionen aller Art.

Die Krise stellt sich als Verlust des Unterschieds zwischen Toten und Lebenden dar und vermischt die beiden normalerweise getrennten Reiche. Das ist der Beweis dafür, daß die Toten die äußere und transzendente Gewalt verkörpern, wenn Ruhe und Ordnung herrscht. Wenn die Dinge einen schlechten Lauf nehmen und die bösartige Reziprozität wieder im Innern der Gemeinschaft auftaucht, wird die Gewalt von neuem immanent. Die Toten wollen keine totale Zerstörung einer Ordnung, die in erster Linie ihre eigene ist. Nach einem gewissen Höhepunkt beginnen sie den ihnen geweihten Kult wieder zu akzeptieren; sie suchen die Lebenden nicht mehr heim und kehren an ihren normalen Aufenthaltsort zurück. Sie verstoßen sich also selbst wieder aus der Gemeinschaft oder lassen sich von dieser mit ihrer rituellen Beglaubigung ausstoßen. Zwischen dem Reich der Toten und der Lebenden tut sich von neuem ein Unterschied auf.

Die verderbliche gegenseitige Durchdringung der Toten und der Lebenden wird bald als Folge, bald als Ursache der Krise dargestellt. Die Bestrafungen, die die Toten den Lebenden auferlegen, unterscheiden sich nicht von den Folgen des Frevels. [...]

Die Rache der Toten ist also ebenso unerbittlich wie die Rache der Götter. Sie ist eins mit der Rückkehr der Gewalt auf das Haupt des Gewalttätigen. [...]

Eine einzige Frage stellt sich: Weshalb ist es für die Toten ebenso legitim, das Spiel der Gewalt zu verkörpern, wie für die Götter?

Der Tod ist die schlimmste Gewalt, die einem Lebenden wiederfahren kann; sie ist also äußerst bösartig, mit dem Tod dringt die bösartige Gewalt in die Gesellschaft ein, und die Lebenden müssen sich davor schützen. Der Tote wird abgesondert, um ihn herum entsteht eine Leere; es werden Vorsichtsmaßnahmen jeglicher Art getroffen und, vor allem, es werden Totenriten durchgeführt, die zu anderen Riten insofern analog sind, als sie die Reinigung und die Verstoßung der bösartigen Gewalt zum Ziel haben.

Was auch immer die Gründe für seinen Tod gewesen sein mögen: der Tote befindet sich gegenüber der Gemeinschaft insgesamt in einem zum versöhnenden Opfer analogen Verhältnis. In der Trauer der Hinterbliebenen schwingt ein eigenartiges Gemisch von Schrecken und Erleichterung mit, das den Entschluß zu gutem Verhalten fördert. Der abgesonderte Tote scheint so etwas wie ein Tribut zu sein, der dafür bezahlt werden muß, daß das gemeinsame Leben weitergehen kann. Ein einziger Mensch stirbt, und schon ist die Solidarität aller Lebenden verstärkt.

Das versöhnende Opfer stirbt, so scheint es, damit die als Ganzes ebenfalls vom Tod bedrohte Gesellschaft zur Fruchtbarkeit einer neuen oder erneuerten kulturellen Ordnung auferstehen kann. Nachdem der Gott, der Ahne oder der mythische Held überall Tod gesät hat, bringt er den Menschen mit seinem Tod oder mit dem Tod des von ihm ausgewählten Opfers neues Leben. Wie soll man sich also darüber wundern, daß der Tod letztlich als Freund, ja als Quelle und Urheber jeglichen Lebens betrachtet wird? [...]

Für die Gemeinschaft gibt es kein Leben, das nicht im Tod seinen Anfang nähme. So kann der Tod als wahrhaftige Gottheit erscheinen, als der Ort, wo sich das Gutartigste und das Bösartigste vereinigen. [...]

Die Dualität von Gut und Böse setzt sich bis in den materiellen Aspekt des Todes durch. Solange der Auflösungsprozeß des Leichnams andauert, bleibt er äußerst unrein. Wie der gewalttätige Zerfall einer Gesellschaft verwandelt auch die physiologische Auflösung nach und nach ein sehr komplexes System von Unterschieden in unterschiedslosen Staub. Die Formen des Lebendigen kehren ins Ungeformte zurück. Selbst die Sprache vermag nicht mehr zu präzisieren, wie es um die „Reste" des Lebendigen steht. Der verwesende Körper wird zu jenem Ding, „das in keiner Sprache einen Namen hat".

Ist der Vorgang einmal zu Ende, ist die ungeheure Dynamik des Zerfalls einmal erschöpft, dann hört die Unreinheit häufig auf. Die gebleichten und trockenen Knochen besitzen in gewissen Gesellschaften tatsächlich wohltätige und fruchtbare Kräfte.

Hans-Peter Hasenfratz

Altiranisches Begräbnis

Ist jemand in einem Haus gestorben, so bleibt der Tote im Haus, bis das Wetter die endgültige Beisetzung erlaubt, unter Umständen bis zum Frühjahr. Dann sollen nackte Männer die Leiche nicht durch die Tür aus dem Hause schaffen, sondern durch eine eigens gebrochene Bresche in der Hauswand (die nachher wieder vermacht wird). Dadurch wird dem Toten die Rückkehr in sein Haus „verbaut" – Brauch, der im ganzen indogermanischen Raum und darüber hinaus angetroffen wird.

Bei den Skythen fuhr man den Toten mit dem Wagen 40 Tage lang bei Freunden und Verwandten umher und feierte mit ihm zusammen Abschiedsgelage, wobei man auch ihm Speise und Trank vorsetzte. Dann wurde der Tote begraben. [...] Für ihre Könige errichteten sie Grabhügel (Kurgane), in denen eine Frau und ein Teil des Hofstaates samt entsprechender materieller Ausstattung gleich mitbegraben wurde (Totenfolge). [...]

Die Zoroastrier haben eine andere traditionelle Bestattungsart übernommen: die Leichenaussetzung. Die Leiche wird dabei an freier Luft deponiert und der Sonne ausgesetzt. Das ermöglicht es der als Feuer, Licht gedachten Seele, sich mit ihrem Element, dem himmlischen Feuer, der Sonne, zu vereinigen. Dabei spielt der (in Zentral- und Nordasien) verbreitete Glaube mit, die Intaktheit und Vollzähligkeit der Skelettknochen (sichergestellt vor Verschleppen durch Tiere z. B. durch erhöhte Aufbewahrung) sei Voraussetzung für eine übernatürliche göttliche Wiederbelebung, Wiedervereinigung zu einer neuen geist-leiblichen Gesamtpersönlichkeit. Die berühmten „Türme des Schweigens", eben die *daxmas,* der *Īrānīs* und *Pārsīs* sind heute „lebende" Zeugen dieser Bestattungspraxis und der damit verbundenen religiösen Glaubensinhalte.

Homer *

Troja: Klagegesänge für Hektor

Und Kassándra sah im Maultiergespann auf dem Lager den Toten.
Und sie schrie schrill auf, durch die ganze Stadt hin vernehmbar:
„Kommt, ihr Troer und Troerinnen, den Hektor zu sehen,
Wenn ihr jemals den lebenden, heil aus dem Kampfe gekehrten
Freudig empfingt; er war ja die Wonne der Stadt und des Volkes."
Also sprach sie; da blieb kein Mann zurück in der Feste
Und keine Frau; sie alle befiel unerträgliche Trauer.

Nahe dem Tore begegneten sie dem Totengeleiter.
Und als erste rauften die Gattin und würdige Mutter
Da ihr Haar, hinstürmend zum gutberäderten Wagen
Und beim Kopfe ihn fassend; und weinend umstand sie die Menge.
Und nun hätten den ganzen Tag bis zum Sinken der Sonne
Sie den Hektor, Tränen vergießend, bejammert vorm Tore,
Hätte da nicht vom Wagen der Greis zu den Leuten gesprochen:
„Macht mir Platz, mit den Tieren durchzukommen; danach dann
Sättigt euch an der Klage, wenn ich nach Hause ihn geleitet."
Sprach es; da wichen sie aus und machten Platz für den Wagen.
Und sie brachten ihn nun in die rühmlichen Häuser und legten
Ihn auf ein gurtdurchzogenes Bett und stellten zur Seite
Vorsänger auf für die Trauergesänge; sie stimmten mit Seufzen
An den Klagegesang, und dazu noch stöhnten die Frauen.
Ihnen begann Andrómache, weißellbogig, die Klage,
Hielt dabei Hektors, des männertötenden, Kopf mit den Händen:
„Mann, du verlorst so jung dein Leben und läßt mich als Witwe
Hier in den Hallen zurück; und dein Sohn, der ist ja ein Kind noch,
Den wir, du und ich, wir Unseligen, zeugten, und schwerlich
Kommt er zur Jugendreife; zuvor wird die Stadt hier von Grund auf
Ausgetilgt werden, da du, ihr Hüter, gefallen; du selber
Hast sie geschützt und die sorgenden Frauen und Kinder, die
    kleinen;
Bald wohl werden sie fortgeschleppt in den bauchigen Schiffen
Und ich selber mit ihnen; und entweder wirst du mir folgen,
Kind, und wirst dort nicht geziemende Werke verrichten,
Für einen harten Herren dich plagen; oder es packt dich
Ein Achäer am Arm und wirft dich vom Turm zum Verderben,
Zürnend, weil ihm Hektor vielleicht einen Bruder getötet
Oder den Sohn oder Vater, da ja sehr viele Achäer
Haben von Hektors Händen den endlosen Boden gebissen.
Denn nicht milde war dein Vater im traurigen Kampfe;
Drum bejammern ihn auch in der Stadt die Männer des Volkes.
Unaussprechliche Klage und Trauer gabst du den Eltern,
Hektor; mir aber bleiben am meisten traurige Schmerzen;
Sterbend hast du mir nicht die Hände gereicht von dem Lager
Noch mir gesagt ein dichtes Wort, an welches ich immer
Denken könnte die Nächte und Tage, Tränen vergießend."
Also sagte sie weinend; dazu noch stöhnten die Frauen.
Dann fing Hekabe an, bewegt vor ihnen zu klagen:

„Hektor, du warst mir im Herzen der liebste von all meinen
     Söhnen;
Wahrlich, solang du mir lebtest, warst du geliebt von den Göttern;
Die aber sorgten für dich, selbst jetzt im Geschicke des Todes.
Andere Söhne von mir verkaufte der schnelle Achilleus,
Welche er immer ergriff, nach jenseits des wogenden Meeres,
Hin nach Samos und Imbros sowie das dunstige Lemnos;
Dich, nachdem er das Leben dir nahm mit dem schneidenden Erze,
Schleifte er oft herum um das Grabmal seines Gefährten,
Des Patroklos, den du erschlugst – doch macht' ihn auch so nicht
Wieder erstehn; nun liegst du wie Tau, wie eben gestorben,
In dem Palast wie ein Mann, den mit silbernem Bogen Apollon
Mit seinen sanften Geschossen, nahe ihm tretend, getötet."
Also sagte sie weinend, unendlichen Jammer erregend.
Aber als dritte begann dann Helena, ihnen zu klagen:
„Hektor, du warst mir im Herzen der liebste von all meinen
     Schwägern;
Zwar ist jetzt Alexandros, der göttergleiche, mein Gatte,
Der mich nach Troja brachte – oh, wär ich doch vorher gestorben!
Denn nun ist ja bereits das zwanzigste Jahr mir gekommen,
Seit ich von dort weg ging und verließ das Land meiner Väter;
Aber nie hört ich von dir ein böses oder ein Scheltwort,
Sondern wenn mich ein anderer beschimpfend schalt in den Hallen
Von den Schwägern und Schwägerinnen und Frauen der Schwäger
Oder die Schwiegermutter – der Schwiegervater war mild stets –,
Redetest du mit Worten ihm zu und hieltest zurück ihn
Mit deiner sanften Gesinnung und deinen freundlichen Worten.
Drum beweine ich dich und mich Unselige traurig;
Denn kein anderer ist mir mehr im geräumigen Troja
Mild und freundlich gesinnt, sie meiden mich alle mit Schauder."
Also sprach sie weinend; das Volk, das unendliche, stöhnte.
Aber der greise Priamos sagte da zu den Männern:
„Auf denn, ihr Troer, bringt Holz zur Stadt, und fürchtet im
     Herzen
Keinen Hinterhalt der Achäer; es gab mir Achilleus,
Als von den schwärzlichen Schiffen er mich entließ, das
     Versprechen,
Uns kein Leid zu tun, eh der zwölfte Morgen gekommen."
Sprach es; die aber richteten Rinder- und Maultiergespanne,
Sie anschirrend, und sammelten sich dann rasch vor der Feste.

Und neun Tage schleppten sie da unsäglich viel Holz her;
Als dann am zehnten Eos erschien, die den Sterblichen Licht
    bringt,
Trugen heraus sie den mutigen Hektor, Tränen vergießend,
Legten zuoberst ihn hin und warfen hinein dann das Feuer.
Als in der Frühe erschien die rosenfingrige Eos,
Sammelte sich das Volk um den Scheiterhaufen des Hektor.
Als sie sich alle vereinigt hatten in der Versammlung,
Löschten zuerst sie den Scheiterhaufen mit funkelndem Weine,
Gänzlich, soweit sich erstreckte des Feuers Stärke; dann aber
Sammelten auf das weiße Gebein die Brüder und Freunde
Jammernd, und reichlich floß von den Wangen die quellende
    Träne.
Und sie legten die Knochen in eine goldene Truhe
Und verhüllten sie dann mit weichen Purpurgewändern,
Setzten sodann in hohler Grube sie bei, und darüber
Türmten sie dichtgehäuft gewaltige Blöcke von Steinen,
Warfen den Grabhügel auf; und überall saßen die Späher,
Daß nicht zuvor anstürmten die wohlgeschienten Achäer.
Als sie den Hügel geschüttet, gingen sie wieder; und nachher
Hielten sie, alle versammelt, dem Toten zu Ehren die Mahlzeit
In des Priamos Häusern, des Königs, des zeusgenährten.
So begingen sie Hektors, des Rossebezähmers, Bestattung.

* [Homer lebte im 8. Jahrhundert v. Chr.; der Kampf um Troja fand um
1250 v. Chr. statt.]

Kurt Hübner

Die Wirklichkeit der Verstorbenen

Die mythischen Strukturen des chthonischen Totenkults
lassen sich, auf die knappeste Formel gebracht, so zusam-
menfassen: Es ist die Idee der ideell-materiellen Einheit, die
dem Mythos von der Mutter Erde und der Totenbeschwö-
rung zur Grundlage dient. Die Erde ist nicht nur die Bedingung allen Lebens, sie ist zugleich ideell der göttliche

Schoß, aus dem es stammt und in den es wieder zurückkehrt, während im ideellen des Wortes, des Gesanges, des Tanzes und dergleichen der Tote zugleich materiell wirklich werden kann. Mit ihm erscheint seine Arché [= Ursprungsgeschichte], sein Heldenleben, das Vergangene wird in die Gegenwart zurückgeholt, wie es der mythischen Zeitvorstellung entspricht. Die mythische Substanz des Toten durchdringt die Lebenden und wirkt in ihnen fort. Aber das Ereignis der Epiphanie des Heros spielt sich am Témenos [= heiliger Ort] des Grabes ab, wo sich der mythische Raum befindet, der ihm zugehört. Diese Wechselwirkung zwischen den Lebenden und den Toten setzt voraus, daß es ein eigenes Reich der Toten gibt, den Hades. Nach chthonischer Auffassung leben sie dort leidend, wie zum Beispiel Tantalos und Ixion, oder auf einer Insel der Seligen (Elysion), wie Menelaos, fort. Anders stellt sich die olympisch-homerische Welt das Totenreich vor, aber die mythischen Strukturen bleiben, wie sich gleich zeigen wird, die gleichen.

Die olympisch-homerischen Vorstellungen von der Totenwelt vermittelt uns vor allem das elfte Buch der Odyssee, das den Aufenthalt des Odysseus im Hades schildert. Dort sind die Verstorbenen vom Leben völlig getrennt, jede Beziehung zur Gegenwart und Zukunft ist in ihnen erloschen. Sie sind bloßes Gewesensein – und doch sind sie ewig *da,* nämlich als geronnene Vergangenheit. So haben sie zwar noch ein Gedächtnis, ihr abgerolltes Leben steht ihnen vor Augen, aber es fehlt ihnen jedes Zukunftsbewußtsein und damit auch die von der Zukunft bestimmte Gegenwart. Deswegen sieht Odysseus die Toten in der Unterwelt als Schatten, aus denen die Gespanntheit auf das Kommende und damit das Leben gewichen ist, er sieht sie als ewig still stehende Vergangenheit. […]

Diese Vorstellung von den Abgeschiedenen bestimmt auch das sog. Totenteil, von dem wir durch die Grabfunde Kenntnis haben. Dabei handelt es sich ursprünglich weniger um Geschenke der Hinterbliebenen oder um irgendwelche Mittel, dem Verstorbenen das Weiterleben zu ermöglichen, sondern um seinen Besitz und sein Eigentum. Was ihm gehörte, zum Beispiel seine Waffen, konnte ihm auch dadurch mitgegeben werden, daß man es bei seinem Tode verbrannte. Wie die Gräber von Mykene bezeugen, waren es oft ungeheure Reichtümer, von denen sich die Hinterbliebenen trennen mußten. Der Gedanke, der hinter all dem stand, wird besonders deutlich, wenn man die verschiedenen, scharf voneinander getrennten Eigentumsbegriffe der Griechen betrachtet. Das der Einzelpersönlichkeit Gehörende wurde Ktéma oder Ktérea genannt, während der Besitz der Sippe Pátroa hieß. Dem Toten aber gab man stets nur seinen Eigenbesitz, die Ktérea mit, weil sie zu seinem unmittelbaren Gewesensein, weil sie zur Identität seiner vergangenen Geschichte, seines abgelaufenen Lebens gehörten. Im Sippenbesitz, in den Pátroa dagegen, sah man die Fortdauer des *Lebens* der Sippe. Deswegen finden wir bei Homer die stereotype Wendung ktérea kterízein für „eine Totenfeier veranstalten", was so viel heißt wie „das zur Person des Toten gehörende Eigentum bestatten". Man fürchtete die Toten, denen man ihr Totenteil vorenthalten hat. Sie konnten so lange nicht wirklich tot sein, solange ein Stück von ihnen im Leben zurückgeblieben war, und so irrten sie ruhelos umher und quälten die Lebenden, bis diese sie endlich samt ihrem Besitz, und das bedeutete: in ihrem ganzen Gewesensein, in die Unterwelt entließen.

Zu all dem paßte der Glaube, daß die soziale Ordnung im Diesseits auch im Jenseits erhalten bleibt. „Jeder nimmt im Reiche der Geister den gleichen Rang ein und übt den gleichen Beruf und dieselbe Funktion aus, die ihm im irdischen Dasein zukam", bemerkt Cassirer. So heißt es in der Odyssee, Kastor und Pollux hätten auch im Hades ihre von Zeus verliehenen Ehren, und Minos übe auch dort sein Richteramt aus. In der Tragödie „Die Weihgußträgerinnen" des Aischylos beklagt der Chor, daß Agamemnon nicht in der

Schlacht von Troja gefallen sei, denn dann „würd' / er drunten noch strahlen als / Hoheitsvoller Gebieter ... war er doch König im Leben". Hierzu schreibt v. Fritz: „Denn das Schicksal des Menschen im Jenseits ist bei den Griechen identisch mit dem Erinnerungsbild, das sie von ihm haben, und das traurige Ende des Agamemnon hat seine Gestalt als großer Feldherr und Krieger überschattet."

Die Homerische Idee des Todes läßt sich auch auf zahlreichen Grabstelen beobachten. Meist sitzt der Verstorbene in einer starren Haltung. Er ist ganz Gewesensein, jede Bewegung ist aus ihm gewichen, und entrückt nimmt er die ihn umstehenden Hinterbliebenen nicht mehr wahr. Weder glückliche Verheißung noch angstvoller Schmerz spiegeln sich in seinen Zügen. Das Jenseits ist keine Gegenwart oder Zukunft, für die es etwas zu erhoffen oder gar zu befürchten gibt. Eine tiefe Stille scheint ihn zu umgeben. Die leise Schwermut, die über dem Bild liegt, kommt von den Trauernden, die ihm seine Ktérea darbringen. Bezeichnend ist hier ferner, daß man die auf Vasen gemalten Toten „Eídola" zu nennen pflegt, was P. Nilsson treffend mit „Bildseele" übersetzt. Auch in der Odyssee werden die Toten „Eídola" (Bilder), nämlich „Eídola der müden Sterblichen" genannt. In der Verbindung von „Eídolon" und „müde" wird anschaulich, daß aus der Erscheinung des Verstorbenen die Spannung auf das Zukünftige erloschen ist; er ist zum Bilde erstarrt und bleibt daher für immer, was er ist.

Und doch ist der Tote auch nach homerischer Vorstellung „noch da", wie W. F. Otto hervorhebt. Auch E. Cassirer schreibt: „... der Tote ‚ist' noch immer; und dieses Sein kann nicht anders als psychisch gefaßt und psychisch beschrieben werden. Wenn er, verglichen mit dem Lebenden, als kraftloser Schatten erscheint, so hat doch dieser Schatten selbst noch Wirklichkeit." Daher erscheint dem Achilleus der tote Patroklos „Ganz in der großen Gestalt und den strahlenden Augen ihm ähnlich, / Auch in der Stimme, den Körper umhüllt mit den gleichen Gewändern". Oder es heißt in der

Ilias an anderer Stelle: „Ach, so gibt es fürwahr auch dort im Haus des Hades / Seele (Psyché) und Ebenbild (Eídolon), doch fehlen darin gänzlich die Phrénes." Die Phrénes indessen sind der Sitz des Entschlusses, sie sind jedoch auch der Sitz der Sorge und innerer Spannung. Vor Sorge können sie „ringsum schwarz werden" und vor Spannung „dicht". Das Eídolon des Toten ist also durchaus etwas Wirkliches, und es ist nur insofern das Leben aus ihm gewichen, als ihm jede Beziehung auf das Kommende (Sorge, Spannung) fehlt. Auch Odysseus begegnet ja den Toten im Hades, aber erst durch ein besonderes Blutopfer, von dem sie kosten, vermag er sie vorübergehend in die Gegenwart zu bringen und ihnen, wie besonders ein Gespräch mit dem Seher Teiresias zeigt, Zukunftserwartung einzuflößen. [...]

Das Vergangene ist ja mythisch als solches immer „da", weil sein Gedächtnis, seine Vorstellung, seine Beschwörung in Wort, Lied und Tanz zugleich seine *Gegenwart* bedeutet. Wenn daher zum Beispiel der Tote im Traum erscheint wie Patroklos dem schlafenden Achilleus, dann wird dies durchaus für etwas „Objektives" und nicht für etwas „Subjektives" gehalten. Homer sagt von den Abgeschiedenen im Hades geradezu, sie seien „wie ein Traum", ohne damit zu meinen, sie existierten in Wahrheit gar nicht. Es ist daher zutreffend, wenn V. Grønbech bemerkt: „Die Vorstellungen der Griechen über den Zustand nach dem Tode beruhten nicht auf Theologien, sondern auf Erfahrungen durch Träume und ähnliche Offenbarungen." Erfahrungen freilich, die von einem ganz anderen Erfahrungsbegriff ausgingen als dem unseren. Aber die Toten waren ja vor allem im mythischen Fest gegenwärtig, auf dem sie gefeiert wurden. Wenn das Heldenlied ertönt, stellt V. Grønbech weiter fest, „füllt Kleos den Saal und die Heldentaten der Vorzeit werden hervorgezaubert und sind in Freude und Kraft anwesend. Die Halle bevölkert sich mit Sippengenossen und Freunden, dahingegangenen wie lebenden; wer seine Vorväter rühmen hört, wird von ihrem Kýdos gelabt, er weiß, werden seine eigenen Taten und sein eigenes Leben in Sang und Erzählung weiterklingen, dann wird er nicht dem Tode verfallen. Ja, wenn das Lied von den Taten des Geschlechts ertönt, dann ist die ganze große Persönlichkeit, die Sippe, zugegen." Ähnlich äußert sich G. Nebel: „... Die Opfer sind bereit und entschlossen, das Heldentum der Ahnen in sich anschwellen zu lassen. Indem die Polis Sippenstrukturen übernimmt, ist sie in sich Kult der Stadttheroen ... und ebenso sammelt sich der Stamm und ganz Hellas um die Ahnen, die das Gedicht besingt. Seelenkult und Sippe sind, solange überhaupt Griechen wirklich waren, die dichtesten Geschehnisse: Polis muß, um zu werden und zu bestehen, sich an dieser todüberwindenden Substanz ansaugen." „Der Seelenkult heroisiert die Gestorbenen, er empfängt und kräftigt ihre *Wirklichkeit,* er öffnet sich ihrer *wirkenden Wirklichkeit.*" So ist es auch wörtlich zu nehmen, wenn Theognis dichtet, daß der Tote auf den Lippen der Singenden mit zu Tische liege. Das Heldenlied, das auf die genossene Mahlzeit folgte, nannten die Griechen „Anathema Daitós", das „Weihgeschenk des Festmahles", womit sie sagen wollten, daß es dem Bereich des Kultischen zugehört. In diesem Weihgeschenk vollzieht sich die Epiphanie des Heros, nicht anders als im Opfer diejenige des Gottes. Bei Pindar finden wir die folgenden Verse: „auf dies Haus lenk, Muse, hin der / Worte Fahrwind, der / Ehr und Ruhm bringt! Schieden die Männer gleich dahin, / Gesang und Sagen wahren die edlen Taten für sie." Diese Übersetzung kann jedoch nicht voll zum Ausdruck bringen, was Pindar gemeint hat. Für das Wort „Fahrwind" steht im griechischen Text „Uros", womit ein heil- und glückbringender Wind, also ein göttlicher Augenblick und Kairos verstanden wird, der, wenn er Ruhm bringt, zugleich die mythische Substanz übermittelt, die darin liegt. Aber auch „wahren" gibt nur ungenau wieder, was der griechische Text an dieser Stelle mit dem Wort „ekómisan" sagt. Um dies deutlich werden zu lassen, empfiehlt es sich, noch die dritte pythische Ode Pindars heranzuziehen, wo er dichtet: Die alten Heldentaten *sind* in den ruhmvollen Gesängen da. Das „Wahren" von Vergangenem bedeutet also für Pindar zugleich, es zur Gegenwart bringen, „seine Epiphanie vermitteln". Eben dadurch aber ist es Teil der Gegenwart und des auf die Zukunft gerichteten Lebens selbst. Mächtig bewegt es, verpflichtet und erfüllt es mit Kraft die Hinterbliebenen und Nachgeborenen. [...] „Die Toten" sind „zum Heil der Lebenden wieder da." Deswegen gelten sie als geheiligt und als den Lebenden überlegen, nannten die Römer ihre Ahnen „maiores" und stellten die Griechen die Verstorbenen auf den Grabstelen stets größer als die umstehenden Hinterbliebenen dar. Das ewig gegenwärtige Vergangene leuchtete in das Leben hinein, gab den Menschen Vorbilder und befeuerte ihre Standhaftigkeit und ihren Mut. Daß es sich hier in der Tat um *ursprünglich mythische Erfahrungen* handelt, hat Cassirer gerade mit Hinblick auf die spätere Entwicklung hervorgehoben. Er schreibt: „Wenn somit ... auf der Stufe der Metaphysik der Gedanke sich abmühen muß, ‚Beweise' für die Fortdauer der Seele nach dem Tode zu erbringen, so gilt im natürlichen Fortgang der menschlichen Geistesgeschichte vielmehr das umgekehrte Verhältnis. Nicht die Unsterblichkeit, sondern die Sterblichkeit ist dasjenige, was hier ‚bewiesen', d. h. theoretisch erkannt, was erst allmählich durch Trennungslinien, die die fortschreitende Reflexion in den Inhalt der unmittelbaren Erfahrung hineinlegt, herausgestellt und sichergestellt werden muß."

Blicken wir zurück, so zeigt sich, daß der Unterschied zwischen der chthonischen und der olympisch-homerischen Vorstellung vom Jenseits hauptsächlich in der Art zu finden ist, wie die Toten in das Leben hineinwirken. Im chthonischen Mythos nehmen sie an den Ereignissen der Gegenwart unmittelbar teil, sie leiden an ihr oder freuen sich, sie erscheinen den Menschen als Warner, als Rache Drohende oder voll Teilnahme an ihren Niederlagen und Triumphen. Im olympisch-homerischen Mythos dagegen verharren sie in reiner Passivität, es ist ihr Dasein allein, das die Lebenden erfüllt und leitet. In diesen Unterschieden tritt jedoch das Gemeinsame nur um so deutlicher hervor: Die ewige Gegenwart des Vergangenen in seiner kultischen Wiederholung; die Einheit von Ideellem und Materiellem, so daß die Toten im Traum, im Lied, im Gedächtnis *wirklich* anwesend sind und aus der Tiefe heraufbeschworen werden können; das Durchdrungenwerden von ihrer mythischen Substanz während solcher Epiphanien; die damit verbundene Wiederkehr der Arché, die Einheit von Innen und Außen im Totenteil, den Ktérea usf. So sehen wir, wie innerhalb der mythischen Ontologie, wenn auch auf wechselnde Weise, zu *objektiver* Erfahrung wird, was für uns nur eine rein *subjektive,* nur der *Innerlichkeit* des Menschen gegebene Bedeutung hat.

Egon Friedell
Ägyptische Gräber

Das Verhältnis der Ägypter zum Tode hat Diodor mit den kurzen Worten charakterisiert: „Sie halten die Zeit des Lebens für sehr kurz, die Zeit nach dem Tode aber für sehr lang"; worin sie zweifellos recht hatten. „Daher nennen sie", fährt er fort, „die Wohnungen der Lebendigen Herbergen, die Gräber der Verstorbenen ewige Häuser. Auf jene verwenden sie daher keine erhebliche Mühe, diesen aber widmen sie eine großartige Ausstattung." In der Tat könnte man nach der Ausdrucksweise der Ägypter vermuten, daß sie den Tod für das wahre Leben hielten: der Mensch stirbt nicht, sondern „geht zum Leben" oder „lebend zur Ruhe", der König „vereinigt sich mit der Sonne", das Totenreich heißt „Lebensland", der Sarg „Lebensherr". Es ist nicht so ohne weiteres ausgemacht, ob es sich hier immer nur um ganz gewöhnliche Euphemismen handelte. Das höchste Ziel war, in Abydos, der Stadt des Osirisgrabs, bestattet zu werden. Da dies nicht für alle erreichbar war, so pflegte man die Reise nach Abydos durch eine symbolische Grabbeigabe zu ersetzen: ein hölzernes Schiffchen, das mit der aufgebahrten Mumie südwärts segelt, oder man errichtete in jener Gegend ein Scheingrab. Die Trauerbezeigungen waren die im Orient allgemein üblichen: Man streute Staub aufs Haupt und schlug sich die Brust; die Frauen ließen die Haare lang herabfallen: In der Schrift bilden drei Locken, ⸙, das Deutzeichen für Trauer. Bei der Beerdigung fanden in den Grabräumen religiöse Tänze und Opferschmäuse statt, an denen man sich den Toten teilnehmend dachte. An bestimmten Tagen des Jahres wurden die Totenopfer erneuert, für deren Unterhaltung testamentarische Stiftungen sorgten; oft war der Ertrag ganzer Güter hierfür bestimmt. Hauptsächlich in diesem Zusammenhang galt Kinderlosigkeit in Ägypten für das größte Unglück.

Da Osiris-Re im Westen untergeht, so lagen die Gräber immer am westlichen Wüstenrande. Das Grab heißt auch „Haus des Ka"; und in der Tat ist es ja, wie wir bereits wissen, der Ka, der nach dem Tode dem Körper die Lebenskraft bewahrt. Der Leichnam muß möglichst intakt bleiben, um dem Ka jederzeit wieder als Sitz dienen zu können. Da aber im Tode die Züge sich verändern, so müssen in den Gräbern porträtähnliche Statuen des Toten aufgestellt werden; deshalb heißt im Ägyptischen der Bildhauer: „der am Leben erhält". Und da der Ka schließlich auch Nahrung braucht, so muß für diese ebenfalls gesorgt werden. Die Mumifizierung war ein Prozeß, der nicht nur große Geschicklichkeit und Sachkunde erforderte, sondern auch einem peinlich vorgeschriebenen Ritual unterworfen war: sie erfolgte daher durch besondere Tempelbeamte, und es gab verschiedene Preislagen, je nach der Gediegenheit der Ausführung. Die Eingeweide wurden herausgenommen und in vier Krügen aufbewahrt, deren jeder den Kopf eines der vier

Horussöhne als Deckel trug: Diese sollten den Toten vor Hunger und Durst beschützen, als deren Sitz die Eingeweide galten. Das Herz wurde durch einen steinernen Skarabäuskäfer, das Bild des Sonnengottes, ersetzt, auf dem die Worte standen: „O Herz, das ich von meiner Mutter habe, o Herz, das zu meinem Wesen gehört! Tritt nicht gegen mich als Zeuge auf, bereite mir keinen Widerstand vor den Richtern, widersetze dich mir nicht vor dem Waagemeister!" Das Herz wurde nämlich vor dem Totenrichter gewogen, und es galt als der Ort aller Gedanken; sagte der Ägypter von jemandem: „er hat kein Herz", so meinte er damit, er sei dumm. Die Mumie wurde mit Binden umwickelt, überall mit Amuletten behängt und in einen hölzernen, steinernen oder pappenen Sarg gelegt, der nicht selten doppelt war. Durch die Mumifizierung wurde der Tote zum Osiris. Die Zeremonien, die dabei stattfanden, waren eine Wiederholung der Zauberriten, durch die Isis dem Osiris das Leben wiedergegeben hatte. „So wahr Osiris lebt", heißt es bereits in einem uralten Pyramidentext, „wird auch er leben; so wahr Osiris nicht gestorben ist, wird auch er nicht sterben; so wahr Osiris nicht vernichtet ist, wird auch er nicht vernichtet werden." Deshalb sagten Ägypter, wenn sie zum Beispiel von einem Verstorbenen sprachen, der Ipi geheißen hatte: „Osiris Ipi", wie wir „der selige Müller".

Die Grabbeigaben sind von der interessantesten Mannigfaltigkeit. Da finden sich zunächst wirkliche Speisen und Getränke in großer Menge, aber auch nachgebildete: Gänsebraten aus Alabaster, Tische aus Kartonnage mit einem ganzen Menü aus bemaltem Ton, Weinkrüge und Milchnäpfe, die aber nicht gehöhlt sind, was offenbar bedeuten soll, sie mögen immer voll bleiben; ferner Waffen und Gewänder, allem Anschein nach aus dem Besitz des Verstorbenen, da sie Abnützungsspuren zeigen, leere Papyrusrollen, Reserveperücken, Toilettenecessaires, Musikinstrumente, Brettspiele, das Holzmodell eines Umhängebarts, ja sogar ein nacktes Weib auf einem Bett und ein Buch mit obszönen

Texten und Bildern. Dann gibt es da kleine Nachbildungen aller erdenklichen Dinge, die das himmlischste Kinderspielzeug abgeben würden: ganze Kompanien Bogenschützen und Schwerbewaffnete; Wäscher, Tänzerinnen, Müllerinnen, Opferträger; Lustbarken und bemannte Segelschiffe; komplette Küchen und Backstuben; Töpfereien, Brauereien, Möbelwerkstätten in voller Tätigkeit; Musikkapellen, Viehhöfe, Weinberge; aus dem Mittleren Reich reizende grüne Fayenceilpferde als Jagdtiere. Einem besonderen Zweck dienten die Holzpuppen, die man *uschebti*, Antworter, nannte; der Ägypter dachte sich auch das Jenseits als Ackerland, und um dort nicht arbeiten zu müssen, nahm er sich jene Figuren mit ins Grab, damit sie, wenn er dazu aufgerufen würde, für ihn antworten sollten. Die Inschrift lautete: „O du Uschebti! Wenn ich mit Namen gerufen werde und wenn ich abgezählt werde, um allerhand Arbeiten zu verrichten, die in der Unterwelt verrichtet werden, so sage du dann: hier bin ich." Indes besteht immer noch die Möglichkeit, daß ein böser Mensch dem Toten seine Diener abspenstig machen könnte, wie das ja auch im Leben bisweilen vorkommt. Daher tragen manche Uschebti den Zusatz: „Gehorche nur dem, der dich machte, gehorche nicht seinem Feinde." Wie man sieht, waren die Ägypter ganz und gar nicht der Ansicht, daß der Tod alle gleich mache. Die Minderbemittelten mußten sich denn auch mit einem viel geringeren Grabkomfort behelfen; für sie genügte es, wenn ein Gebet um „Brot, Bier, Gänsebraten, Kleider und alle guten Sachen, von denen die Götter leben" an die Grabwand geschrieben und das nötige Mobiliar auf die Innenseite des Sarges gemalt war. Noch viel summarischer verfuhr man mit den ganz Armen: Sie wurden in ein Natronbad gelegt und dann, in Tücher gehüllt, im Wüstensand verscharrt. Nicht selten aber gelang es ihren Hinterbliebenen, sich ein verwahrlostes Grab anzueignen, denn wenn die Familie ausgestorben war, kümmerte sich kein Mensch mehr um die Totenstätte; und manche verfielen auf einen rührenden Ausweg: Sie verfertigten eine kleine Mumie aus Holz, beschrieben sie mit dem Namen des Verstorbenen und begruben sie am Eingang eines reichen Grabes; so konnte der Verstorbene an allen Vorteilen des Glücklicheren teilnehmen.

Neben die Miniaturmodelle trat auch sehr bald das Gemälde. Unter allen Privatgräbern ist das am prächtigsten ausgemalte die Mastaba des Ti, der unter der fünften Dynastie ein hoher Hofbeamter und großer Grundbesitzer war: Als sie freigelegt wurde, machte sie den Eindruck, als ob sie eben erst fertig geworden wäre. Man sieht Ti in allen Situationen des täglichen Lebens, die Wonnen seines Besitzes auskostend. Ti besichtigt das Schlachten und Zerlegen der Opfertiere, das Melken der Kühe, das Füttern der Gänse, das Stopfen der Kraniche, das Ausschütten der gefangenen Fische, das Mähen, Verladen, Worfeln des Getreides; Ti fährt mit seiner Frau im Nachen spazieren, Ti wird in einer Sänfte getragen, Ti nimmt die Abrechnungen seiner Beamten entgegen; Kasten, Türen, Siegel, Steingefäße, Ledersachen werden verfertigt, ein ganzes Schiff wird gebaut; Flötisten und Harfenisten spielen zum Mahle; Zwerge führen Windhunde und Schloßaffen spazieren, Bäuerinnen bringen Fleisch, Gemüse, Früchte, Wein; Schiffer prügeln sich bei der Papyrusernte, auf dem Markt herrscht großer Verkehr. Wie gern muß Ti gelebt haben! Und hat er wirklich geglaubt, dieses ganze reiche und lustige Treiben zum Totenrichter mitschleppen zu können? Oder ist es nur der Künstler, der so empfand? Denn in der Tat wird die Kunst hier in homerischer Erzählerfreude bereits völlig souverän, Selbstzweck, bei aller Naivität artistisch, in sich selbst verlorenes beglücktes Preislied auf die Fülle des Daseins.

Mit der sechsten Dynastie treten einige Änderungen im Bestattungswesen ein: um die Erhaltung des Ka noch weiter zu sichern, wird es üblich, dem Toten porträtähnliche Gipsmasken aufzulegen, vor allem aber kommt die Sitte auf, die Gänge und Kammern der Königsgräber mit Sprüchen zu beschreiben, die vom Schicksal des Herrschers im Jenseits und seinem Verkehr mit den Göttern handeln. Dies sind die „Pyramidentexte". Da die Ägypter, wenn sie sich schon einmal zu einer Neuerung entschlossen, diese dann gewöhnlich auf die Spitze trieben, so können sie sich auch hier nicht genugtun im Ableiern und Repetieren ihrer formelhaften Beteuerungen und Beschwörungen. Immer wieder werden Re und Thoth angefleht: „Nehmt ihn mit euch, damit er esse, wovon ihr eßt, damit er trinke, wovon ihr trinkt, damit er lebe, wovon ihr lebt, damit er wohne, worin ihr wohnt, damit er stark sei, worin ihr stark seid, damit er fahre, worin ihr fahrt." Manche Sprüche sind nicht ohne eine gewisse Kraft, zum Beispiel: „Wer fliegt, der fliegt! Er ist fortgeflogen, er ist nicht mehr auf Erden, er ist am Himmel. Er ist zum Himmel gestürmt als Reiher, er hat den Himmel geküßt als Falke, er ist zum Himmel gesprungen als Heuschrecke."

Jan Assmann

Die Idee des Totengerichts

Das Totengericht gehört zu den fundamentalen Ideen der Menschheitsgeschichte. Seine Bedeutung liegt vor allem darin, daß es das Schuldgefühl des Menschen, das sich – wie Sprache, Bewußtsein und Gedächtnis überhaupt – in engster Abhängigkeit von den „Konstellationen" seiner Gruppenzugehörigkeit entfaltet, an einem archimedischen Punkt außerhalb der Gruppen verankert und dadurch auf eine gruppenabstrakte (und in dieser Hinsicht „absolute") Grundlage stellt.

In Ägypten hat sich dieser Gedanke erstmals durchgesetzt; er ist die einzige religiöse Idee von zentraler Bedeutung, die Ägypten mit den großen Weltreligionen verbindet. [...] Das Totengericht ist ein imaginäres Übergangsritual, ein *rite de passage.* Es gibt der Vorstellung der Schwelle zwischen „hier und dort" und der Möglichkeit ihrer Überschreitung eine Form, gehört also zu den Schwellenritualen, den Ritualen der „Liminalität". Es setzt diese Schwelle sehr hoch an. Es betont den Unterschied, die Furchtbarkeit der drohenden Vernichtung, aber auch die gottgleiche Seligkeit der verheißenen Erlösung durch Rechtfertigung. Je höher die Schwelle, desto „jenseitiger" das Jenseits. Dieses Prinzip prägt sich besonders in den *Sargtexten,* d.h. der reichen Totenliteratur des Mittleren Reichs [2040–1785 v. Chr.] aus. Sie können sich gar nicht genugtun in der Ausmalung der Schrecknisse dieser Schwelle. Die Idee des Totengerichts ist nur eines von vielen Übergangsbildern und befindet sich noch im Stadium der Formation. Es kommt also sehr auf die „Transzendenz" dieses Modells an, auf die Distanz zwischen dieser und der anderen Welt.

Die ägyptische Idee vom Totengericht findet ihren Ausdruck sowohl in Bildern wie in Texten. Beides gehört untrennbar zusammen und gibt dieser Vorstellung ihre unverwechselbaren Konturen. Das Grundmotiv der bildlichen Ausgestaltungen ist die Waage, der Grundcharakter der Texte ist die Rechenschaft, die „Große Prüfung". Als Gerichtsprozeß ist das Verfahren auch nach ägyptischer Prozeßordnung höchst merkwürdig. Denn es gibt im Grunde keinen Kläger und keine streitenden Parteien. Worum es geht, ist, ägyptisch gesprochen, die „Berechnung der Differenz", der Differenz zwischen Lebensführung und Ma`at [Ma`at: Wahrheit, Gerechtigkeit, Ordnung]. Die Feststellung dieser Differenz wird bildlich konkretisiert in Gestalt einer großen Standwaage, auf der das Herz des Verstorbenen gegen das Symbol der Ma`at abgewogen wird. Sprachlich wird sie ausgeformt in Gestalt einer Rezitation, in der der Verstorbene vor dem Gerichtshof Rechenschaft ablegt. Der Text liegt fest; es kommt also nicht etwa darauf an, seine individuelle Lebensgeschichte zu erzählen. Worauf es ankommt, ist die Wahrheit der Rezitation. Das eigene

Herz darf den Sprecher nicht desavouieren, d. h. nicht „als Zeuge gegen ihn auftreten". Wort und Herz müssen übereinstimmen, die Rezitation darf kein Lippenbekenntnis sein. Was der Mund sagt, muß auch im Herzen sein.

Die Figuren oder Rollen dieses Verfahrens, deren Besetzung durch bestimmte Götter schwankt, lassen sich am besten in der Terminologie einer Initiationsprüfung beschreiben: In der Rolle des Mystagogen, der den Novizen durch die Prüfung geleitet, finden wir typischerweise Anubis, aber auch Horus und (ab der 21. Dynastie [1070–945 v. Chr.]) Ma'at [Ma'at ist auch die Göttin der Wahrheit und Gerechtigkeit] können in dieser Rolle auftreten. In der Rolle der Prüfer sehen wir Thoth (Protokollant und Wiegemeister), Horus und Ma'at. Die Rolle des Gottes, der dem Ganzen präsidiert und in dessen Gefolge und Gemeinschaft der Initiierte im Falle seiner Würdigkeit eintreten wird, spielt Osiris. Ihn redet der Verstorbene als Vorsitzenden der Prüfung an:

> *Ich bin zu dir gekommen, indem ich dich und dein*
> *Wesen kenne*
> *und deine Gestalt* (jrw) *der Unterwelt verehre,*
> *wie du sitzt, die Ma'at dir gegenüber,*
> *und die Herzen richtest auf der Waage,*
> *während ich vor dir stehe, mein Herz voll Ma'at,*
> *keine Lüge in meinem Sinn.*

Ma'at „konfrontiert" den Verstorbenen als Personifikation der Norm mit den ethischen Forderungen, denen seine Lebensführung entsprochen haben muß, wenn er die Prüfung bestehen will, und zwar einmal als Gegengewicht zum Herzen, auf der Waage selbst, zum anderen als eine der den Vorgang überwachenden Instanzen. In dieser Rolle erscheint sie oft verdoppelt, als „die beiden Ma'at", nach denen die Gerichtshalle „die Halle der beiden Ma'at" heißt. Sie kann auch in einer dritten Rolle auftreten: als Mystagogin, die dem Toten nicht konfrontierend gegenübertritt, sondern ihn schützend geleitet. In dieser Form erscheint sie zuerst in den Königsgräbern des Neuen Reichs [1552–1070 v. Chr.] und wird dann ab der 21. Dynastie auch in den Totenbüchern immer häufiger. Schließlich gehört zu der Szene noch eine Art Scharfrichter: die „Fresserin", ein Monstrum mit Krokodilskopf, Löwenrumpf und Nilpferdhinterteil, das im Falle einer Verurteilung den Schuldigen verschlingt und damit erst eigentlich tötet. Der Freigesprochene aber – und darin liegt die Grundidee der ganzen Konzeption – wird mit der Schuld auch vom Tod freigesprochen und in die Götterwelt aufgenommen. Das Verfahren gibt dem Gedanken des Übergangs in eine andere Welt und in eine andere Seinsform eine Gestalt, die in Texten und Bildern genau festgelegt wird. Räumlich gesehen bildet die Gerichtshalle das Ziel eines langen Weges, der den Verstorbenen durch 21 Pforten führt. Vor jeder hat er sich auszuweisen, um nicht abgewiesen zu werden. Am Ende bildet dann die Wägung des Herzens die schwerste und entscheidende Prüfung. Wer sie besteht, tritt ein in das Jenseits, die Welt der Götter, und „lebt, wovon sie leben". „Ontisch" gesehen bedeutet daher der Prozeß der Rechtfertigung eine Verwandlung. Aus dem gestorbenen Menschen wird ein „lebendiger Gott".

Der Freispruch besiegelt seine Aufnahme in eine Sphäre, in der die Ma'at unangefochten herrscht, während sie auf Erden immer wieder von neuem durchgesetzt werden muß gegen eine der diesseitigen Welt eigene Tendenz zum Verfall, zum Vergessen und zur Zerstörung. Das Jenseits dagegen

ist wahrhaft ohne Schrecken.
Sein Abscheu ist der Streit.
Es gibt keinen, der sich vor seinem Genossen fürchtet
in diesem Land, das keinen Aufruhr kennt.

Die Ma'at wird nun zu einem „Nomos des Jenseits", d. h. zur Lebensform der Unsterblichen.

Richard Gombrich

Das „Ausblasen der Feuer":
Buddhas Weg der Erlösung

Ein halbes Jahrtausend vor Jesus, mehr als tausend Jahre vor Mohammed, gewann der Buddha die Erleuchtung und lehrte aus seinem unendlichen Mitleid heraus den Weg zur Erlösung, den er gefunden hatte. Die Welt mit all ihren Himmeln und Höllen ist ein Ort des Leidens, und wäre es auch nur aus dem einen Grund, daß alle ihre Freuden vergänglich sind und jegliches Leben (jenes in himmlischen Welten eingeschlossen) in Verfall und Tod endet. Auf diesem Schauplatz des Leidens werden alle Geschöpfe unausgesetzt in einem endlosen Kreislauf wiedergeboren. Die Erlösung besteht darin, aus diesem „Tretrad" herauszukommen. Wie ist das zu bewerkstelligen? Was uns an diesen Daseinskreislauf fesselt, ist die Begierde. Die Begierde wiederum beruht auf einer zwar intuitiven, jedoch falschen Ansicht über unsere Beschaffenheit. Wir glauben, einen dauerhaften Wesenskern (manche nennen es Seele) zu besitzen, ein Selbst, das Subjekt unserer Erfahrungen ist. Aber, so sagte der Buddha, dieses sogenannte Selbst ist nichts anderes als ein Bündel körperlicher und geistiger Bestandteile, die von der Begierde in Bewegung gehalten werden. Allein die Begierde führt zur Wiedergeburt, denn es gibt in Wirklichkeit kein Selbst, das wiedergeboren werden könnte, kein substantielles Ganzes, das von einem Leben in ein anderes übergehen könnte. Wahre Einsicht besteht darin, dies zu realisieren und sich entsprechend zu verhalten. Um die Begierde zu vernichten und die Erlösung zu erreichen, müssen wir unseren Geist läutern. Das erste Stadium dieser Läuterung ist sittliches Verhalten: Wir müssen unsere Begierden zügeln und uns selbst und anderen gegenüber gütig und wohlwollend sein. Da es kein Selbst gibt, muß die Selbstsucht auf einem Irrtum beruhen; der Buddhist versucht, ohne Bindung und daher alle gleich zu lieben. Alle lebenden Wesen haben das gleiche Recht auf Zuneigung und Achtung. Aber jedes ist verantwortlich für seine eigenen Taten, seinen eigenen Geist und schließlich für seine eigene Erlösung.

Jene, die der Welt des Leidens entfliehen wollten, forderte der Buddha auf, seinem Beispiel zu folgen und der Welt zu entsagen. Frei von sozialen und familiären Bindungen und von der Notwendigkeit, sich den Lebensunterhalt zu verdienen, sollten sie sich einem Leben der Meditation widmen. Um dies zu ermöglichen, gründete der Buddha einen Orden. Diese Organisation sollte eine Vereinigung für Männer und zu gegebener Zeit auch für Frauen sein, die sich als selbständige Individuen darum bemühten, Fortschritte in Richtung auf ihre eigene Erlösung hin zu machen, ganz gleich ob nun die letzte Einsicht in diesem oder in einem zukünftigen Leben erreicht würde. Männer und Frauen, die zu Mönchen oder Nonnen geweiht wurden, ließen alle sozialen Kennzeichen und Bindungen hinter sich, sogar ihre Familien. Sie bildeten eine Gruppe für sich, die „Söhne und Töchter des Buddha". […]

Gautama Buddha wurde in einem Randgebiet indischer Kultur geboren, auf der nepalischen Seite der heutigen Grenze zwischen Indien und Nepal, im 6. oder 5. Jahrhundert v. Chr. – wann genau, wissen wir nicht. Fast tausend Jahre vorher waren Nomaden, die eine indo-arische Sprache, eine frühe Form des Sanskrit, benutzten, von Nordwesten her in den indischen Subkontinent eingedrungen, wahrscheinlich durch das heutige Afghanistan. Sie breiteten sich langsam durch den Panjab nach Nordindien aus und gingen allmählich zur Vorratswirtschaft und dann zum Ackerbau über. Sie ließen sich in Dörfern nieder, lebten mit der örtlichen Bevölkerung zusammen und verschmolzen mit ihr. Die Gesellschaft dieser Siedler war in erbliche Ranggruppen gegliedert, die normalerweise keine Heirat außerhalb der Gruppe erlaubten. Der höchste Rang war der des Brahma-

43

nen. Brahmanen waren „Götter auf Erden"; nur sie hatten das Recht, den Opferkult durchzuführen, den sie mit sich gebracht hatten und den sie Jahrhunderte hindurch weiter ausbildeten. [...]

Nach brahmanischer Ideologie ist die rituelle Handlung des Feueropfers der Prototyp einer *jeglichen* bedeutsamen oder wichtigen Handlung. Das Sanskrit-Wort dafür heißt *karman.* Warum ist das Opfer wirksam? Weil jedes *karman* seine Folgen hat, Ergebnisse, die durch eine Kausalität zustande kommen, deren Vorgang zwar unsichtbar, aber in das System des Universums eingebaut ist. Keine indische Religion sollte jemals diese Vorstellung vom *karman* verlieren. Das ursprüngliche Opfer, so sagten die Brahmanen, war das des Schöpfergottes, der sich selbst opferte – denn es gab sonst nichts zu opfern. Jenes Opfer hielt den Kosmos in Gang. Alle folgenden Opfer haben die gleiche Funktion, nämlich den Kosmos zu erhalten, und sie versuchen, das ursprüngliche Opfer zu wiederholen, wobei der sterbliche Mensch bei der Opferzeremonie seine eigene Person durch andere Gegenstände als Opfergaben ersetzt. Es gibt eine detaillierte mystische Gleichsetzung von Teilen des Opfers mit Teilen des (menschlichen) Opferers und Teilen des Kosmos. Das zuletzt genannte Paar ist in vielen Kulturen als Entsprechung zwischen Mikrokosmos und Makrokosmos bekannt. Die brahmanischen Schriften entwickelten die Lehre, daß der Kern des Erfolges bei einem Opfer (und folglich im gesamten Leben) nicht so sehr in der richtigen rituellen Handlung bestand – obwohl auch sie durchaus notwendig war –, als vielmehr im Verständnis der esoterischen Entsprechungen, die als rationale Grundlage des Opfers dargestellt wurden. Der Schöpfergott, der ursprüngliche Opferer, wurde manchmal als Personifikation des das Universum durchdringenden Geistes angesehen, eine Art ursprüngliche, universelle Seele, die allem immanent ist. (Diese Lehre schwankte zwischen Pantheismus und Monismus.) In ähnlicher Weise hatte auch der Mensch eine ewige

Wesenheit, die im Innenraum seines Herzens wohnte. Das Prinzip der Entsprechung von Mikrokosmos und Makrokosmos offenbarte in den späteren Schriften (*Upaniṣaden* genannt), daß die individuelle Seele mit der des Universums identisch sei. Die Realisierung dieses Geheimnisses führte in diesem Leben zu einem Zustand der Seligkeit (und Macht); beim Tode würde die Seele des erleuchteten Menschen körperlich in die Seele des Universums resorbiert und fände so zu ihrer wahren Natur zurück.

Lehren über die Ereignisse nach dem Tode hatten sich langsam entwickelt. Zuerst dachte man, daß ein gut geführtes Leben (das bedeutete für den Brahmanen korrektes Opfern) nach dem Tode zu einem Leben im Himmel führen würde. Dann entstand die Vorstellung, daß auch das nächste Leben vergänglich sei. Wahrscheinlich nicht sehr lange vor dem Buddha kam es zu der Idee vom *saṃsāra,* das wörtlich „beständiges Wandern" heißt: fortwährende Wiedergeburt. Der Schauplatz dieser endlosen Wiedergeburten wurde zu einem verwickelten Universum mit vielen Himmeln über uns und vielen Höllen unter uns. Die Guten kamen in den Himmel, aber nicht für immer. Man konnte die Wiedergeburt nur durch tiefe religiöse Erkenntnis verhindern, die dazu führte, daß die eigene individuelle Seele beim Tode wieder in den Urgrund des Universums aufgenommen wurde.

Der Brahmane war normalerweise Hausvater, ein verheirateter Mann, der täglich an seiner eigenen Feuerstelle opferte. Er war auch Dorfbewohner, der mit seinen Riten ein Universum aufrechterhielt, dessen Mittelpunkt das Dorf war. Das System jenes Universums wurde *dharma* genannt. *Dharma* bezeichnet gleichzeitig die Dinge, wie sie sind und wie sie sein sollen; letzten Endes muß beides übereinstimmen. Jeder Mensch und sogar jedes Ding auf der Welt hat seinen bestimmten Platz. Genauso wie es der *dharma* der Sonne ist, zu scheinen, der des Grases, zu wachsen und vom Vieh gefressen zu werden, ist es der *dharma* des Brahmanen, Riten zu vollziehen, und der seiner Frau, sein Essen zu kochen. Aber es gab auch heilige Männer und vielleicht Frauen außerhalb dieser Dorfwelt. Ob die ersten von ihnen „Aussteiger" aus der sozialen Ordnung waren oder eher Eindringlinge aus einer anderen Kultur, wissen wir nicht. Es handelte sich um Wanderer ohne jegliche soziale Bindung, die nur eine geringe Rolle im wirtschaftlichen System spielten. Einige von ihnen gingen nackt umher. Sie unterhielten kein Feuer und konnten deshalb beim Opfer weder als Schutzherren noch als amtierende Priester mitwirken.

Der Buddha war solch ein Außenseiter. Es steht fest, daß er sich entschied, „das Haus zu verlassen und in die Hauslosigkeit zu ziehen", und seine Anhänger ermutigte, dasselbe zu tun. Vielleicht war er auch für diese Art von religiösem Leben dadurch prädisponiert, daß er aus einer Gesellschaft am Rande der brahmanischen Zivilisation stammte. Er begann seine erste Predigt, das *Dharmacakrapravartanasūtra* („Lehrtext vom Drehen des Rades des Gesetzes") mit den Worten: „Vermeidet diese beiden Extreme: Haften an den Freuden der Sinne, das ist niedrig und unwürdig, und Haften an der Selbstkasteiung, das ist schmerzhaft; beide sind nutzlos." Er fährt fort, indem er seinen eigenen Weg als den „mittleren Weg" charakterisiert. Diese Bezeichnung wurde im Laufe der Geschichte des Buddhismus verschieden angewandt; gemeint war damit zunächst der Mittelweg zwischen dem diesseitig orientierten Leben des Hausvaters, wie es beispielsweise ein Dorfbrahmane führt, und dem Leben in extremer Askese, wie es Mitglieder zeitgenössischer Sekten wie z. B. die Jainas führen. Der buddhistische Orden institutionalisiert diesen „mittleren Weg": buddhistische Mönche und Nonnen sollen ein einfaches Leben führen, aber ohne übermäßige Kasteiungen. Im philosophischen Denken könnten wir den entscheidenden Schritt des Buddha in seiner Neuinterpretation des Wortes *karman* sehen. Wenngleich wohl bereits in den Upaniṣaden kurz vorher begonnen worden war, das Verständnis des Begriffs *karman* über den nur rituellen Bereich hinaus auf den der Ethik auszuweiten, blieb es doch in erster Linie eine Tat, deren Wert von den Umständen bestimmt wurde: Das für einen Menschen richtige Tun konnte für einen anderen falsch sein. Der Buddha verkündete, daß *karman* eine rein ethische Gegebenheit des Denkens, der Rede oder der Tat sei; und der Wert des *karman*, nämlich gut oder schlecht, war allein in der Absicht begründet, die dahinterstand. Der Wert einer Tat hing also nur vom Motiv ab, unabhängig davon, wer sie durchführte. Die Ethik des Buddha ist also ein einfacher moralischer Dualismus, der für alle Wesen (einschließlich der Tiere, Götter und Dämonen) gilt. Diese neue Auffassung hatte Konsequenzen für die Soziallehre. Der Buddha spricht den Brahmanen und ihrem Schrifttum jegliche Autorität ab. Brahmanische Riten – in der Tat alle Riten – sind nutzlos und zwecklos. Er verspottete die Vorstellung eines allmächtigen Schöpfergottes wie auch die einer kosmischen Seele (die unpersönliche Form der Gottesvorstellung) und unternahm es nachzuweisen, daß auch der Mensch keine Seele habe. Gleichwohl akzeptierte er zentrale Teile der brahmanischen Weltanschauung einschließlich der meisten Lehren ihrer Kosmologie und ihrer Vorstellungen von den Göttern, denen er nur ihre absolute Gültigkeit absprach. Er akzeptierte auch die Realität der brahmanischen Sozialordnung, einschließlich der Existenz des Kastensystems, dem er aber keine Bedeutung für die Erlösung beimaß. Der gesellschaftlichen Institution des Kastensystems entging, wer die Gesellschaft verließ und seinem Orden beitrat. Er akzeptierte auch, daß ein Leben der Tat *(karman)* in der normalen sozialen Ordnung von Haus und Dorf zu einer guten oder schlechten Wiedergeburt irgendwo auf der Welt führen würde und daß die einzige Möglichkeit zur Flucht aus dem *saṃsāra* in religiöser Erkenntnis lag, nämlich im Wissen um die Wahrheit. Diese Wahrheit, das System des Universums, wie er es verstand, bezeichnete auch er als *Dharma.* Nur war seine Wahrheit objektiv, indem sie die gleichen Pflichten und die gleiche Verwirklichung für alle beinhaltete.

Darüber hinaus kann der Historiker in der Lehre des Buddha, obwohl dieser selbst sie nicht so formulierte, Elemente der brahmanischen Lehre von einer Entsprechung von Mikrokosmos und Makrokosmos erkennen. Wo der Brahmane die wahre Identität seiner eigenen Seele und der Weltseele erkennen sollte, sah der Buddha die „Leere" im Zentrum der Existenz – sein „Nichtselbst", *nairātmya,* das auf makrokosmischer Ebene dem Fehlen eines höchsten allwissenden Gottes und somit dem Nichtvorhandensein irgendeiner religiösen Bedeutung der Welt als solcher entsprach. Somit ist es kein Zufall, daß sich die Aufmerksamkeit der Buddhisten, als sie eine eigene philosophische Tradition begründeten, schnell vom *nairātmya* des Individuums zum *nairātmya* aller Dinge auf der Welt verschob. Wie Steven Collins gezeigt hat, war sogar die Metapher des Buddha für die Erlösung eine Antwort auf den brahmanischen Symbolismus. Feuer, das im Buddhismus immer als negativ angesehen wird, symbolisiert sowohl die Leidenschaften als auch das Opferfeuer des Brahmanen. Das zuletztgenannte läßt man hinter sich, wenn man sein Zuhause verläßt. Das Ziel ist das *Nirvāṇa,* das „Ausblasen" bedeutet: das Ausblasen der Feuer von Gier, Haß und Verblendung. Wie bei den Brahmanen hat die Erlösung zwei Stufen: nachdem man die Feuer der Leidenschaft gelöscht hat, lebt man in Frieden, bis dem Feuer der eigenen Lebenskraft der Brennstoff ausgegangen ist. [...]

Da die Welt unbeständig und unbefriedigend ist und jeglicher dauerhaften Substanz entbehrt, müssen wir eilen, um die „Feuer" der Leidenschaft zu löschen und die „Kühle" der Erlösung zu finden.

Wolfgang Röd

Pythagoreische Seelenwanderungslehre

Pythagoras, etwa 570 v. Chr. in Samos geboren, verließ seine
Vaterstadt, angeblich, weil er die unter der Tyrannis des Po-
lykrates herrschenden politischen Verhältnisse mißbilligte.
Er gehörte mithin zu jenen Gegnern der Tyrannis, die als
Anhänger der ursprünglichen aristokratischen Ordnung die
Emigration einem Leben unter der mit der Tyrannis ver-
bundenen anti-aristokratischen Verfassung vorzogen. [...]
Pythagoras, über dessen durch den dichten Schleier der
Legende verhüllte Persönlichkeit sich so wenig mit Sicher-
heit aussagen läßt, war ganz zweifellos (da die älteste Über-
lieferung in diesem Punkte einhellig ist) tief in religiösen
Traditionen verwurzelt, von denen vermutet wurde, daß sie
aus dem thrakischen bzw. skythischen Norden und letzten
Endes aus dem schamanistischen Kulturkreis Asiens stammten. In bezug auf diese Vermutung ist die neueste Forschung
allerdings zurückhaltend. Der zentrale Gedanke dieser religiösen Weltanschauung war die Annahme, daß es eine vom
Leib, sei es in Trancezuständen, sei es im Traum, sei es im
Tode, abtrennbare Seele gebe, deren Identität unabhängig
von ihrer Verkörperung in diesem oder jenem Leibe erhalten bleibe. Pythagoras erhob diese Vorstellungen auf die
Ebene einer philosophischen Lehre, für die der Glaube zen-
tral war, daß die Seele das „wahre" Wesen des Menschen
darstelle, das durch die Verbindung mit dem Körper in seiner Reinheit beeinträchtigt werde. Der Körper, und im Verlauf der weiteren Entwicklung dieser Auffassung die Materie im allgemeinen, galten als Schranke der Freiheit des
Geistes, als Ursache seiner Trübung, als Grund des Übels
und insofern als etwas Negatives, das zu überwinden ist.
Aus dieser Auffassung resultierte eine Reinigungslehre, wie
wir sie z. B. in dem pythagoreischen Geist atmenden „Reini-
gungslied" (den Kartharmoi) des Empedokles finden und

49

wie sie überall da anzutreffen ist, wo pythagoreischer Einfluß wirksam wurde.

Die durch diese Auffassung der Seele und ihres Verhältnisses zum Körper charakterisierte Anthropologie unterscheidet sich deutlich von der Vorstellung vom Wesen des Menschen, die aus den Homerischen Gedichten spricht, in denen das Dasein nach dem Tode als bloßes Schatten-Dasein erscheint, als Quasi-Existenz gegenüber dem vollen Dasein des Lebenden. Es ist aufschlußreich, daß das Griechische ursprünglich keine Bezeichnung für den Körper im Gegensatz zum Geist besaß: Der Ausdruck σῶμα bedeutet zunächst den Leichnam, d.i. den Leib, aus dem der Lebenshauch (die ψυχή) entwichen ist.

Mit Pythagoras setzte sich nicht nur die Auffassung im Bereich der Philosophie durch, daß die Seele vom Leib verschieden und im Unterschied vom sterblichen Leib unvergänglich sei, sondern auch die Überzeugung, daß Unsterblichkeit ein Attribut des Göttlichen ist, so daß mit der Lehre von der Unsterblichkeit der Seele zugleich die Auffassung durchdringt, daß die Seele der Region des Göttlichen angehöre, der sie entstamme und in die sie zurückzukehren bestimmt sei. Bei Plato, der in dieser Hinsicht dem Pythagoreismus verpflichtet war, sollte die Lehre von der Präexistenz der Seele außer der ethischen auch erkenntnistheoretische Bedeutung erhalten.

Bei Pythagoras trat der Unsterblichkeitsglaube, wie bei den Orphikern und Vertretern verwandter Lehren, in Form der Seelenwanderungslehre auf. Die Seele durchläuft dieser Lehre zufolge eine Reihe von Verkörperungen, bis es ihr gelingt, sich von allen Einflüssen der Körperlichkeit zu lösen, d.h. den Kreislauf der Geburten (κύκλος τῆς γενέσεως) zu durchbrechen und in die Region des Göttlichen zurückzukehren. Über das Schicksal der Seele entscheidet die Art der Lebensführung. Die Seele des moralisch Höherstehenden wird in einer höheren Daseinsform wiedergeboren; die Seele des moralisch Minderwertigen steigt zu niederen Daseinsformen ab. Die Reinigung der Seele, die die Erlösung aus dem Kreis der Wiedergeburt sichern soll, erfolgt durch eine asketische Lebensweise und durch wissenschaftliche Bemühungen. Beide Aspekte charakterisieren den Πυθαγόρειος βίος. [...]

Die Lehre von der Metempsychose hängt mit der Idee einer durchgängigen Verwandtschaft alles Lebendigen zusammen. Die Einzelseele gehört dem All-Leben des beseelten Universums an und soll durch Überwindung der Verunreinigung durch die individuelle Verkörperung mit der Allseele wiedervereinigt werden. Der implizite Grundgedanke der pythagoreischen Ethik ist die in allen Zeiten so mächtige religiöse Idee der Gott-Verähnlichung, ja der Vergöttlichung der in ihrem Ursprung für göttlich gehaltenen menschlichen Seele.

II

Antike

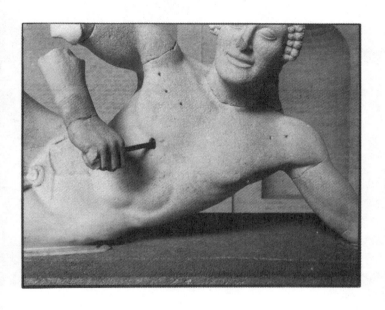

Platon

Der Abschied des Sokrates

Als er dann gebadet hatte, brachte man seine Kinder zu ihm – er hatte zwei kleine Knaben und einen größeren –, und auch die Frauen aus seiner Verwandtschaft kamen herein. Und er redete mit ihnen in Kritons Gegenwart und gab ihnen noch einige Aufträge. Dann hieß er die Weiber und Kinder weggehen; er selbst kam wieder zu uns. Die Sonne war schon nahe am Untergehen; denn er hatte recht lange im inneren Gemach verweilt. Nun kam er und setzte sich, frisch gebadet; doch redete er jetzt nicht mehr viel. Und schon kam der Diener der Elfmänner herein, trat zu ihm und sagte:

„Sokrates, über dich werde ich mich nicht beklagen müssen wie über andere, daß sie auf mich böse werden und mich verfluchen, wenn ich ihnen im Auftrage der Archonten verkünden muß, daß sie das Gift trinken sollen. Dich habe ich in dieser Zeit als den edelsten und mildesten und besten von all den Männern kennengelernt, die je hierhergekommen sind; und auch jetzt weiß ich sehr wohl, daß du nicht mir zürnst, sondern den wahren Schuldigen, die du ja kennst. Jetzt aber – du weißt was ich dir verkünden muß –, lebe wohl und versuche, das Unvermeidliche so leicht als möglich zu tragen."

Damit wandte er sich um und ging weinend hinaus. Und Sokrates schaute zu ihm auf und sagte: „Auch du, lebe wohl; und wir werden dies tun." Und zugleich sprach er zu uns: „Wie fein ist doch dieser Mensch. Während der ganzen Zeit kam er zu mir herein und unterhielt sich manchmal mit mir. Er war der beste aller Menschen, und jetzt weint er gar so herzlich um mich. Aber wohlan, Kriton, wir wollen ihm gehorchen. Es bringe einer das Gift herein, wenn es gerieben ist; wenn nicht, so soll es der Mann reiben."

Und Kriton sagte: „Ich glaube, Sokrates, die Sonne steht noch auf den Bergen und ist noch nicht untergegangen. Und ich weiß auch von anderen, daß sie erst viel später getrunken haben, nachdem es ihnen befohlen war; zuerst aber haben sie noch gut gegessen und getrunken und waren mit denen zusammen, nach welchen sie gerade Verlangen trugen. Drum dränge nicht; es hat ja noch Zeit."

Aber Sokrates sprach: „Wenn jene das tun, von denen du erzählst, dann haben sie ganz recht: sie glauben nämlich, damit etwas zu gewinnen; aber mit ebensolchem Recht werde ich nicht so handeln; denn ich glaube nicht, daß ich damit etwas gewinne, wenn ich ein wenig später trinke, höchstens, daß ich mich vor mir selbst lächerlich mache, wenn ich so am Leben hange und spare, wo doch nichts mehr ist. Geh also nur", schloß er, „und gehorche mir ohne Widerrede."

Auf diese Worte hin gab Kriton dem Diener, der in der Nähe stand, ein Zeichen. Und der Knabe ging hinaus und kam nach einer Weile wieder mit dem Manne, der das Gift reichen sollte, das er gerieben in einem Becher mit sich brachte. Als Sokrates den Mann sah, sagte er:

„Also gut denn, mein Bester; du weißt ja darüber Bescheid: was soll ich tun?"

„Wenn du getrunken hast", sagte er, „brauchst du nur hin und her zu gehen, bis dir deine Glieder schwer werden, und dann mußt du dich niederlegen; so wird es schon von selbst wirken."

Zugleich reichte er dem Sokrates den Becher. Und der nahm ihn, und mit heiterer Miene, Echekrates, ohne zu zittern, ohne sich zu verfärben und ohne das Gesicht zu verziehen, sondern ganz nach seiner Gewohnheit blickte er dem Manne fest in die Augen und fragte ihn: „Was meinst du, soll man auch von diesem Trank eine Spende vergießen? Ist das erlaubt oder nicht?"

„Sokrates", erwiderte jener, „wir reiben davon gerade so viel, wie wir glauben, daß es zum Trinken richtig sei."

„Ich verstehe", sagte er; „aber es ist wohl erlaubt und auch notwendig, zu den Göttern zu beten, daß die Fahrt von hier ins Jenseits glücklich verlaufen möge. Darum bitte ich jetzt, und so möge es geschehen." Mit diesen Worten setzte er an und trank gelassen und heiter aus.

Bis dahin waren wir fast alle so ziemlich imstande gewesen, die Tränen zurückzuhalten. Als wir aber sahen, wie er trank und wie er dann getrunken hatte, da konnten wir es nicht mehr, sondern mir selbst drangen mit Gewalt die Tränen in Strömen hervor, so daß ich mich verhüllte und um mich weinte. Denn ich weinte nicht etwa um ihn, sondern um mein eigenes Unglück, daß ich einen solchen Freund verlieren sollte. Kriton hatte schon früher als ich seine Tränen nicht mehr zurückhalten können und war hinausgegangen. Apollodoros aber hatte schon vorher unaufhörlich geweint; jetzt

55

aber schrie er laut auf, weinte und jammerte, und unter den Anwesenden war keiner, den das nicht erschütterte, außer Sokrates selbst. Der aber sagte:

„Was macht ihr denn, ihr wunderlichen Leute? Ich habe doch die Frauen nicht zuletzt deshalb weggeschickt, damit sie sich nicht so töricht aufführen. Denn ich habe mir sagen lassen, daß man unter andächtigem Schweigen sterben soll. So seid denn ruhig und beherrscht euch."

Als wir das hörten, schämten wir uns und hörten auf zu weinen. Er aber ging hin und her; dann sagte er, er spüre jetzt, wie seine Glieder schwer würden, und legte sich auf den Rücken; denn so hatte es ihm der Mann, der das Gift brachte, befohlen. Jetzt fühlte ihn dieser an, und nach einiger Zeit prüfte er seine Füße und Beine; dann drückte er heftig den Fuß und fragte ihn, ob er etwas spüre. „Nein", sagte er. Und darauf dann die Unterschenkel, und indem er immer weiter hinauffühlte, zeigte er uns, wie er allmählich kalt und steif wurde. Und er faßte ihn wieder an und sagte, wenn es bis zum Herzen fortgeschritten sei, dann werde er scheiden. Schon war um seinen Unterleib fast alles erkaltet, da deckte er sich noch einmal auf – er hatte sich schon ganz verhüllt – und sagte:

„Kriton", und das waren seine letzten Worte, „wir schulden dem Asklepios einen Hahn; entrichtet ihm den und versäumt es nicht."

„Das soll geschehen", sagte Kriton; „aber sieh, ob du nicht sonst noch etwas zu sagen hast."

Auf diese Frage gab er keine Antwort mehr. Kurz darauf machte er noch eine Bewegung, und dann deckte ihn der Mann auf, und da war sein Blick gebrochen.

Als Kriton das sah, schloß er ihm den Mund und die Augen.

Dies, Echekrates, war das Ende unseres Freundes, eines Mannes, von dem wir sagen dürfen, daß er unter all seinen Zeitgenossen, die wir gekannt haben, der beste und überhaupt der Vernünftigste und Gerechteste gewesen ist.

Walter Burkert

„Die Straße der Seligen" – griechische Mysterien

Mysterien sind eine Form ‚persönlicher Religion‘, die eine private Entscheidung voraussetzt und durch Beziehung zum Göttlichen eine Art von ‚Erlösung‘ sucht. Eine solche Feststellung hat immer wieder Anlaß gegeben, in den antiken Mysterien von vornherein eine ‚tiefere‘, ‚echt religiöse‘, ‚spirituelle‘ Dimension vorauszusetzen. Dies sei nicht ausgeschlossen; doch hat der Blick aufs Jenseitige nicht selten das Diesseits übersehen lassen. Es gibt Formen persönlicher Religion, die ganz aufs Diesseits zielen. Von der elementarsten und auch am weitesten verbreiteten sei hier ausgegangen, um auch für die Mysterien einen Hintergrund zu gewinnen: von der Praxis der Gelübde, der ‚Votivreligion‘. „Menschen, die krank sind oder in Not welcher Art auch immer und umgekehrt, gerade wenn sie etwas in Fülle gewinnen", pflegen den Göttern Versprechungen zu machen und Gaben zu übereignen, von bescheidenem oder auch von sehr großem Wert. Dies geschah und geschieht mit einer gewissen Selbstverständlichkeit im religiösen Brauch und scheint kaum großer Diskussionen wert. [...]

In vorchristlichen Bereichen weiß der Archäologe wie der Religionshistoriker, daß ein Heiligtum in der Regel durch die Masse der Votivgaben gekennzeichnet ist, die sich in ihm befinden; dies gilt für die orientalische und minoisch-mykenische Welt nicht minder als für Griechen, Etrusker und Römer oder ‚barbarische‘ Randvölker. Tausende von Objekten werden gelegentlich ausgegraben, unbekannte Mengen, aus vergänglichem Material gefertigt, müssen verschwunden sein. Es ist ein bescheidener Aspekt der Religion, der hier zu Tage kommt; wir wissen, daß die Votive von Zeit zu Zeit geradezu in Abfallgruben vergraben werden mußten, damit im Heiligtum geziemender Raum erhalten blieb. Und doch zeugt jedes dieser Objekte von einer individuellen Geschichte, von persönlicher Angst, Hoffnung, Gebet und Gebetserhörung, kurzum von ‚persönlicher Religion'. […]

[Doch] ‚Glaube' dieser Art an eine zu gewinnende ‚Rettung' bedeutet keine ‚Bekehrung' im eigentlichen Sinn, auch wenn es zu einer Umorientierung kommt, indem ein Mensch die Hilfe eines Gottes sucht. Es handelt sich, um die von Arthur Darby Nock in seinem klassischen Buch *Conversion* eingeführten Termini zu gebrauchen, um ‚nützliche Ergänzungen' einer religiösen Haltung, nicht um ‚Ersatz' mit bewußter Abkehr von allem, was vorher war. Votivreligion hat geradezu experimentellen Charakter: man kann – gerade im Krankheitsfall – mehrere Möglichkeiten, eine nach der anderen, ausprobieren, um herauszufinden, was schließlich hilft. In besonders schlimmem, ja verzweifeltem Fall wird man geneigt sein, Neues, Unerhörtes zu riskieren, haben doch die geläufigen Hilfen versagt. Ob ein neuer Gott die Rettung bringt? So liegt denn in der Votivreligion, so allgemein verbreitet und archaisch, im Kern unveränderlich sie auch ist, das Potential zu religiösem Wandel: ‚Neue Götter' werden eben auf diese Weise eingeführt. […]

Was besagen diese Überlegungen für die antiken Mysterien? Drei Aspekte fordern Aufmerksamkeit. Zum einen ist in Motivation und Funktion die persönliche Weihe in einem Mysterienkult der Praxis der Gelübde offenbar parallel, als Suche nach ‚Rettung', wenn auch in besonderer, aufwendigerer Form gegenüber dem Allbekannten. Daraus ergibt sich,' zum zweiten, daß das wiederholte Auftreten von ‚neuen' Mysterien mit ‚neuen' Göttern sich eben aus den praktischen Funktionen ergibt und nicht von vornherein ein neues Niveau der Religiosität anzeigt. Als drittes ist schließlich zu beobachten, daß sich die Ausbreitung der sogenannten orientalischen Mysterienreligionen zunächst und in erster Linie in der Form und mit der Dynamik der Votivreligion vollzogen hat, wobei die Mysterien im eigentlichen

Sinn offenbar eher eine spezielle Ergänzung der allgemeineren ‚Bewegung' waren.

Daß die meisten der unabsehbar zahlreichen Zeugnisse des Meter-, Isis- und Mithraskultes, die die jeweiligen Corpora füllen, eben Votivgegenstände sind, bedarf kaum der Hervorhebung. Wieder und wieder die gleichen Formeln vom erfüllten Gelübde, und so unterliegt auch die Interpretation der nicht beschrifteten Objekte kaum einem Zweifel. Diese Götter alle werden wegen der ‚Rettung' verehrt, die sie unter Beweis stellen, *soteria*. [...]

Auch in den Dionysischen Mysterien ist diese Ausrichtung offenbar. In den Orphischen Hymnen, die einem solchen Kult zugehören, finden sich für die ‚Mysten', die die ‚heiligen Weihen' erfahren haben, immer wieder Gebete für Gesundheit und Wohlstand, für ein fruchtbares Jahr, für Glück bei der Seefahrt, überhaupt für ein langes, angenehmes Leben, und Tod so spät wie möglich. [...]

Und auch was Eleusis betrifft, fehlt der praktische Aspekt nicht im Mysterienheiligtum. Es gibt auch dort die Menge der Votivgegenstände. Nicht nur in den Mysteriennächten wirkten die ‚Zwei Göttinnen'; Demeter ist die Göttin des Getreides, der Grundform des Reichtums, weshalb denn eben *Ploutos* ihr Sohn ist. Die jährliche Feier der Mysterien konnte zugleich als Garantie für die beständige Versorgung mit Getreide verstanden werden. Darum spielt der Hierophant von Eleusis eine prominente Rolle bei dem wichtigen ‚Vor-Pflügefest', *Proerosia,* im Herbst, und darum konnte es sich das Heiligtum leisten, ‚Erstlingsopfer' *(aparchai)* von Athen, ja von der ganzen Welt in Anspruch zu nehmen. Auch Heilungswunder gab es in Eleusis: Ein Blinder konnte plötzlich die heilige ‚Schau' mit eigenen Augen sehen.

Der aitiologische Mythos von Eleusis deutet Beziehungen der Mysterien zu therapeutischen ‚Weihen' an: Demeter selbst ist Amme eines Kindes in Eleusis, das dadurch wundersames Gedeihen ebenso wie tödliche Bedrohung erfährt. [...] Eine eigentümliche Parallele bietet ein ägyptischer Text, der eindeutig dem Bereich der Heilungsmagie zugehört. [...] Ist demnach mit ägyptischem Einfluß auf Eleusis, zumindest auf die eleusinische Mythologie im 7./6. Jh. v. Chr. zu rechnen, in einem Bereich magisch-praktischer Heilung?

Wie dem auch sei, der eleusinische Kult, wie wir ihn kennen, läßt sich gewiß nicht auf ägyptische Heilungsmagie zurückführen oder davon herleiten. Die Mysterien sind alles andere als eine Sammlung von Rezepten. Ihr Ziel, sobald davon die Rede ist, heißt nicht ,Rettung', ,Erlösung', sondern ,Seligkeit', und diese bezieht sich, worüber kein Zweifel bleibt, auf eine Existenz nach dem Tode. Dies eben ist die andere Gabe der Demeter, neben der Stiftung des Getreides, die die Göttin Eleusis verlieh. Wer die Mysterien ,gesehen' hat, dem ist ein besseres Dasein im Jenseits garantiert. Von unserem frühesten Zeugnis, dem homerischen Demeterhymnus, bis in die rhetorischen Übungsstücke der späten Kaiserzeit ist hiervon immer wieder die Rede; bemerkenswert auch die Grabinschriften einiger Hierophanten um 200 n. Chr.: Da heißt es einmal in eindrucksvoller Schlichtheit, dies habe der Hierophant ,gezeigt' in den heiligen Nächten, „daß der Tod nicht etwas Übles, sondern etwas Gutes sei". Cicero formuliert, Eleusis habe einen Weg gewiesen, „sowohl in Freude zu leben als auch mit besserer Hoffnung zu sterben". Der Lebensfreude wird kein Eintrag getan, doch der Nachdruck liegt auf der jenseitigen Ergänzung. Was denn genau und im einzelnen versprochen wurde, bleibt vage, doch daß die Verheißung ernst gemeint ist, leidet keinen Zweifel.

Das gleiche gilt für die Dionysosmysterien mindestens seit dem 5. Jahrhundert v. Chr. Man hat gelegentlich wohl gezögert, diese Dimension dem Dionysoskult bereits in der Frühzeit zuzutrauen und die Ausrichtung aufs Jenseits eher einer späteren Entwicklung zugerechnet; doch die deutlichsten Zeugnisse stammen eben aus der klassischen Epoche.

[...] Platon jedenfalls läßt die wandernden Praktiker, die an den Türen der Reichen ihre *teletai* auf Grund von Büchern des Orpheus und Musaios anbieten, versichern, daß ihre Rituale guttun für die Lebenden, aber auch für die, die gestorben sind; diejenigen jedoch, die sich den Riten verweigern, erwartet Entsetzliches. Berühmt geworden ist die Inschrift von Cumae aus dem 5. Jahrhundert, die denen, die am bakchantischen Ritual teilgenommen haben (*bebachcheumenoi*), einen besonderen Begräbnisplatz reserviert. Herodot verweist auf ‚Orphika und Bakchika‘ für spezielle Begräbnissitten. [...] Die Sicht der Mysten selbst ist erst durch neueste Funde deutlich geworden: 1974 wurde ein Goldblättchen aus einem Grab bei Hipponion in Unteritalien veröffentlicht, das die ‚Mysten und Bakchen‘ im Jenseits auf der heiligen Straße der Seligkeit entgegenziehen läßt, so wie in den ‚Fröschen‘ des Aristophanes die Eleusinischen Mysten im Hades ihr Fest in seligen Chören feiern. Seit 1987 erst kennt man zwei Goldblättchen in Gestalt von Efeublättern, die in Thessalien einer verstorbenen Frau ins Grab auf die Brust gelegt worden waren; der Text beginnt: „Jetzt bist du gestorben, und jetzt bist du geboren worden, dreimal Seliger, an diesem Tag. Sage der Persephone, daß Bakchios selbst dich gelöst hat"; er endet: „Und dich erwarten unter der Erde die Weihen (*telea*), die auch die anderen Seligen (feiern)." Auch hier also die Fortsetzung des Mysterienfestes im Jenseits, nachdem die bakchische Weihe die ‚Lösung‘ gebracht hat – aus festgefahrener Lebenssituation, aus den Fesseln der Schicksalsbestimmung (*Moira*), aus ‚Leiden‘ überhaupt: „Glücklich sie alle dank ihrem Anteil an den vom Leiden lösenden Weihen", heißt es bereits in einem Totenklagelied Pindars von den Verstorbenen in der anderen Welt; dies stimmt mit dem neuen Zeugnis zusammen. Mit der ‚Seligkeit‘ kontrastiert das ‚vergebliche Mühen‘ (*mataioponia*) derer, die im Leben jene Weihen versäumt haben: Man sieht sie in der Unterwelt in ein löchriges Faß Wasser in einem Sieb tragen – so auf einem berühmten Bild des Malers Polygnot; auch auf Vasenbildern ist dies, sogar noch früher, dargestellt worden. [...]

Die Angst vor dem Tod ist eine Grundgegebenheit im Menschenleben, eine immer wieder aufbrechende Not. „Wenn einer nahe daran ist, daß er glaubt bald zu sterben", heißt es bei Platon, „überkommen ihn Furcht und Sorge um Dinge, um die es ihm früher nicht zu tun war"; dem Bedürfnis nach Lebenshilfe in solcher Situation kamen die Mysterien entgegen, gerade mit den Jenseitsverheißungen, die sie zu bieten hatten. Für uns, als nachträgliche Betrachter, erscheint es als durchaus verschieden, wenn auf der einen Seite realistische Therapie geboten wird für Leiden, die zutage liegen, auf der anderen imaginäre Hoffnungen erweckt werden, zudem in vager Form. Es reicht kaum aus, zur Erklärung auf die vielseitige Bedeutung oder Deutbarkeit der Symbole zu verweisen, die offenbar verwendet wurden, so der Zyklus von Saat, Wachstum, Ernte und neuer Saat oder die geheimnisvolle Wandlung der Trauben zum Wein; der Glaube bedient sich der Symbole, doch nicht sie sind sein Fundament. Man mag allgemein festhalten, daß Initiation ein Statuswechsel sei, der mit einer gewissen Konsequenz auch in der Statuserhöhung des Verstorbenen sich niederschlage; doch ist die reale Statusveränderung gerade in den antiken Mysterien wenig augenfällig, und das Jenseits kann ebensowohl als Kontrast zum Diesseits erscheinen wie als seine Projektion. Es ist einleuchtend zu denken, daß das Zentrum aller Initiation Tod und Wiedergeburt sein müssen, daß Tod und neues Leben auf diese Weise im Ritual vorweggenommen seien und daß der reale Tod so zu einer sekundären Wiederholung gemacht werde; direkte Zeugnisse hierzu sind spärlich.

Vielleicht ist doch in etwas anderer Weise von den lebenspraktischen Ritualen auszugehen. „Offenbare Leiden", wie Platon im *Phaidros* sagt, werden auf „einen alten Zorn" (*menima*) von Göttern, Geistern, Dämonen zurückgeführt:

eine schreckliche Tat, die in der Vergangenheit geschah, hat Mächte der Vernichtung auf den Plan gerufen, die sich jetzt bemerkbar machen; sind es die Geister von Ahnen, die Opfer von unbestraftem Mord, Tote ohne Begräbnis, ist es ein Fluch von Eltern oder weiteren Vorfahren – mit alledem ist zu rechnen, wird gerechnet, in magischen Texten des Orients wie in Griechenland. Eine tödliche Fessel gleichsam ist von ihnen gelegt, und nur wenn sie ‚gelöst‘ wird, wenn diese Mächte freundlich gestimmt werden, kann man hoffen, mit den ‚offenbaren Leiden‘, mit Krankheiten und Depressionen fertig zu werden. So zielen denn auch die üblichen Totenriten ausdrücklich darauf, daß die Unterirdischen sich ‚heiter‘ fühlen, *hileoi,* und ‚Lösung‘ versprechen die weitergehenden Weiheriten. Kann der Charismatiker diesen Zustand herstellen, wird der Patient sich besser fühlen. Man kann so erleben, wie das Diesseits am Jenseits hängt. Darum denn jene „Heilungen mit Vergnügungen und Festen“, die für Lebende ebenso wie für die Toten so nützlich sind, nach Platons ironischer Beschreibung. Die ‚Seligkeit‘ der Toten gibt den im Leben Leidenden das Recht zur Lebensfreude zurück. Darum denn malt man aus, wie die Toten in der Unterwelt das Mysterienfest feiern. Man braucht vor den Toten, dank dem Ritual, keine Angst mehr zu haben. Es bedarf nur einer kleinen Verschiebung in jener erlebbaren Balance von Lebenden und Toten, daß mit der Angst vor den Toten auch die Angst vor dem Tode schwinden soll, eben dank der Gemeinsamkeit im geheimnisvollen Mysterienfest. Freilich, auch Seligkeit bedarf des Kontrastes, und so werden denn die Schicksale der Ungeweihten erst recht in schrecklichen Farben ausgemalt, damit man ihnen denn durch ‚Weihen und Reinigungen‘ entrinnen mag. Schon im homerischen Demeterhymnus ist von ewigen Strafen durch den Machtspruch der Persephone die Rede, falls man nicht durch rituelle Verehrung der Göttin ihrem Zorn entgeht.

Wird hiermit der ‚Magie‘ ein zu großer Raum eingeräumt,

wenn sie nachgerade als Ausgangspunkt, wenn nicht als Grundlage des ‚Glaubens‘ erscheint? Größere Sympathie genießt gemeinhin die Anknüpfung der griechischen Mysterien an hypothetische Pubertäts- oder Stammesinitiationen der Vorzeit. Ob nicht ‚Magie‘ und Beziehungen zu den Toten selbst dort zu postulieren wären, mag man dagegenfragen; doch gibt es keine dokumentierbare Antwort. Wenn man ‚Magisches‘ als eine Form psychologisch stimmiger Therapie zu akzeptieren bereit ist, kann man jedenfalls von hier aus die scheinbar doppelte Funktion der Mysterien in den Blick bekommen, die lebenspraktischen Kuren und die Hoffnung jenseits des Todes. [...]

Es blieb eine Besonderheit des Christentums, wie es auch Heiden sahen, daß darin die Sorge für den Tod und die Toten so ganz zum zentralen Anliegen wurde – eine Gräberreligion, meinen die Heiden, schwarzgrau verhangen. Keiner der heidnischen Mysterienkulte bot ein solches Bild; keiner forderte auf, ‚der Welt abzusterben‘. Die *laetitia vivendi* blieb ein unangefochtenes Ideal.

Mary R. Lefkowitz

Antike Märtyrerinnen

Die Vorstellung, daß der Tod der Sklaverei vorzuziehen sei, ist einem griechischen Publikum wohl nicht befremdlich vorgekommen. In den *Trojanerinnen des Euripides* (415 v. Chr.) ist Andromache gewillt, sich lieber den Tod zu geben, als sich von einem neuen Herrn besitzen zu lassen, und wird nur von der – sich bald als trügerisch erweisenden – Hoffnung zurückgehalten, daß, solange sie lebt, ihr Sohn Astyanax in der Gefangenschaft in Sicherheit ist. Doch ein Epitaph der Dichterin Anyte aus dem 3. Jahrhundert v. Chr. bezeugt, daß auch im wirklichen Leben Mädchen lieber

Selbstmord begingen, als sich schänden oder versklaven zu lassen:

> Heimat Milet, du teure, wir suchten den Tod! Mit Entehrung
> drohten uns, schamlos und dreist, Galater. Mädchen zu dritt
> wollten wir dieser Schande entgehen. Der Ares der Kelten
> zwang uns diese Entscheidung auf, grausam mit drückender
>   Wucht.
> Nicht vergewaltigen ließen wir uns und ermorden. In Hades
> fanden wir unsern Gemahl, fanden wir sicheren Schutz.

Ein anderes Epigramm, wahrscheinlich aus dem 2. Jahrhundert und verfaßt von dem Dichter Antipater von Sidon, beschreibt, wie eine Mutter bei der Plünderung Korinths im Jahre 146 v. Chr. sich selbst und ihre beiden Töchter tötete: „… schritten wir selbst den Weg zum Hades mutig hinab. / … Wir zogen / einen freiwilligen Tod sklavischer Niedrigkeit vor." Pausanias berichtet, wie zu derselben Zeit der griechische General Diaios von Megalopolis seine Gattin tötete, damit sie nicht den Römern in die Hände fiel, und anschließend ein tödliches Gift trank. Eine heidnische Inschrift aus Paphlagonien berichtet von der vierzehnjährigen Domitilla, die erst sieben Monate verheiratet gewesen war, sich beim Einfall der Goten 262/263 n. Chr. das Leben nahm und so „die Krone der Keuschheit gewann. Denn als einzige von all den jungen Frauen, die zur Schändung die Männer fortführen wollten, … fürchtete sie nicht, den Tod anstatt der schrecklichen Schändung (hybris) zu erleiden."

Wenn Euripides seine Gestalten bekräftigen läßt, welche Bedeutung für sie der soziale Wert hat, der in der ganzen griechischen Welt der weiblichen Ehre beigemessen wurde, so macht er die Idee des freiwilligen Todes glaubhaft – sogar in einer Zeit, in der Menschenopfer undenkbar waren und vor der Schlacht regelmäßig Tieropfer dargebracht wurden. [...]

In den Dramen des Sophokles zwingt die Familienehre Elektra, die ihren Bruder Orest tot glaubt, die eigenhändige

Tötung Ägisths zu erwägen, und Antigone, ihr Leben aufs Spiel zu setzen, um gegen den Befehl ihres Onkels Kreon ihren Bruder Polyneikes zu begraben:

> ... Ich wußte ja,
> daß ich einst sterben werde – warum sollt' ich nicht? –,
> hättest du's auch nicht vorher verkündet; doch wenn ich
> nun vor der Zeit schon sterbe, nenn ich's nur Gewinn.
> Denn wer wie ich in mannigfachem Leide lebt,
> wie trüge der im Tode nicht Gewinn davon?

Antigone nimmt für sich in Anspruch, die Wünsche des Totengottes erfüllt zu haben: „Gleichviel! die Totenwelt gebietet diese Pflicht *(nomoi)*", und diese Pflicht, der sie gehorcht, diese – wiewohl ungeschriebenen – „Riten" oder „Gesetze" *(nomoi)* sind von den Göttern gegeben worden. [...]

Antigone weiß, daß sie sterben muß, aber sie geht nicht freudig in den Tod, auch wenn sie an die Vereinigung mit ihrer Familie glaubt, die sie durch die Sorge für das pflichtgemäße Begräbnis des Polyneikes zusammengehalten hat. Vielmehr klagt sie: „Kein Brautlied, keine Hochzeit, keines Ehebunds / Beglückung ward zuteil mir, Kinder nährt ich nicht", das heißt, sie stirbt, ohne alles das erfahren zu haben, was Frauen nach ihren eigenen Worten im Leben am meisten begehren. „Fluchbeschwert und nicht vermählt" geht sie in die Unterwelt hinab, um bei ihrer Familie zu wohnen – eine Existenz, von der kein Grieche sich vorstellen konnte, daß sie einem glücklichen Leben auf Erden vorzuziehen sein könnte.

Da die Griechen nicht an ein lohnendes Leben nach dem Tode glaubten, geht der moralische Mut, den diese mythischen Märtyrerinnen bewiesen, vielleicht noch über den der berühmteren historischen Märtyrer der Urkirche hinaus. Interessanterweise waren es in den ersten Jahrhunderten der Kirche auch weiterhin vor allem Frauen, die bereit waren, sich im Namen einer höheren Sache zu opfern.

Malte Hossenfelder

Epikur: „Der Tod geht uns nichts an"

Epikur [341–270 v. Chr.] hat versucht, den Gründen, warum den Menschen der Tod so schrecklich erscheint, nachzugehen und gelangt offenbar zu vier Motiven: Erstens fürchten sie, daß er Schmerzen bereite, wenn auch vielleicht nicht das Sterben selbst, so aber doch der bevorstehende Tod. Zweitens „erwarten oder argwöhnen sie aufgrund der Mythen einen ewigen Schrecken" nach dem Tode. Drittens „haben sie gerade vor der Empfindungslosigkeit im Totsein Angst", und viertens glauben sie, daß der Tod die Glücksmöglichkeiten verkürze, daß ihnen durch ihn „etwas vom besten Leben abgehe". [...]

Epikur hält dem entgegen, daß der Tod und alles, was danach kommt, für uns vollkommen gleichgültig sei, weil es gar keinen Wert, weder negativ noch positiv, haben *könne*. „Gewöhne dich an den Gedanken, daß der Tod uns nichts angeht. Denn alles Gut und Übel ist in der Empfindung, der Tod aber ist der Verlust der Empfindung ... Daher ist töricht, wer sagt, er fürchte den Tod nicht deshalb, weil er schmerzen werde, wenn er da sei, sondern weil er schmerze, wenn er bevorstehe; denn was nicht weh tut, wenn es da ist, das schmerzt in der Erwartung grundlos. Das schaurigste der Übel also, der Tod, geht uns nichts an, denn solange wir sind, ist der Tod nicht da, wenn aber der Tod da ist, dann sind wir nicht mehr. Er geht also weder die Lebenden an noch die Toten, denn bei den einen ist er nicht, und die anderen sind nicht mehr."

Ein solches Argument wäre in der Klassik nicht möglich gewesen. Es verfängt nur unter der Voraussetzung, daß das Individuum Sinn und Zweck der Welt ist, so daß jedes Gut oder Übel allein von seinem eigenen Empfinden abhängt und alles, was es nicht empfinden, wessen es sich selbst nicht bewußt werden kann, ohne jegliche Bedeutung für es ist. Nur dann kann Epikur sagen: „Der Tod geht uns nichts an. Denn was sich aufgelöst hat, hat keine Empfindung. Was aber keine Empfindung hat, geht uns nichts an." Eine derartige Anschauung mag uns heute nicht so fremd vorkommen, aber gegenüber der antiken Klassik bedeutete sie eine radikale Revolution der Denkungsart.

Die ersten drei Gründe der Todesfurcht werden auf diese Weise entkräftet, gegen den letzten, die Angst um die Glücksmöglichkeiten, bedient sich Epikur seines restriktiven Lustbegriffs: „Die unendliche Zeit enthält die gleiche Lust wie die begrenzte, wenn man die Grenzen der Lust mit dem Denken mißt." Und: „Für das Fleisch liegen die Grenzen der Lust im Unendlichen, und nur eine unendliche Zeit verschafft sie. Die Vernunft dagegen, die die Einsicht in das Ziel und die Grenze des Fleisches erlangt und die Ängste hinsichtlich der Ewigkeit zerstreut hat, verschafft das vollkommene Leben und bedarf in nichts noch zusätzlich der unendlichen Zeit. Vielmehr flieht sie weder die Lust, noch wenn die Dinge den Abgang aus dem Leben bereiten, stirbt sie, als ob ihr etwas vom besten Leben abginge." Da Lust in der Freiheit von Unlust besteht, so gibt es für sie eine absolute Höchstgrenze: Wenn alle Unlust beseitigt ist, dann ist keine Steigerung mehr möglich. [...]

Die ideale Haltung gegenüber Leben und Tod ist die der hinnehmenden Gelassenheit. Epikur umreißt sie an Menoikeus so: „(Der Weise lehnt weder das Leben ab), noch fürchtet er das Nichtleben, denn weder widersteht ihm das Leben, noch meint er, das Nichtleben sei ein Übel. Wie er bei der Speise keinesfalls die größte Portion wählt, sondern die lustvollste, so genießt er auch bei der Zeit nicht die längste, sondern die lustvollste. Wer aber mahnt, der Jüngling solle schön leben, der Greis schön sterben, der ist naiv, nicht nur wegen der Annehmlichkeit des Lebens, sondern auch weil die Bemühung um ein schönes Leben und einen schönen Tod dieselbe ist. Noch viel schlimmer ist der, der sagt, es sei schön, nicht geboren zu sein, aber ist man geboren, aufs schnellste des Hades Tor zu durchschreiten.

Denn wenn er dies im Ernst sagt, warum scheidet er nicht aus dem Leben? Denn dies steht ihm ja frei, wenn er dazu fest entschlossen wäre. Redet er aber im Spott, so verhält er sich töricht in Dingen, die keinen Spott vertragen." Voraussetzung dieser Haltung ist, daß das Dasein mit dem Tode tatsächlich endet, was insbesondere bedeutet, daß auch die Seele sterblich ist.

Ranuccio Bianchi Bandinelli

Römisches Patriziat: Lebende Bilder der Ahnen

Die Abschnitte, in denen Polybios [griechischer Geschichtsschreiber, ca. 200–120 v. Chr.] seine beginnende Freundschaft mit Scipio Aemilianus schildert – er lebte als Gast in dessen Familie, hat Scipio erzogen und zwanzig Jahre später als Berater zur Belagerung Karthagos begleitet –, gehören zu den erhabensten der Weltliteratur. [...] In durchaus guter Absicht vermerkte er alles, was von griechischer Sitte abwich, und was ihn besonders überraschte, war ein Brauch, den er nirgendwo anders angetroffen hatte: das Totenritual der römischen Patrizier. Es lohnt sich, zu lesen, was er darüber schreibt:

Wenn eine Person von hohem Stand stirbt, wird ihr Leichnam im Laufe des Begräbnisritus in großem Trauerzug zum Forum geleitet und dort in der Nähe der sogenannten Rostra aufgebahrt, fast immer aufrecht und gut sichtbar, selten liegend.

Während das Volk den Katafalk umsteht, steigt der Sohn des Toten – wenn er einen großjährigen hat, der zugegen ist, oder bei seiner Abwesenheit ein anderes Familienmitglied – auf die Tribüne und erinnert an die Tugenden des Toten und die erfolgreichen Taten seines Lebens. So rufen die einen, die an seinen Unternehmungen teilgenommen haben, ihre Erinnerungen wach, aber auch die ihm Fremden vergegenwärtigen sich das Leben des Toten. Die Menge ist so sehr bewegt, daß dieser Verlust nicht nur die Angehörigen trifft, sondern das ganze Volk.

Nach der *laudatio funebris* wird der Tote nach den üblichen Begräbnisriten bestattet und sein Bild, in einem Holzschrein verschlossen, an den am stärksten im Blickfeld liegenden Platz des Hauses gebracht.

Dieses Bild ist eine Wachsmaske, die Gesichtszüge und Hautbeschaffenheit des Toten mit bemerkenswerter Treue wiedergibt. Bei öffentlichen Opfern werden solche Bilder ausgestellt und mit großer Achtung verehrt. Stirbt ein hochgestellter Verwandter, trägt man sie beim Leichenzug mit, und Personen mit ähnlicher Statur und vergleichbarem Äußeren tragen diese Masken über ihren Gesichtern.

War der Tote ein Consul oder Praetor, ziehen diese die *toga praetexta,* eine purpurgesäumte Toga an, wenn er Censor war, eine Purpurtoga, und wenn er einen Triumphzug zugestanden oder eine andere Ehrung dieser Art bekommen hat, eine golddurchwirkte Toga.

Diese Träger von Masken und Togen stehen auf Wagen. Die Lictoren tragen die Fasces und andere Ehrenzeichen voraus, die jenem nach seinem Amt zu Lebzeiten zugestanden hatten. Wenn sie an der Rostra angekommen sind, setzen sie sich in einer Reihe auf die *sella curulis.* Ein junger Mann, der auf guten Ruf und Geltung hofft, wird schwerlich einem schöneren Schauspiel als diesem beiwohnen können. Wer würde beim Anblick dieser sozusagen lebenden und beschwörenden Bilder berühmter Männer durch deren Verdienste nicht angefeuert? Welches Schauspiel könnte schöner sein als das?

Wenn der Redner, der die Lobrede halten soll, aufgehört hat, vom Toten zu sprechen, erinnert er an Erfolge und Taten der Vorfahren, deren Bilder ausgestellt sind, angefangen beim Ältesten. So erneuert sich der Ruf von den großen Taten tapferer Männer ständig. Den Ruhm derer, die eine edle Unternehmung ausgeführt, und die Namen jener, die dem Vaterlande wohl gedient haben, kennt jedermann, und so werden sie der Nachwelt überliefert. Und was das Wichtigste ist: die jungen Männer werden veranlaßt, alles zu ertragen, um den Ruhm, der kühnen Männern gebührt, zu erringen.

So weit Polybios.

Dieses außergewöhnliche Ritual, mit seiner Verbindung zum Ahnenkult und besonders zu Preis und Ruhm des Patrizierstandes, das Polybios uns beschrieben hat, scheint von der griechischen Welt her unbeeinflußt zu sein. Es hat nichts zu tun mit dem Porträt des Toten auf seinem Grab, sondern hängt eng mit einer vor allem politischen Konzeption zusammen, die durch religiöse Pflichten und besondere rechtliche Normen, das *ius imaginum,* bestimmt wird. Mit diesem *ius imaginum,* wie der juristische Fachausdruck lautet, erhält man das Vorrecht, die Bilder der Vorfahren im Innenhof des Hauses, im Atrium, aufzustellen.

Jedes Bild mußte in einem eigenen Schränkchen mit Türen aufbewahrt werden, die das angesehenste Familienmitglied nur bei bestimmten Gelegenheiten öffnete. Jeder dieser kleinen Schreine trug eine Inschrift mit Namen und Titeln des Toten. Alle zusammen bildeten schließlich einen Familienstammbaum. Dieses Bilderrecht war streng auf die Nobiles beschränkt und ging auf Kinder und Verwandte über. Die Frau nahm die Bilder ihrer eigenen Vorfahren mit, die dann in die schon bestehende Reihe im Hause ihres Gatten eingefügt wurden. Wir kennen einige Vorfälle und Proteste dagegen, daß das Bild eines Fremden in die Reihe einer *gens* aufgenommen werden sollte. All diese Gewohnheiten führten dazu, daß von einer *imago,* einem Urbild, für die Mitglieder der weitverzweigten Familien viele Repliken hergestellt werden mußten. Als man dann die Wachsmasken durch Bildnisbüsten ersetzte, mußte man auch von diesen viele Kopien anfertigen, manche sofort, andere in späterer Zeit. [...]

Das *ius imaginum* blieb ein den Patriziern vorbehaltenes Recht, solange nur Patrizier zu ordentlichen Beamtenstellen zugelassen wurden. Später wurde es auch auf plebejische Familien ausgedehnt, von denen man annahm, sie stammten von Patrizierfamilien ab, und schließlich auch auf die Abkommen jener, die einmal eines der höheren Ämter innegehabt hatten *(Curules)*.

Das Senatsamt, eigentlicher Ausdruck des Patriziats, war erblich. Freigeborene aber, die ein Vermögen von einer Million Sesterzien (oder 250000 Denaren) besaßen, konnten darauf hoffen, durch ihre Wahl zum Quaestor und später zum Aedil, Volkstribun, Praetor oder Consul in den Senat zu kommen. Zwar wurde der neue Senator dadurch nicht Patrizier, aber seine Nachkommen gehörten von da an zur Nobilitas, zum Adel. Damals konnten nur Senatsmitglieder Proconsuln in den Provinzen und Legionskommandeure werden. Man sieht, wie eng das Nobilitas-Prinzip jeweils unmittelbar mit den Familienporträts zusammenhängt. Sallust legt dem Marius bittere Worte gegen die römischen Patrizier in den Mund, die ihn verachteten, „weil ich keine (Ahnen-)Bilder habe und mein Adel neu ist". Als Zeichen alten Adels galt es, wenn man ein Haus mit einem Atrium „voll rauchgeschwärzter Bilder" besaß.

Publius Ovidius Naso [*]

Orpheus und Eurydike

Vom safranfarbenen Mantel umhüllt, durchmißt Hymenæus den unendlichen Äther, zum Strande der Thracer strebt er und wird – umsonst – von des Orpheus Stimme gerufen. Zwar er kam, doch brachte er keine festlichen Lieder, brachte kein heiter Gesicht, kein glücklich Zeichen; die Fackel auch, die er trug, sie zischte in tränenschaffendem Rauche, unaufhörlich, und ließ in keinem Schwung sich entflammen. Schlimmer noch als die Zeichen der Ausgang: Die junge Vermählte, die von der Schar der Naiaden begleitet die Auen durchstreifte, sank, in den Knöchel vom Zahn der Viper tödlich getroffen.

Als sie der Sänger genugsam beklagt den Lüften der Lichtwelt, wagt er, um unversucht auch nicht die Toten zu lassen, nieder durch Tænarons Tor zum stygischen Flusse zu steigen; und durch die leichten Völker der Schemen Bestatteter tritt er hin vor Persephone und den Herrn, der die Herrschaft im wüsten Reiche der Schatten führt. Er schlug zum Liede die Leyer, sang: „Ihr Götter der Welt, die unter der Erde gelegen, der wir verfallen, soviel wir sterblich gezeugt sind, erlaubt ihr, Wahrheit offen und frei zu reden ohne den Umschweif trügenden Mundes: ich bin nicht hernieder gestiegen, den finsteren Tartarus hier zu schaun, auch nicht, die schlangenumwundnen Kehlen, die schrecklichen drei, des medusischen Scheusals zu fesseln. Grund meiner Fahrt ist die Frau. Eine Schlange, die sie getreten, spritzte ihr Gift in das Blut und stahl ihr die Jahre der Blüte. Tragen wollt' ich's und will nicht leugnen, daß ich's versucht, doch siegte die Liebe. Gar wohl ist dort oben bekannt ihre Gottheit. Ist sie's auch hier? Ich zweifle und muß es dennoch vermuten: wenn die Kunde nicht lügt vom Raub in der Vorzeit, so hat auch euch die Liebe vereint. Bei diesem Orte des Grauens, dieser gewaltigen Öde, dem Schweigen des riesigen Reiches: Knüpft Eurydicen neu den zu früh zerrissenen Faden. Alles schuldet sich euch, und nur ein wenig verzögert eilen wir früh oder spät zu dem einen Sitze; wir streben hierher alle, dies ist die letzte Behausung, und ihr habt über der Sterblichen Stamm die längste Herrschaft in Händen. Sie auch, wenn sie, gereift, vollbracht die bemessenen Jahre, wird euch fallen anheim: Nur leihen sollt ihr, nicht schenken. Gibt das Schicksal die Gattin nicht frei, so will ich gewiß auch selbst nicht kehren zurück, dann freut euch am Tode von Beiden.“

Während so er sang, zu den Worten rührte die Saiten, weinten die bleichen Seelen, die Welle, die flüchtige, haschte Tantalus nicht, da stand Ixions Rad, nach der Leber hackten die Geier nicht mehr, die Beliden setzten die Krüge nieder und Sisyphus du! du saßest auf deinem Felsen. Damals benetzten zum ersten Mal der vom Liede besiegten Furien Wangen, so sagt man, die Tränen. Die Herrin und Er, der Herr der Tiefe, vermochte es nicht, zu versagen die Bitte. Und sie rufen Eurydicen her. Sie war bei den jungen Schatten und schritt einher im Gang noch gehemmt von der Wunde. So empfängt sie der Sänger vom Hæmus, mit ihr das Gesetz: er dürfe nicht eher wenden die Augen, bis des Avernus Schlucht er durchschritten ganz, sonst werde zunichte die Gabe.

Und sie steigen hinan durch stummes Schweigen auf steilem, dicht von schattenden Dünsten umwobenem, düsterem Pfade, sind schon ferne nicht mehr den äußersten Marken der Erde, da, in Sorg', sie ermüde, sie endlich zu sehen verlangend, blickte der Liebende um – und sogleich entglitt sie ihm wieder. Streckend die Hände, bemüht, gefaßt zu werden, zu fassen, greift die Ärmste nichts als flüchtige Lüfte, und schon zum zweiten Mal sterbend klagt sie dennoch gegen den Gatten nichts – denn was sollte sie klagen, als daß sie zu sehr sich geliebt sah? Nur ein letztes ‚Lebwohl‘, das kaum seinem Ohre vernehmbar, sprach sie und sank zurück dahin, woher sie gekommen.

Orpheus erstarrte bei diesem erneuten Tode der Gattin so wie der Mann, der voll Schrecken die Hälse des Cerberus sah, die drei, deren mittlerer schleppte die Kette, der Mann, den die Angst nicht früher verließ als die alte Natur, als zu Stein er geworden. Oder wie Olenus, der seiner Gattin Verfehlung auf sich nahm, schuldig wollt sein, und Lethæa, du selbst, unselge, die frevelnd stolz ihrer Schönheit vertraut: Ihr, unzertrennliche Herzen einstens, jetzt aber Steine, vom feuchten Ida getragen!

Ihm, der vergebens bat und noch einmal wollte hinüber, hatte der Hüter gewehrt. Doch saß er zum siebenten Tage trauernd am Ufer dort, der Ceres Gaben verschmähend, Kummer Nahrung ihm war und Gram des Herzens und Tränen. Grausam seien die Götter des Erebos, klagt er, und sucht die ragende Rhodope auf und Hæmus, den nordsturmgepeitschten.

* [Ovid: 43 v. – ca. 17 n. Chr.]

Mircea Eliade

Ereignis in Judäa:
Die Auferstehung des Gekreuzigten

Die Verhaftung, der Prozeß und die Hinrichtung Jesu führten zur Zerstreuung der Gläubigen. Kurz nach der Verhaftung verleugnete ihn Petrus, sein Lieblingsjünger, dreimal. Es ist sicher, daß die Verkündigung Jesu und vielleicht sogar sein Name dem Vergessenen anheimgefallen wären ohne eine einzigartige und außerhalb des Glaubens unbegreifliche Episode: die Auferstehung des Hingerichteten. Die von Paulus und den Evangelien überlieferte Tradition mißt dem leeren Grab und den zahlreichen Erscheinungen des auferstandenen Jesu entscheidende Bedeutung bei. Was auch immer die Natur dieser Erfahrungen sein mag, sie bilden die Quelle und das Fundament des Christentums. Der Glaube an den auferstandenen Jesus Christus hat eine Handvoll demoralisierter Flüchtlinge in eine Gruppe Entschlossener verwandelt, die ihrer Unbezwingbarkeit sicher waren. Man könnte fast sagen, daß auch die Apostel die Initiationsprüfung der Verzweiflung und des geistigen Todes durchgemacht haben, bevor sie, zu einem neuen Leben wiedergeboren, die ersten Missionare des Evangeliums wurden. [...]

Am Pfingsttag des Jahres 30 waren die Jünger Jesu alle versammelt. „Da entstand plötzlich vom Himmel her ein Brausen, wie von einem daherfahrenden gewaltigen Wind, und erfüllte das ganze Haus, in dem sie saßen. Und es erschienen ihnen Zungen wie von Feuer, die sich zerteilten, und je eine ließ sich auf jeden von ihnen nieder. Und alle wurden mit dem Heiligen Geist erfüllt und begannen, in anderen Sprachen zu reden ..." Die Feuer-Epiphanien des göttlichen Geistes stellen ein in der Religionsgeschichte ziemlich bekanntes Thema dar: Man findet sie in Mesopotamien, im Iran, in Indien (Buddha, Mahāvīra usw.). Aber der Kontext von Pfingsten hebt auf ein näher bestimmtes Ziel ab: Der gewaltige Wind, die Feuerzungen und die Glossolalie [das Sprechen in fremden Sprachen] erinnern an bestimmte jüdische Traditionen von der Theophanie [Erscheinung Gottes] am Sinai. Mit anderen Worten: Die Herabkunft des Heiligen Geistes wird als eine neue Offenbarung Gottes interpretiert, die in Analogie zu jener am Sinai steht. Am Pfingsttag entsteht die christliche Kirche. Erst nachdem sie den Heiligen Geist empfangen haben, beginnen die Apostel die Verkündigung des Evangeliums und vollbringen zahlreiche „Zeichen und Wunder".

An diesem Tag richtet Petrus an die Menge den ersten Aufruf zur Bekehrung. Er und seine Mitbrüder legen Zeugnis ab von der Auferstehung Jesu Christi: „Gott hat ihn auferweckt." Das Wunder wurde schon von David vorausgesagt; die Auferstehung ist also das von den Propheten angekündigte eschatologische Ereignis. Petrus verlangt von den Juden, daß sie Buße tun und „ein jeder sich taufen lasse auf den Namen Jesu Christi zur Vergebung der Sünden; dann werdet ihr die Gabe des Heiligen Geistes empfangen". Auf diese erste Rede hin, die zum exemplarischen Modell des *Kerygmas* (der christlichen „Verkündigung") wurde, erfolgten zahlreiche Bekehrungen (3000 nach Apg 2, 41). Bei einer anderen Gelegenheit (Petrus hatte gerade einen von Geburt an Lahmen geheilt) ermahnt er die Juden, zuzugeben, daß sie sich getäuscht haben – übrigens aus Unwissenheit heraus –, als sie Jesus verurteilt haben, und Buße zu tun, indem sie sich taufen lassen. [...]

Sehr früh wendet sich die Mission den Heiden zu. In Antiochien in Syrien bildet sich die erste bedeutende Gemeinde von Bekehrten heidnischer Abstammung; hier wird die Bezeichnung „Christen" zum erstenmal verwendet. Von Antiochien aus strahlt die christliche Mission in die hellenistische Welt hinein. Die Konfrontation einer jüdisch-messianischen Bewegung mit griechischer Religiosität und griechischem Denken wird für die Entwicklung des Christentums entscheidende Konsequenzen haben. Es ist das unschätzbare Verdienst des heiligen Paulus, die Problemlage richtig erfaßt und den Mut zu einem unermüdlichen Kampf für die Durchsetzung der Lösung gehabt zu haben, die er für die einzig richtige und stimmige hielt.

Geboren wahrscheinlich Anfang des 1. Jahrhunderts in Tarsus in Kilikien, kommt er nach Jerusalem, um bei Gamaliel, „dem beim ganzen Volke angesehenen Gesetzeslehrer", zu studieren. Er beschreibt sich selbst als „Hebräer, Sohn von Hebräern, dem Gesetze nach ein Pharisäer, dem Eifer nach ein Verfolger der Kirche". Als er seinen antichristlichen Auftrag ausführte, erschien ihm Christus auf dem Weg nach Damaskus. Als einziger von denen, die Jesus nicht gekannt haben, erhält er den Titel Apostel. Er ist ja in der Tat vom auferstandenen Christus bekehrt worden; das Evangelium, das er predigte, hatte er nicht von einem Menschen empfangen oder gelernt, „sondern durch eine Offenbarung Jesu Christi". Zum „Heidenapostel" geworden, unternimmt Paulus weite Missionsreisen durch Kleinasien, Zypern, Griechenland und Mazedonien. Er predigt in zahlreichen Städten, gründet Kirchen, hält sich lange in Korinth und in Rom auf. [...]

Besser als jeder andere kannte er die Schwierigkeit, „Christus, den Gekreuzigten, den Juden ein Ärgernis, den Heiden eine Torheit", zu predigen. Die Auferstehung der Leiber, eine von der Mehrheit der Juden geteilte Glaubensvorstellung, schien den Griechen, die ausschließlich an der Unsterblichkeit der Seele interessiert waren, sinnlos. Nicht weniger schwierig zu verstehen war die Hoffnung auf eine eschatologische Erneuerung der Welt; die Griechen suchten im Gegenteil möglichst sichere Mittel, um sich von der Materie zu befreien. Der Apostel versucht sich anzupassen. Je mehr er in die hellenistischen Kreise eindringt, desto weniger spricht er von der eschatologischen Erwartung. Man entdeckt außerdem recht bedeutsame Neuerungen. Er verwendet nicht nur häufig das hellenistische religiöse Vokabular (*genosis, mysterion, sophia, kyrios, soter*), sondern übernimmt auch bestimmte dem Judentum und Urchristentum fremde Auffassungen. So eignet sich Paulus beispielsweise die für den Gnostizismus grundlegende dualistische Idee vom „psychischen Menschen" an, der dem „geistigen Menschen" gegenüber- und untersteht. Ein weiterer dualistischer Zug bringt Gott in einen Gegensatz zur Welt, die gegenwärtig von ihren „Fürsten", anders gesagt: von den „Elementen", beherrscht wird. Die paulinische Theologie bleibt indessen in ihrem Grunde biblisch. Er weist die Unterscheidung – auf der die Gnostiker insistieren – zwischen dem höheren Erlösergott und dem schlechten Demiurgen, der für die Schöpfung verantwortlich ist, zurück. Der Kosmos wird vom Bösen beherrscht infolge des Falls des Menschen, aber die Erlösung entspricht einer zweiten Schöpfung, und die Welt wird ihre ursprüngliche Vollkommenheit wiederfinden.

Die paulinische Christologie entwickelt sich von der Auferstehung her; dieses Ereignis offenbart die Natur Christi: Er ist der Sohn Gottes, der Erlöser. Das christologische Drama erinnert an ein der Epoche wohlbekanntes [...] Szenarium, dessen erste Ausdrucksformen jedoch sehr viel älter sind: Der Erlöser steigt zum Wohl der Menschen vom Himmel auf die Erde herab und kehrt nach Vollendung seines Auftrags zum Himmel zurück.

In seinem ältesten Brief, dem *1. Thessalonicherbrief,* der 51 von Korinth aus geschrieben wurde, gibt Paulus ein „Wort des Herrn" über die Parusie [Wiederkunft des Auferstandenen] kund: „Er selbst, der Herr, wird bei dem Befehlsruf, wenn die Stimme des Erzengels und die Posaune Gottes erschallt, herniedersteigen vom Himmel, und die Toten in Christus werden zuerst auferstehen. Darauf werden wir, die noch leben und übriggeblieben sind, mit ihnen vereinigt und auf Wolken dem Herrn entgegen in die Luft entrückt werden. So werden wir immerdar mit dem Herrn sein." Sechs Jahre später, im Jahre 57, erinnert er die Römer daran, daß „das Heil uns viel näher ist als damals, da wir gläubig wurden. Die Nacht ist vorgerückt, der Tag hat sich genaht".

Paulus

„So werden in Christus alle lebendig..."

Ich bringe euch aber, Brüder, die gute Botschaft zur Kenntnis, welche ich euch verkündiget habe, welche ihr auch angenommen habet, worin ihr auch beharret, 2 wodurch ihr auch gerettet werdet, wenn ihr euch so daran haltet, wie ich sie euch verkündiget habe, es wäre denn, daß ihr vergebens geglaubt hättet. 3 Denn ich habe euch zuvörderst mitgeteilt, was ich auch empfangen habe: daß Christus für unsere Sünden gestorben ist, wie geschrieben steht; 4 daß er begraben worden und am dritten Tage wieder auferstanden ist, wie geschrieben steht; 5 daß er dem Kephas erschienen ist und danach den Elfen. 6 Nachher ist er mehr als fünfhundert Brüdern zugleich erschienen, von welchen noch viele bis auf den heutigen Tag leben, einige aber entschlafen sind. 7 Hierauf ist er dem Jakobus erschienen, dann allen Aposteln; 8 zuletzt aber, nach allen, ist er auch mir, als einer unzeitigen Geburt, erschienen; 9 denn ich bin der geringste unter den Aposteln, der ich nicht würdig bin, Apostel zu heißen, weil ich die Kirche Gottes verfolgt habe. 10 Aber durch die Gnade Gottes bin ich, was ich bin, und seine Gnade ist in mir nicht unwirksam gewesen; denn ich habe mehr als sie alle gearbeitet, doch nicht ich, sondern die Gnade Gottes mit mir. 11 Sei es nun ich oder seien es jene, also verkündigen wir und also habet ihr geglaubt.

12 Wenn aber Christus verkündiget wird als der, so von den Toten auferstanden ist, wie sagen einige unter euch, es sei keine Auferstehung der Toten? 13 Wenn keine Auferstehung der Toten ist, so ist auch Christus nicht auferstanden. 14 Ist aber Christus nicht auferstanden, so folgt, daß unsere Predigt vergeblich ist, vergeblich auch euer Glaube. 15 Dann würden wir auch als falsche Zeugen Gottes befunden; denn wir hätten wider Gott bezeugt, daß er den Christus auferweckt habe, den er nicht auferweckt hat, woferne Tote nicht auferstehen. 16 Denn wenn Tote nicht auferstehen, so ist auch Christus nicht auferstanden. 17 Ist aber Christus nicht auferstanden, so ist euer Glaube vergeblich; denn ihr seid (dann) noch in euern Sünden. 18 So sind auch die in Christus Entschlafenen verloren. 19 Wenn wir aber nur in diesem Leben auf Christus hoffen, so sind wir erbärmlicher als alle Menschen.

20 Nun aber ist Christus von den Toten auferstanden als Erstling der Entschlafenen. 21 Denn durch einen Menschen ist der Tod und durch einen Menschen ist die Auferstehung von den Toten. 22 Und gleich wie in Adam alle sterben, so werden auch in Christus alle lebendig gemacht werden. 23 Ein jeder aber in seiner Ordnung: Als Erstling Christus; danach die, welche Christus angehören und geglaubt haben an seine Ankunft. 24 Dann ist das Ende, wenn er das Reich dem Gott und Vater übergeben und jede Herrschaft, jede Macht und Gewalt vernichtet hat. 25 Er muß nämlich herrschen, bis jener alle Feinde unter seine Füße legt. 26 Der letzte Feind aber, der vernichtet wird, ist der Tod; denn alles hat er seinen Füßen unterworfen. Wenn es aber heißt: 27 alles ist ihm unterworfen, so ist offenbar der ausgenommen, welcher ihm alles unterworfen hat. 28 Wenn ihm aber alles unterworfen sein wird, dann wird auch der Sohn selbst dem unterworfen sein, der ihm alles unterworfen hat, damit Gott sei alles in allem.

29 Was täten sonst die, welche um der Toten willen sich taufen lassen, wenn es gewiß ist, daß die Toten nicht auferstehen? Warum lassen sie sich für dieselben taufen? 30 Warum setzen auch wir uns zu jeder Stunde Gefahren aus? 31 Täglich sterbe ich, wahrlich Brüder bei euerm Ruhme, den ich habe in Christus Jesus, unserm Herrn. 32 Wenn ich bloß menschlicherweise zu Ephesus mit wilden Tieren gekämpft habe, was nützt es mir? Wenn die Toten nicht auferstehen, dann lasset uns essen und trinken; denn morgen werden wir sterben! 33 Lasset euch nicht verführen; übler Verkehr verdirbt gute Sitten. 34 Seid wachsam, ihr Gerechten, und sündiget nicht, denn einige haben keine Erkenntnis Gottes; zu eurer Beschämung sage ich es.

35 Aber wird jemand sagen: Wie stehen die Toten auf? In welchem Leibe werden sie kommen? 36 Du Tor! Was du säst, lebt nicht auf, wenn es nicht zuvor stirbt. 37 Und was du auch säst, so säst du nicht den Körper, der werden soll, sondern bloßes Korn, nämlich etwa des Weizens oder von etwas anderem. 38 Gott aber gibt ihm einen Körper, wie er will, und einer jeden Samenart ihren besonderen Körper. 39 Nicht alles Fleisch ist dasselbe Fleisch; sondern ein anderes ist das der Menschen, ein anderes das der vierfüßigen Tiere, ein anderes das der Vögel, ein anderes das der Fische. 40 So gibt es himmlische Körper und irdische Körper; aber eine andere Herrlichkeit haben die himmlischen, eine andere die irdischen. 41 Anders ist die Klarheit der Sonne, anders die Klarheit des Mon-

des, anders die Klarheit der Sterne, denn ein Stern ist vom andern verschieden an Klarheit. 42 So ist's auch mit der Auferstehung der Toten. Gesät wird in Verweslichkeit, auferweckt wird in Unverweslichkeit. 43 Gesät wird in Unehre, auferweckt wird in Herrlichkeit; gesät wird in Schwachheit, auferweckt wird in Kraft; 44 gesät wird ein tierischer Leib, auferweckt wird ein geistiger Leib.

Ist ein tierischer Leib, so ist auch ein geistiger Leib, wie geschrieben steht: 45 Der erste Mensch Adam ward lebendige Seele, der letzte Adam lebendig machender Geist. 46 Das Geistige aber ist nicht das erste, sonden das Tierische; dann das Geistige. 47 Der erste Mensch aus Erde ist irdisch, der zweite Mensch vom Himmel. 48 Wie der irdische so auch die irdischen, und wie der himmlische, so auch die himmlischen. 49 Gleichwie wir also das Bild des irdischen getragen haben, so laßt uns auch das Bild des himmlischen tragen.

50 Das aber sage ich, Brüder, daß Fleisch und Blut das Reich Gottes nicht besitzen können; und die Verwesung wird nicht die Unverweslichkeit besitzen. 51 Siehe, ich sage euch ein Geheimnis: Wir werden zwar alle auferstehen, aber wir werden nicht alle verwandelt werden, 52 plötzlich, in einem Augenblick, auf den Schall der letzten Posaune hin; denn erschallen wird die Posaune, und die Toten werden unverweslich auferstehen, und wir werden verwandelt werden. 53 Denn dieses Verwesliche muß anziehen die Unverweslichkeit, und dieses Sterbliche anziehen die Unsterblichkeit. 54 Wenn aber dieses Sterbliche angezogen hat die Unsterblichkeit, dann wird erfüllet werden das Wort, das geschrieben steht: Verschlungen ist der Tod im Siege! 55 Tod, wo ist dein Sieg? Tod, wo ist dein Stachel? 56 Der Stachel des Todes aber ist die Sünde, und die Kraft der Sünde ist das Gesetz. 57 Gott aber sei Dank, der uns den Sieg verliehen hat durch unsern Herrn Jesus Christus! 58 Darum, meine lieben Brüder! seid standhaft und unbeweglich; seid voll des Eifers im Werke des Herrn allezeit, da ihr wisset, daß eure Arbeit nicht vergeblich ist im Herrn.

Villy Sørensen

Seneca an Lucilius – Todesgedanken

Im Sommer [des Jahres 64] unternahm Seneca zusammen mit seinem Freund Caesonius Maximus und ein paar Sklaven eine Reise in einem gewöhnlichen Bauernwagen. Ihr Vorrat bestand aus nichts anderem als Feigen und ihr Bettzeug nur aus den Wagenkissen. Getrocknete Feigen pflegte man als Neujahrsgruß zu versenden, und Seneca schreibt an Lucilius, daß ihm jeder Tag ein neues Jahr sei, das sein eigener glücklicher Gemütszustand glücklich mache, denn „nie ist der Gedankenflug höher, als wenn ich alles fremde Gefühl ausschalte und durch Beseitigung jeder Furcht zum Frieden mit mir selbst komme, durch Unterdrückung aller Begierden mir inneren Reichtum schaffe".

Doch außer der äußeren Stellung und den überflüssigen Dingen stellt sich der rechten Einstellung noch etwas in den Weg, nämlich die Meinung der anderen. Es fällt Seneca noch immer schwer, das primitive Fahrzeug als sein eigenes zu begreifen. Wenn er auf eine richtige Reisegesellschaft trifft, oft so groß wie ein ganzes Regiment, dann schämt er sich über seine eigene: „Noch bin ich in meinen Anschauungen nicht weit genug fortgeschritten: ich wage es nicht, meine Genügsamkeit den Blicken der Leute zu zeigen; noch immer kümmere ich mich viel zu viel um die Meinung der Menschen, die meinen Weg kreuzen. [...]

Seneca fordert auch Lucilius dazu auf, sich in Genügsamkeit, also der kynischen „Askese", zu üben. Es mag wie eine fixe Idee erscheinen, daß reiche Männer arm spielen wollten, aber das Spiel war ernst gemeint: Seneca wußte, daß sein Leben und damit auch das seiner Freunde in Gefahr war; es galt bereit zu sein, sich von allem frei zu machen, womit der Zufall einen versehen hatte, wenn nötig sogar vom eigenen Leben. Wenn die Briefe an Lucilius mit allen ihren Abschweifungen dennoch ein Hauptthema haben, dann ist es der Tod, der Tod, der zum Leben gehört, denn wir sterben ja in jedem Augenblick und hören erst damit auf, wenn wir zu leben aufhören. Je reicher wir leben, um so näher ist der Tod, und ein Leben ohne Bewußtsein des Todes ist bewußtlos.

Lucilius hatte einen Feind, der ihm nach dem Leben trachtete, und er hatte, wie Seneca, Krankheitsanfälle. Seneca sagte ihm nicht, daß er nichts zu fürchten habe, sondern daß er dem Schlimmsten vorgreifen und erkennen solle, daß es entweder zu ertragen oder schnell überstanden sein werde. Die Natur hat es so weise eingerichtet, daß wir an Schmerzen sterben, wenn sie unerträglich sind, oder sie ertragen können. Was wir fürchten, dauert nicht lange, die Furcht davor kann das ganze Leben über dauern, *sie* ist das einzig Furchteinflößende. Oft leiden wir mehr unter unseren Einbildungen als an einer wirklichen Sache, fürchten Unglücksfälle, die nicht eintreten, und lassen uns von den wirklichen Unglücksfällen überrumpeln, als könnte ausgerechnet uns nicht treffen, was alle treffen kann. Vor dem Ungewissen haben wir Angst, aber das einzig Sichere im Leben ist der Tod, der allen Leiden eine Grenze setzt. Ihn zu suchen steht uns frei.

„Offen steht der Weg aus dem Leben" – gegenüber physischen Schmerzen aufzugeben bedeutet eine Niederlage, berauben sie einen aber für alle Zukunft der Möglichkeit eines tätigen Lebens, dann kann man sein Leben abbrechen, solange es noch lebenswert ist. Den Tod aus Angst vor dem Leben oder dem Tod zu suchen ist ebenso jämmerlich, wie sich um jeden Preis am Leben zu erhalten: Der Tod an sich ist ebensowenig ein Übel wie das Leben an sich ein Gut, das ist nur das gute Leben. Man hat jedoch nicht nur Pflichten sich selbst gegenüber, sondern auch den anderen gegenüber, die mit zu unserem Leben gehören. Seneca selbst hatte in seiner Jugend seinen alten Vater, auf den er Rücksicht nehmen mußte; jetzt im Alter hat er seine immer noch junge Frau Paulina: Kann man sein Leben für andere opfern, dann kann man auch den Tod für sie opfern – und um ihretwillen leben.

Das allen diesen Todesbetrachtungen Zugrundeliegende spricht Brief 70 mit klaren Worten aus: „Er kommt, der dich töten soll; erwarte ihn! Warum willst du ihm vorgreifen? Weshalb übernimmst du die Durchführung grausamer Befehle anderer? Beneidest du deinen Henker darum oder willst du ihn schonen? Sokrates hätte durch Hungerstreik seinem Leben ein Ende machen und statt durch Gift durch Hunger sterben können. Trotzdem verbrachte er dreißig Tage im Kerker in Erwartung des Todes, nicht etwa in dem Glauben, es könne noch ein Wunder geschehen, als verbürge die lange Zeit noch allerlei Hoffnungen, nein: er wollte dem Gesetz genügen und seinen Freunden einen Sokrates schenken, von dem sie bis zum letzten Atemzuge im Umgang Genuß und Vorteil hätten." – Tacitus berichtet, Nero habe einem von Senecas eigenen Freigelassenen namens Cleonicus befohlen, Seneca zu vergiften, der Anschlag sei jedoch mißlungen, entweder weil Cleonicus ihn verriet oder Seneca selbst Verdacht schöpfte und nichts weiter zu sich nahm als wilde Früchte und Quellwasser. Seine Einübung der Genügsamkeit war nicht nur eine fixe Idee.

[…] Senecas Gegensatz waren nicht Leben und Tod, sondern *fatum* und *fortuna*, Schicksal oder Naturverlauf (denn „das Schicksal ist nichts anderes als die ineinander greifende Kette der Ursachen") und Zufall. Die himmlische Harmonie zeugt davon, daß der Zufall bei der Schöpfung der Welt nicht mitgespielt hat, je weiter man sich jedoch vom Himmel entfernt und sich der Erde nähert, um so größeren Spielraum scheint er zu haben. In einem Chor seiner Tragödie „Phädra", der sich an das Schicksal oder die Natur wendet, heißt es:

„Aber warum hältst du, wo du so Großes lenkst und unter dir die Massen des gewaltigen Weltalls im Gleichgewicht ihre Kreis ziehen, warum hältst du – um die Menschen allzu unbesorgt – dich ihnen fern, nicht bemüht den Guten zu nützen, den Schlechten zu schaden! Die menschlichen Verhältnisse lenkt ohne jeden Plan Fortuna, und sie hat mit blinder Hand ihre Gaben ausgestreut, das Schlechtere begünstigend ..."

Lucilius hatte bei dem gleichen Problem haltgemacht und Seneca gefragt, wie es, wenn denn eine Vorsehung über die Welt gebiete, zugehen könne, daß so vielen guten Menschen so viel Schlechtes widerfahre? Dieses Problem heißt seit Leibniz das Problem der *Theodizee,* der Rechtfertigung Gottes, und Seneca nimmt es in seiner Schrift „Über die Vorsehung" *(De providentia)* auf sich, „als Anwalt der Götter" aufzutreten.

Senecas Antwort ist sehr einfach und logisch: Die Güter wären gut, wenn sie nur den Guten zufielen, die Übel schlecht, wenn sie nur die Schlechten träfen und ein Mensch beispielsweise nur dann blind würde, wenn er es verdient hätte, das Augenlicht zu verlieren. Da dies nicht der Fall ist, kann es nicht entscheidend sein, was ein Mensch ertragen muß, entscheidend ist, wie er es erträgt. Wenn den Guten nur Gutes widerführe, hätten sie keine Gelegenheit, ihre moralischen Qualifikationen zu beweisen. Gerade das scheinbar Sinnlose, das Übel, das über die Guten kommt, weist in den moralischen Sinn des Daseins ein.

Bereits Sokrates hatte betont, daß einem guten Menschen nichts Böses widerfahren könne, und so die primitive Tendenz bekämpft, die das Angenehme und das Unangenehme, das dem Menschen zustößt, als Strafe und Belohnung erlebt. Die große Auseinandersetzung der Weltliteratur mit dieser Mentalität ist das Buch Hiob, dessen Verfasser ein Zeitgenosse der großen griechischen Philosophen war. Hiobs Freunde wollen seine Krankheit als Strafe verstanden wissen, denn sie muß ja einen Sinn haben; Hiob bleibt dabei, daß sie keinen Sinn habe, und es ist denn auch nicht Jahwe, der Hiob straft, sondern Satan, der ihn prüft. [...]

Erkennt man keinen unmittelbaren Zusammenhang zwischen den herrschenden Werten und den moralischen Werten mehr an, dann liegt es nahe, in ihnen einen Gegensatz zu erblicken: Die Menschen, die sich dem Bösen widersetzen, erleiden ja am meisten Böses – „ein großes Beispiel setzt ein Un-Glück voraus". Im Unglück findet man nicht sehr viel Trost bei dem Gedanken daran, daß Unglück eine Strafe ist; dagegen vermag uns der Gedanke an diejenigen, die um des Guten willen Böses erlitten haben, mit unserem eigenen Schicksal zu versöhnen. Sie haben gelitten, „daß sie andere dulden lehren: geboren sind sie zum Vorbild".

In „Über das glückliche Leben" hatte Seneca zwar das Gute und das Böse vom Angenehmen und Unangenehmen unterschieden, die beide nach stoischer Auffassung moralisch gleichgültig, *indifferentia,* waren, hatte aber doch die Annehmlichkeiten des Lebens dessen Unannehmlichkeiten vorgezogen. Jetzt sieht er zwischen einem angenehmen und einem glückseligen Leben nahezu einen Gegensatz und betrachtet das Leiden, das die Unannehmlichkeiten verursachen, als eine moralische Qualifikation. In „Über die Milde" hatte er die Hoffnung geäußert, das gute Beispiel des Kaisers möge das ganze Reich prägen und eine neue Zeit anbrechen. Jetzt fand Seneca die großen Beispiele bei denen, die sich gegen die Mächtigen aufgelehnt hatten. Sie konnten andere lehren, ein Gleiches zu tun, aber Veränderungen zum Besseren herbeiführen konnten sie nicht – dafür ist Cato ein Beispiel; sein Tod hatte große moralische, aber keinerlei politische Bedeutung. Ein Mensch kann unmittelbar nichts anderes ändern als seine eigene Haltung. Gerade das Bewußtsein dessen, daß nichts ihn treffen kann, was nicht schicksalsbestimmt ist, kann ihm helfen, sein Schicksal zu ertragen. Wenn nur das geschehen kann, was die Götter wollen, dann werden sie gerade denjenigen prüfen, der ein hartes Schicksal erleidet, und die Prüfung, *exercitatio,* ist eher eine Auszeichnung als eine Strafe – wenn der Mensch sie besteht. […]

Es mochte verlockend sein, die hohe Moral, von der die Besten inmitten des moralischen Verfalls Zeugnis gaben, in einer höheren Welt anzusiedeln, die nicht untergeht. In einem seiner Briefe äußert Seneca ein Gefühl, daß „sein Leib nicht das Heim, sondern eine Herberge" sei, „und das nur auf kurze Zeit", und in diesem Gefühl will er den „besten Beweis für die Tatsache" sehen, „daß des Menschen Seele aus höherer Sphäre stammt". Der Glaube an die Unsterblichkeit der Seele war in der pythagoreisch-platonisch-stoischen Tradition verankert. Es fiel den Stoikern jedoch schwer, die Unsterblichkeit länger als bis zum nächsten, alles in seine anfänglichen Elemente auflösenden Weltenbrand dauern zu lassen. Senecas Verhältnis zum Unsterblichkeitsgedanken ist denn auch unklar und inkonsequent; daß er selbst „in jene unermeßliche Zeit, in den Besitz der vollen Ewigkeit" hinübertreten werde, was große Männer eher versprochen als bewiesen hatten, das nennt er eine große Hoffnung, einen schönen Traum.

Seneca läßt diese Hoffnung und diesen Traum aber nicht in seine Schrift über die Vorsehung eindringen und deren strenge Logik mildern. Dort läßt er zuletzt keinen Geringeren als Gott selbst bestätigen, daß die Menschen die Götter übertreffen können, indem sie die Leiden ertragen, über die die Götter erhaben sind, und die Menschen damit trösten, daß sie die Freiheit haben, sich dem Unglück zu entziehen, wenn es größer ist, als sie zu ertragen vermögen: offen steht der Weg aus dem Leben. Daß der tapfere Tod zu einem besseren Leben führen werde, davon weiß nicht einmal Gott. Die gute Tat tut man nicht um des Lohnes willen, sie birgt ihren Lohn in sich selbst, und das gilt auch, wenn sie darin besteht, daß man sein Leben opfert – ist das Leben hart, dann ist der Tod Erlösung.

Mircea Eliade

Odin, Gott der Toten, des Kriegs und der Ekstase

Odin-Wotan ist der wichtigste der [germanischen] Götter, ihr Vater und ihr Herrscher. Man hat die Gemeinsamkeiten mit Varuṇa [einer indisch-vedischen Gottheit] herausgestellt: alle beide sind sie die Herrscher schlechthin und Meister der Magie; sie „binden" und lähmen ihre Gegner; sie sind begierig auf Menschenopfer. Aber die Unterschiede sind nicht weniger bemerkenswert. Im Unterschied zu Varuṇa ist Odin-Wotan ein Gott des Krieges: denn wie Dumézil schreibt, ist der Krieg „in der Ideologie und in der Praxis der Germanen in alles eingedrungen, hat alles koloriert". Aber in den traditionellen Gesellschaften, vor allem bei den alten Germanen, bildet der Krieg ein durch die Theologie gerechtfertigtes Ritual. Da ist zunächst die Annäherung zwischen militärischem Kampf und Opferhandlung: Sieger und Opfer bringen dem Gott eine blutige Gabe dar. Folglich wird der Heldentod zur privilegierten religiösen Erfahrung. Außerdem nähert die ekstatische Natur des Todes den Krieger ebenso dem inspirierten Dichter wie dem Schamanen, dem Propheten und dem Seher und Weisen an. Dank dieser Erhöhung des Krieges, der Ekstase und des Todes erhält Odin-Wotan sein besonderes Gesicht.

Der Name Wotan kommt von „Wut". Es handelt sich um die besondere Erfahrung der jungen Krieger: sie verwandelte ihre Menschlichkeit durch einen Anfall aggressiver und Schrecken erregender Raserei und machte sie Raubtieren gleich. Nach der Ynglinga-Saga gingen die Gefährten Odins „ohne Panzer, wild wie Hunde und Wölfe, bissen in ihre Schilde und waren stark wie Bären und Stiere. Sie massakrierten die Menschen, und weder Feuer noch Stahl war ihnen gewachsen. Man nannte dies die Wut der *Berserker* (wörtlich: „Krieger in der Hülle [serkr] von Bären"). Man kannte sie auch unter dem Namen *ûlfhêdhnar,* „Mann im Wolfsfell".

Berserker wurde man nach einem Initiationskampf. So schnitt sich bei den Chatten, wie Tacitus schreibt, der Anwärter weder die Haare noch rasierte er sich, bis er einen Feind getötet hatte. Bei den Taifalern mußte der junge Mann ein Wildschwein oder einen Bären erlegen und bei den Herulern ohne Waffen kämpfen. Durch diese Prüfungen erwarb sich der Anwärter die Lebensweise eines Wilden; er wurde in dem Maße zum gefürchteten Krieger, als er sich wie ein Raubtier benahm. Der Glaube an die durch die rituelle Bekleidung mit einer Löwenhaut erhaltene Lykanthropie wird im Mittelalter extrem populär und setzt sich in nördlichen Breiten bis ins 19. Jahrhundert fort.

Odin-Wotan ist Kriegs- und gleichzeitig Totengott. Er schützt mit magischen Mitteln die großen Helden, verrät und schlägt seine Schützlinge aber schließlich doch. Die Erklärung für dieses seltsame und widersprüchliche Verhalten scheint in der Notwendigkeit zu liegen, seine gefürchtetsten Krieger im Hinblick auf die eschatologische Schlacht *ragnarök* um sich zu versammeln. Tatsächlich wurden die berühmten Krieger, die in der Schlacht gefallen waren, von den Walküren in den himmlischen Palast Walhalla geführt. Nach dem Empfang durch Odin verbrachten sie ihre Tage mit kriegerischen Übungen und bereiteten sich so auf die Endschlacht vor.

Als Schützer der *Männerbünde,* die, wie jede ekstatische und kriegerische Gesellschaft, die Dörfer terrorisierten, konnte Odin-Wotan nicht der Lieblingsgott der Landbevölkerung sein. Sein Kult, der auch Menschenopfer durch Erhängen enthielt, wurde vorzugsweise von den Königsfamilien, den militärischen Führern und ihrer Umgebung gefeiert. Man hat dennoch Ortsnamen mit dem Bestandteil „Odin" entdeckt und sogar Namen, die mit den Bezeichnungen für „Feld" oder „Wiese" verbunden waren. Das beweist nicht die „agrarische" Struktur Odins, sondern seinen

„imperialistischen" Charakter, seine Neigung, sich Funktionen und Attribute anderer Gottheiten anzueignen.

Daß Odin-Wotan im religiösen Leben der Germanen die Hauptrolle spielt, erklärt sich durch das vielfältige Ansehen seiner magischen Herrschaft. Odin ist der Haupturheber der Schaffung der Welt, der Götter und des Menschen. (Von den anderen göttlichen Personen, die in den mythischen Zeiten der Anfänge aktiv waren, hat das kollektive Gedächtnis sich nur die Namen behalten.) Außerdem ist er dazu berufen, in der Endschlacht *ragnarök* die entscheidende Rolle zu spielen. Seine Eigenschaft als Herrschergott und gleichzeitig als Gott des Krieges und des Todes macht ebenso den geheiligten Charakter des Königtums wie die religiöse Hochschätzung des Todes auf dem Schlachtfeld verständlich, von Konzeptionen also, die die Kultur des germanischen Mittelalters bestimmen.

Aurelius Augustinus
„Ich empfand nur Schmerz und weinte ..."

In jenen Jahren, als ich in meiner Vaterstadt meine Lehrtätigkeit aufnahm, hatte ich einen gleichaltrigen und wie ich von jugendlicher Kraft strotzenden Freund gewonnen, dem ich aufgrund gemeinsamer Studien überaus zugetan war. Als Jungen waren wir miteinander aufgewachsen, waren zusammen zur Schule gegangen und hatten zusammen gespielt. [...] Doch siehe da, du, der du bedrohlich hinter denen stehst, die dich fliehen, Gott der Rache und zugleich Quell aller Barmherzigkeit, und der du uns auf wundersame Weisen die Hinwendung zu dir ermöglichst – siehe da, du hast ihn diesem Leben entrissen, als kaum ein Jahr in seinem Freundschaftsverhältnis zu mir verstrichen war, in einer Verbindung, die für mich erquicklicher war als alle Erquicklichkeiten meines damaligen Lebens sonst.

Wer zählt deine lobenswerten Taten auf, und wären es auch nur die, die einer allein an sich selbst erfahren hat? Was hast du damals getan, mein Gott? Wie unergründlich war der Abgrund deiner Entscheidungen! Als jener nämlich an Fieberqualen litt, lag er lange bewußtlos da im Todesschweiß, und als man ihn aufgab, ist er, ohne es zu wissen, getauft worden. [...] Er erholte sich und wurde gesund. [...] Nur wenige Tage später leidet er während meiner Abwesenheit erneut unter Fieberqualen und stirbt.

Wie tief war da der Schmerz, der mein Herz verfinsterte! In allem, was mir vor Augen trat, begegnete mir der Tod. Meine Vaterstadt war mir eine Folter, mein Elternhaus Stätte außerordentlichen Elends, und alles, was ich mit ihm zusammen unternommen hatte, verkehrte sich ohne ihn zu einem unerträglich qualvollen Tun. Überall suchten ihn meine Augen, doch es war vergeblich; alles war mir verhaßt, weil es von ihm nichts an sich hatte und es mir nicht mehr sagen konnte: „Er wird schon noch kommen", wie es damals, als er noch lebte, immer dann, wenn er abwesend war, der Fall war. Ich war mir selbst ein großes Rätsel geworden und fragte meine Seele, warum sie betrübt sei und mich über die Maßen in Verwirrung stürze, doch sie wußte mir darauf keine Antwort zu geben. Und wenn ich sagte: „Hoffe auf Gott!", so gehorchte sie nicht, und dies mit Recht, weil der Mann, dem sie sehr zugetan war und den sie dann verloren hatte, wahrer und besser war als das Hirngespinst, auf das sie hoffen sollte. Einzig die Tränen taten mir gut; sie hatten den Platz meines Freundes eingenommen und waren nun das, was ich am liebsten hatte.

Jetzt, Herr, ist das längst vorbei; die Zeit hat meinen Schmerz gelindert. Könnte ich von dir, der du die Wahrheit bist, erfahren, könnte ich das Ohr meines Herzens deinem Mund nähern, damit du mir sagst, warum denen, die Mitleid verdienen, Tränen guttun? Oder hast du etwa, obwohl du überall gegenwärtig bist, schon gänzlich darauf verzichtet, Mitleid mit uns zu haben, und verbleibst in dir selbst, während wir im Bereich wechselnder Erfahrungen hin und her getrieben werden? Doch wenn dir unser Weinen nicht zu Ohren käme, bliebe uns nichts zu hoffen übrig. Wie kommt es also, daß wir aus der Bitterkeit des Lebens angenehmen Ertrag erzielen, nämlich das Seufzen, das Weinen, das Stöhnen und das Klagen? Oder tut uns dies daran gut, daß wir hoffen, du werdest uns erhöhren? Das ist sicherlich so im Falle unserer Gebete, weil sich in ihnen die Sehnsucht ausdrückt, zu dir zu gelangen. Doch war es etwa auch so im Falle meines Schmerzes über das, was ich verloren hatte, und meiner Trauer, die mich damals bedrückte? Ich konnte natürlich nicht darauf hoffen, daß er wieder lebendig werde, erbat es auch gar nicht mit meinen Tränen, sondern empfand nur Schmerz und weinte. Denn ich fühlte mich unwohl, mein Sinn fürs Vergnügen war dahin. Oder ist auch das Weinen etwas Bitteres und bereitet nur Freude aus Ekel vor dem, was man früher einmal genoß und nun verabscheut?

Doch was rede ich da? Denn jetzt ist nicht die Zeit, Fragen zu stellen, sondern vor dir Bekenntnis abzulegen. Ich fühlte mich unwohl, und unwohl fühlt sich jeder, der von der Freundschaft mit Sterblichem gefesselt ist, und wird hin und her gerissen, wenn er es verliert; jetzt empfindet er sein Unwohlsein auch, das ihn freilich auch vor dem Verlust schon bedrückt. In einem solchen Zustand befand ich mich damals; ich weinte ganz bitterlich und fand in meiner Bitternis Ruhe. Ich fühlte mich so unwohl und hielt gerade dieses Leben im Unwohlsein für mehr wert als meinen verlorenen Freund. Denn ich hätte es zwar ändern, aber doch nicht lieber verlieren wollen als ihn, und ich bin mir nicht sicher, ob ich es nicht einmal für ihn nicht hätte hingeben wollen, wie es von Orest und Pylades – falls kein Mythos – heißt, daß sie füreinander oder gleichzeitig hätten sterben wollen, weil für sie ein Leben ohne den anderen schlimmer war als ein solcher Tod. In mir aber war ein dem ganz und gar entgegengesetzter auffälliger Trieb erwacht: Es trafen sich in mir ein sehr mächtiger Lebensüberdruß und Todesfurcht. Ich glaube, je mehr ich den Freund liebte, um so mehr haßte und fürchtete ich den Tod, der ihn mir entrissen hatte, als meinen erbittertsten Feind, und ich nahm an, er werde ganz plötzlich einmal die Menschheit insgesamt dahinraffen, weil es ihm im Falle des Freundes möglich war. So war es mit mir damals bestellt, genau so, ich erinnere mich. Sieh auf mein Herz, mein Gott, sieh ins Innere! Sieh, daß ich mich erinnere, meine Hoffnung, der du mich von der Unreinheit solcher Empfindungen reinigst, indem du meine Augen sich auf dich richten läßt und meine Füße aus der Schlinge ziehst. In der Tat wunderte ich mich, daß andere Sterbliche noch am Leben waren, weil der, den ich wie einen Unsterblichen geliebt hatte, gestorben war, und mehr noch verwunderte mich, daß ich, sein zweites Ich, noch leben konnte, obwohl er tot war. Treffend sagte einmal ein Dichter von seinem Freund, er sei die Hälfte seiner Seele. Denn auch ich hatte das Gefühl, daß meine Seele und seine Seele nur eine Seele in zwei Körpern gewesen seien, und deshalb war mir das Leben ein Greuel, weil es mir widerstrebte, als halber Mensch zu leben; deshalb fürchtete ich vielleicht auch den Tod, fürchtete, mein Freund, den ich doch sehr geliebt hatte, werde dann ganz sterben.

Ach, die Blindheit, die es nicht versteht, Menschen auf menschliche Weise zu lieben! Ach, der törichte Mensch, der unter Menschlichem übertrieben leidet! Das aber war ich damals. Daher wußte ich weder ein noch aus, seufzte, weinte und wurde heftig hin und her gerissen, ich war unruhig und ohne Entschlußkraft. Denn ich trug eine gequälte, blutige Seele in mir, die sich dagegen sträubte, von mir getragen zu werden, doch ich fand keinen Ort, wo ich sie hätte absetzen können. Nicht in lieblichen Hainen, nicht bei Spiel und Gesang, nicht in Bädern mit ihren Wohlgerüchen, nicht bei üppigen Gastmählern, nicht bei genüßlicher Vergnügung in Stube und Kammer, auch nicht bei Büchern und Gedichten fand sie Ruhe. Alles war düster, sogar das Licht, und alles, was nicht so war wie einst er, war mir zuwider und verhaßt, nur nicht mein Gestöhn und meine Tränen; denn darin allein fand ich ein wenig Ruhe.

III

Mittelalter

Aaron J. Gurjewitsch

Egill Skallagrímsson:
Das Lied vom Söhne-Verlust

Egill, Sohn von Skallagrímr, ist der berühmteste unter den
nordischen Skalden [Dichtern]. Daher ist es auch kein Zufall, daß ihm eine ganze Saga gewidmet ist, in der seine Verse zitiert werden. Dieser Saga verdanken wir die Kenntnis
seines Lebens und die Möglichkeit, zu erfahren, wie die Rezeption von Persönlichkeit und Schaffen eines Skalden zu
Beginn des 13. Jh. aussah, als diese Saga aufgezeichnet wurde. Doch die Poeme Egills sind viel älter als diese Saga, denn
Egill lebte schon im 10. Jh., etwa zwischen 910 und 990.
[...]
  Als draufgängerischer, rücksichtsloser Wikinger, Tot-
schläger und liebender Vater, als nach Geschenken und
Reichtümern gierender Mann und treu ergebener Freund –
so tritt uns Egill aus seinen Dichtungen entgegen. [...]
  Die Krönung von Egills Schaffen und den deutlichsten
Ausdruck seiner Innenwelt bildet sein letztes großes Lied,
der ‚Söhne-Verlust‘ (‚Sonatorrek‘). Am Ende seiner Tage
verliert er Bodvarr, seinen Ältesten, den Lieblingssohn, der
in der Blüte seiner Jahre bei einem Schiffbruch ertrinkt.
Nachdem Egill den toten Sohn in dem hohen Grabhügel,
der letzten Ruhestätte seines Vaters, beigesetzt hat, kehrt er
auf seinen Besitz Borg zurück und schließt sich in der Kammer ein, in der er für gewöhnlich schlief. Niemand von seinen Hausgenossen wagt, das Wort an ihn zu richten, aber
alle hören, wie Egill so tief aufseufzt, daß es sein Gewand
zerreißt. Egill verweigert Essen und Trinken; er will nicht
mehr länger leben. Man schickte nach seiner Tochter, die
auf einem anderen Hof lebte, und sie kam spornstreichs
nach Borg geeilt. Mit der List, sie wolle zusammen mit ihrem Vater sterben, gelingt es ihr, von ihrem Vater eingelassen zu werden und ihn dazu zu bewegen, daß er etwas

Milch trinkt. Danach schafft sie es, ihren Vater davon zu überzeugen, daß er weiterleben müsse, um wenigstens noch ein Gedenklied auf seinen toten Sohn, ihren Bruder, zu hinterlassen, und sie macht sich sogleich daran, Runen ins Holz zu graben. Egill gibt ihrem Zureden nach und schreitet an die Abfassung des Liedes. „Und je weiter er vorankam, desto mehr fing er sich." […]

In diesem Werk erinnert sich Egill an die Menschen, die der Tod ihm genommen hat – Vater und Mutter, Bruder und Söhne. Er spricht davon, eine wie treue Stütze ihm gerade der älteste Sohn gewesen ist. Doch man kann sich des Eindrucks nicht erwehren, daß das Empfinden des Vaters für seinen Sohn nicht so sehr ein persönliches Gefühl ist als vielmehr eines, das von der ihm übergeordneten allgemeineren Empfindung der Verwandtengemeinschaft als Bindeglied herrührt. Jeden Verlust, der Egill bisher betroffen hat, beschreibt er als unausfüllbare Bresche, die das Schicksal in die feste Mauer um sein Anwesen – mit diesem Bild meint er seine Familie – geschlagen hat. Doch das Lied endet noch nicht auf diesem Ton, diesem Akkord, sondern Egill wendet sich an Odin: An ihn hat er geglaubt, bis Odin ihn preisgegeben und ihm seinen Sohn genommen hat. Wenn Egill noch jung und stark wäre, nähme er für den Verlust des Sohnes am Gott des Meeres Rache, aber nun ist er alt und schwach. Egill will nicht mehr unter die Menschen, nichts freut ihn, und jetzt noch einen Freund zu finden, dem man vertrauen kann, ist sehr schwer. Und dennoch – es gibt ein Geschenk der Götter, das ihn für all sein Unglück entschädigt: die Fähigkeit, makellose Verse zu schaffen und zu sprechen. Sein Selbstbewußtsein als Dichter ist es, was ihm die Kraft verleiht, klaglos sein eigenes Ende zu erwarten. Von den zwei Themen dieses Liedes – der Verlust der Söhne und die seelischen Erschütterungen in ihrem Gefolge – gewinnt das zweite in einem Maße an Gewicht, daß es zu seinem Hauptthema wird. Selbst wenn man als unbestreitbar ansieht, daß Traditionalität und Topik in dieser Dichtung eine große Rolle spielen, läßt sich kaum leugnen, daß für den Dichter Egill er selbst und seine dichterische Gabe, sein künstlerisches Schaffen das Allerwichtigste sind.

Schmerzliche Gedanken über das zu Ende gehende Leben durchziehen auch einige andere über das Werk verstreute Einzelstrophen. [...] Im Alter verlassen Egill die Kräfte, und zu allem Überfluß erblindet er auch noch. Den alten Mann ermüdet die träge dahinfließende Zeit. Seine Verse klagen über die eigene Kraftlosigkeit – und über die Frauen in seinem Hause, die ihn davongejagt haben, als er sich am Herdfeuer die Füße wärmen wollte! „Meine Fersen sind wie zwei Witwen: sie frieren." In einem anderen Vers hadert er mit dem Schicksal, das ihn vor lauter Schwäche auf ebener Erde stolpern läßt. [...]

Egill ist alt, er hat sein Leben gelebt: Es war angefüllt mit Zügen über See und Schlachten in Begleitung seiner wikingischen Stammesgenossen, mit Gelagen und Festen und mit Geschenken, die er gegeben und genommen hat; es war reich an Ehrungen, die er an den Höfen der Könige erfahren hat; und es war voller Gefahren, denen er ruhmvoll die Stirn geboten hat – das alles liegt jetzt hinter ihm. Nun muß man aber wissen, daß es das Ideal des skandinavischen Helden war, jung und im Vollbesitz seiner Kräfte mit dem Schwerte in der Hand zu sterben. Denn der beste Tod war der in der Schlacht, nur er berechtigte zum unverzüglichen Einzug nach Walhall zu Odin, wo die Gelage und die Fehden weitergingen. Egill war ein solches heldisches Ende nicht vergönnt, er mußte sein Leben in hohem Alter und in Gebrechlichkeit beschließen. Er konnte es gar nicht anders denn als Demütigung empfinden, körperlich schwach und für seine Umgebung zu nichts nütze dem Tode entgegenzusiechen, und diese Empfindung verschärfte sich erst recht nach dem unzeitigen Tod seiner Söhne. Der Trost eines Greises besteht in der Freude, sein Geschlecht blühen und zukunftsgewandt weiterleben zu sehen; aber das Schicksal mißgönnte Egill auch diese Freude. Daher dieser Grundton von Müdigkeit und völliger Hoffnungslosigkeit, auf den seine letzte Dichtung gestimmt ist.

Arnold Angenendt

Heilige Leichen

Der ganze und unverweste Leib. Die allgemeine Wertschätzung des Leibes steigerte sich bei den Heiligen zum Reliquienkult. Erstmals von Polykarp, über dessen auf das Jahr 156 oder vielleicht erst 167 zu datierenden Flammentod wir den ältesten Märtyrerbericht besitzen, wird erwähnt, daß man die Überbleibsel wie Edelsteine gesammelt habe: „So sammelten wir später seine Gebeine auf, die wertvoller sind als kostbare Steine und besser als Gold, und setzten sie an geeigneter Stätte bei." Den Märtyrern, die 177 in Lyon einen grausamen Tod fanden, wurde die Bestattung verwehrt, um – wie es bezeichnenderweise heißt – die Hoffnung auf Auferstehung zunichte zu machen: „Nachdem die Leiber der Märtyrer auf alle mögliche Weise zum abschreckenden Beispiel gedient und sechs Tage unter freiem Himmel gelegen hatten, wurden sie von den Frevlern völlig verbrannt und ihre Asche in die nahe Rhône geworfen, damit auch kein Restchen mehr auf der Erde davon übrig bliebe. Ihr Handeln entsprang dem Wahne, Herr über Gott zu werden und die Auferstehung der Märtyrer zu verhindern." Die hier als Wahn bezeichnete Idee, durch Vernichtung des Leibes die Auferstehung verhindern zu können, lautet in positiver Version: Für das jenseitige Weiterleben ist der Erhalt des Körpers, zumindest in seinen Gebeinteilen, die Voraussetzung. Es handelt sich um eine offenbar weitest verbreitete und beispielsweise auch in Märchen anzutreffende Vorstellung.

Zugrunde lag die Idee, daß „die Knochen der Sitz des Lebens und ihr unbeschädigter Besitz … die Voraussetzung für die Wiederbelebung" sind. Die ägyptische Religion sah als ihr eigentliches Ziel die Erhaltung des Leibes an und praktizierte darum die Mumifizierung.

Inwieweit diese Idee als christlich bezeichnet werden kann, ist nicht einfach zu beantworten. Denn nach Paulus befindet sich unser irdischer Leib „in Verweslichkeit", demgegenüber der Psalm 15 verheißt, daß Gott „seinen Heiligen die Verwesung nicht schauen läßt". Der Pfingstpredigt des Petrus zufolge hat sich dieses Wort darin erfüllt, daß Jesus während der drei Tage im Grab ohne Verwesung geblieben sei. Deutlicher noch konkretisiert der christliche Rhetor Laktanz († nach 317): Jesu Leib sei im Grab unversehrt geblieben, weil er nach drei Tagen auferstehen sollte: Die Soldaten hätten seine Gebeine nicht zu zerbrechen vermocht, und so sei der Leib unversehrt vom Kreuz genommen und sorgfältig eingeschlossen worden; denn für die Auferstehung habe derselbe nicht, weil verletzt und verkleinert, ungeeignet erscheinen dürfen. […] So kann es wenig verwundern, diese Vorstellung bald ebenso bei den Heiligen anzutreffen, wie denn wirklich auch zahlreiche Graböffnungen Unverwestheit offenbarten. Die Beispiele konzentrieren sich auf das Frühmittelalter. Als bekannteste seien angeführt: Cuthbert von Lindisfarne († 687), Balthilde von Chelles († 704/5), Lambert von Maastricht († 705), Hubert von Lüttich († 727), Otmar von St. Gallen († 759), Wynnebald von Heidenheim († 761), Lul von Mainz († 786) und die Rekluse Wiberat von St. Gallen († 926). Ihnen allen war der Leib unverwest erhalten geblieben. Das wohl berühmteste Beispiel bietet Karl der Große, dessen Leib Otto III. „unverwest in den Gliedern" antraf. […]

Auch den Märtyrern konnte die Unversehrtheit ihres geschundenen Leibes wiederhergestellt werden.

Um nur eines der vielen Beispiele anzuführen: Gregor der Große berichtet von Bischof Floridus von Perugia, den die Goten Totilas enthauptet hatten, daß nach 40 Tagen „sein Haupt so mit dem Leib vereinigt war, als sei es niemals abgeschlagen gewesen, ja daß nicht einmal eine Spur von der Abtrennung sichtbar geblieben war".

Man hat von einem eigenen Typ der „Legende vom unzerstörbaren Leben" gesprochen, als deren Kern die Neuschöpfung des Märtyrers anzusehen ist. Eine nur scheinbare Ausnahme stellten die „Kephalophoren" dar, jene Märtyrer, die ihr abgeschlagenes Haupt selbst in die Hand nahmen und mit zu ihrem Grab trugen. Zumeist wurde nämlich ein abgeschlagenes Haupt oder Glied, um das Martyrium zu demonstrieren, getrennt aufbewahrt. Das bekannteste Beispiel bieten Petrus und Paulus in Rom, deren Häupter nicht in ihren Grabkirchen, sondern im Lateran, dem „Haupt aller Kirchen", verehrt wurden. Den enthaupteten Märtyrern blieb dann zwar die Gabe der Integrität vorenthalten, nicht aber die Inkorruptheit. Als Norbert von Xanten 1121 in Köln nach Reliquien grub, verwies ihn eine Vision auf den heiligen Gereon, den er als „unversehrten Leib ohne Haupt" antraf.

Der geteilte Leib. Wenn Gott die Heiligen-Leiber mit ihrer Erhaltung besonders ehrte, durften die Menschen nicht zurückstehen; auch sie mußten den Leib beisammen halten. Ein frühes Beispiel bietet der Märtyrer-Bischof Fructuosus von Tarragona († 259), der vom Himmel her seinen zwei Brüdern die Anweisung gab, „daß beide, was sie aus Liebe von der Asche an sich genommen hatten, unverzüglich zurückbringen und an einem Ort bestatten sollten". Gregor von Tours feierte es jeweils als Triumph, wenn sich die Überreste vollständig erhalten hatten; neunmal spricht er von „ganz" und „unverwest" gebliebenen Leibern, und sein Stichwort dafür ist ‚corpus integrum'. Eine Teilung des Leichnams oder auch nur einzelner Knochen vorzunehmen provozierte den Unwillen des Heiligen und dessen Strafe. Tatsächlich hat sich feststellen lassen, daß „bei Gregor von

Tours keine Reliquienteilungen überliefert sind, auch nicht in Zusammenhang mit den zahlreichen Translationen, die im 6. Jahrhundert stattfanden". Dasselbe gilt für Papst Gregor den Großen: „Weder Gregors Dialoge noch sein Registrum (= Briefe) enthalten irgendeinen Hinweis auf identifizierbare Teile, die von einem heiligen Leichnam abgetrennt worden sind." Ein bemerkenswertes Beispiel liefert Einhard († 840), der von den aus Rom entführten Reliquien der heiligen Marcellinus und Petrus jene Partikel, die er dem Hof übergeben hatte, auf himmlische Weise hin zurückholen mußte: „So ließ ich jene heiligen Reliquien dem Leib, dem sie weggenommen waren, mit hoher Ehrerbietung wieder zufügen." Bei der 926 von den Ungarn in St. Gallen erschlagenen Rekluse Wiberat, die man acht Tage nach ihrem Martyrium „ohne Anzeichen von Wunden" antraf, schreckte man vor einer Aufteilung des „gesunden und unverletzten" Leibes zurück: „Denn die Abtrennung der Glieder hielten sie für ein Unrecht an der Jungfrau." Auch der heilige Ulrich von Augsburg († 973) gab von seinem Grab aus Bischof Gebhard II. von Konstanz († 995), als dieser Körperreliquien entnehmen wollte, zu verstehen: „Ich will meinen Körper unversehrt bis zum jüngsten Tage an diesem Ort bewahren." Anders dagegen Bischof Bernward von Hildesheim († 1022); als er mit Otto III. in Rom weilte, öffnete er in Sankt Paul vor den Mauern den dort aufgestellten Sarkophag des heiligen Timotheus und „nahm einen ganzen Arm des heiligen Märtyrers heraus". Die Abtrennung von Gliedmaßen war nun bald selbstverständlich. Besonders das Haupt erhielt eine Art Ehrenstellung. Als die 1231 verstorbene Elisabeth von Thüringen 1236 erhoben und dabei der Leichnam „ganz", „unversehrt" und „unverwest" angetroffen wurde, da trennte man ihr Haupt ab, wobei Haut und Haar entfernt wurden, um den reinen Schädel zu haben. Während der erhobene Leib in den Elisabeth-Schrein kam, erhielt der Schädel ein von Kaiser Friedrich II. gestiftetes Kopfreliquiar. Teilungen lösten fortan kein Befremden mehr aus. Bedenkenlos berichtet der Verfasser der Vita des Thomas von Aquin, daß man von dessen unverwest erhaltenem Leib eine Hand abgeschnitten habe; in Wirklichkeit hatte man den Leib bei beginnender Verwesung „ausgekocht" und dabei die Abtrennung vorgenommen.

Die in der Forschung allgemein vorfindliche Auffassung, die Gebeinteilung sei eigentlich von Anfang an üblich gewesen, muß revidiert werden; ja, bis ins 10. Jahrhundert dürften Teilungen sogar als frevelhaft gegolten haben und darum nur ausnahmsweise vorgekommen sein. Wenn es gleichwohl auch früh bereits Körperreliquien gab, so zunächst nur nach Maßgabe der Idee des „ganzen Leibes". Erlaubt war die Entnahme solcher Teile, die der Körper nachwachsen läßt oder zu ersetzen vermag: Haare, Zähne, Finger- und Zehennägel. Bei der Erhebung des heiligen Amandus im Jahre 809 heißt es beispielsweise: Der Abt des Klosters habe, eigentlich mit verwegener Hand, einen Teil der unverwesten Glieder an sich genommen; er habe die Nägel abgeschnitten, denn diese seien nach dem Tod des Heiligen gegen die Natur so stark weitergewachsen, daß sie sogar durch die Ärmel des Totengewandes hindurchgedrungen seien. Ebenso habe der Abt den Bart des Heiligen, der nach dem Tod gleichfalls weitergewachsen sei, abgeschoren. Endlich habe er mit einer starken Zange zwei Zähne entnommen; beim Herausbrechen sei wunderbarerweise noch Blut geflossen. Darüber hinaus gab es Fälle, in denen man verlegenheitshalber aufteilte. So berichtet Beda, der irische Abt Kolman († 676) habe, als er mit seiner Kommunität das nordhumbrische Kloster Lindisfarne verlassen mußte, den Leib des Gründerabtes Aidan († 651) geteilt: einen Teil habe er mitgenommen, den anderen dagelassen. [...]

Gegen das Postulat der Zusammengehörigkeit aller Leibesglieder aber stand im Christentum eine andere, gleichfalls alte Idee: In jedem Teil des Leichnams sei der Heilige virtuell anwesend. Schon Victricius von Rouen († 407), der als einer der ersten eine „Theologie der Reliquien" vorlegte, predigte: „Ubi est aliquid ibi totum est" – wo ein Teil ist, da ist das Ganze. Dies bezog sich auf den Leichnam des Heiligen, dann aber auch auf alles, was mit ihm in Verbindung gestanden hatte. [...] Eine Partikel genügt, um den ganzen Heiligen präsent zu haben. Im weiteren Verlauf des Mittelalters hat sich diese Auffassung durchgesetzt, so daß die Aufteilung allgemein üblich wurde. Das hohe und späte Mittelalter wußte sich von allen Bedenken frei. Wir haben Berichte davon, daß Sterbende oder soeben Verstorbene, die im Ruf der Heiligkeit standen, ihrer Reliquien wegen bedrängt, ja beraubt wurden. Bekannte Beispiele sind Franziskus und Elisabeth.

Franziskus machte bei seiner letzten Reise von Siena nach Assisi einen weiten Bogen um Perugia herum, weil er befürchtete, dort zum Reliquienobjekt zu werden. Elisabeths Leichnam stand vier Tage über Erden, währenddessen er keinerlei Verwesung zeigte, ja wunderbar duftete. „Als dieser heilige Leib, eingehüllt in ein graues Hemd und das Gesicht mit Tüchern umwickelt, auf der Bahre lag, kamen viele der Anwesenden, wohlwissend um die Heiligkeit des Leibes und entflammt von Verehrung, und schnitten, ja rissen Teile ihrer Tücher ab, einige schnitten die Nägel der Hände und Füße ab; andere schnitten die Spitzen ihrer Brüste und einen Finger von ihrer Hand ab, um sie als Reliquie aufzubewahren." [...]

Die einwohnende ,virtus'. Nicht allein, daß Gott die Gebeine der Heiligen schützte und ehrte – mehr noch in den irdischen Überresten blieb seine besondere Kraft gegenwärtig. Schon Victricius von Rouen († 407) betrachtete die Reliquien nicht nur als mit den im Himmel weilenden Seelen verbunden, sondern obendrein als mit himmlischer ,virtus' erfüllt: „Ich sage nachdrücklich, daß in den Reliquien die volle Gnade und die volle Virtus ist." Den Erweis dafür liefern ihm die Wunderheilungen, die bei und durch die Reliquien geschehen: „Wer heilt, lebt auch; wer lebt, ist in den Reliquien. Die Apostel aber und Märtyrer heilen und reinigen. In den Reliquien sind sie also mit dem Band der ganzen Ewigkeit verbunden." Die Virtus verleiht den Reliquien ihre besondere Kraft, was sich übrigens auch an deren größerem Gewicht beweisen läßt; Gregor von Tours teilt vom römischen Petrusgrab wie vom turonischen Martinsgrab mit, daß Tücher, die über Nacht auf den Gräbern gelegen hatten, so mit Virtus vollgesogen waren, daß sie nun schwerer wogen. Als Medium, das den Austausch der Virtus zwischen Himmel und Erde bewerkstelligte, konnte das Licht dienen. Wiederum Gregor ist dafür Zeuge. Das Licht nennt er ein „Mysterium" und interpretiert es als sichtbare Virtus. Wie die Seelen der Verstorbenen als Feuerkugeln emporsteigen, so können die Seelen der Heiligen in gleicher Gestalt herabsteigen und ihre heilbringende Kraft mitteilen. König Chlodwig († 511) sah, vor der Stadt Poitiers stehend, einen Feuerball aus der Hilarius-Kirche aufsteigen und sich auf ihn niederlassen, um ihn im Kampf gegen die ketzerischen Westgoten zu stärken.

Die auf Erden präsente Virtus hatte zur Folge, daß sich der Reliquienkult in ungeahnter Weise ausweitete.

Aaron J. Gurjewitsch

Leben und Tod
im Mittelalter

In seiner ebenso grundlegenden wie ideenreichen Untersuchung ‚L'homme devant la mort' stellt Philippe Ariès den „Menschen im Angesicht des Todes" dar. Mir scheint, treffender als mit diesen Worten läßt sich die Gesamtsituation des Bewußtseins der Menschen des Mittelalters nicht ausdrücken. Zwar lebten und schafften, kämpften und beteten, liebten und haßten, lachten und weinten diese Menschen nicht anders als Menschen anderer Zeiten, doch was sie auch taten und fühlten, niedergedrückt von Sorgen oder beflügelt von Hoffnungen – für sie spielte sich das alles unweigerlich vor dem Hintergrund des Todes ab. Der Tod war ein untrennbarer Bestandteil ihres Lebens. Die Klage „Ubi sunt…, qui ante nos in mundo fuere?" („Wo sind die, die vor uns war'n…?"), die Mahnung „Memento mori!" („Gedenke des Todes!") und die Darstellungen des „dance macabre" (des „Totentanzes") sind nicht einfach Beispiele für eine damals weit verbreitete, „modische" Richtung in Kunst und Literatur; vielmehr sind das Themen, die gleich Leitmotiven in ganz eigener Weise Religion und Philosophie, Kunst und Alltag des Mittelalters durchzogen sowie weitgehend auch Denken und Verhalten seiner Menschen prägten.

Diese Menschen erfüllte eine einzige Furcht – die Furcht vor einem plötzlichen Tode, der sie unvorbereitet, ohne Geleit durch Gebet und andere gute Werke ereilen könnte; diese Menschen durchdrang die Furcht vor einem Tod, der ihnen keine Zeit mehr lassen würde zu beichten, ihre Sünde zu bereuen und Vergebung zu erlangen. Der Tod war in der Tat ihr ständiger Begleiter, ihr erster und ihr letzter Gedanke. Unermüdlich warnten Prediger die Menschen immer wieder davor, Beichte und Buße bis zum letzten Stündlein vor sich herzuschieben, da doch Gott nur rechtzeitige Reue und Buße wohlgefallen. […]

Es verwundert nicht, daß Ariès angesichts dieser Atmosphäre vom „mort apprivoisée" (vom „gezähmten Tod") spricht, weil die Menschen den Tod vorausahnten und erwarteten. Es war dieser Tod zum Beispiel, dem ein Vater, ein Familienoberhaupt, entgegensehen wollte: Umstanden von den Seinen – Angehörigen und Erben, denen er seinen letzten Willen mitteilt –, erlangt er ihre Verzeihung, und mit ihnen versöhnt und von ihnen beweint geht dieser Mensch ohne Furcht und Bedauern in die jenseitige Welt hinüber, denn er hat mit seinem diesseitigen Leben abgeschlossen und beizeiten für das Heil seiner Seele vorgesorgt. Ariès zufolge soll sich das Sterben im Mittelalter überall tatsächlich auf diese Weise vollzogen haben, auf dem Lande auch noch bis in die Neuzeit hinein. Doch ich fürchte, Ariès hat diese

Schilderungen aus Brauchtum und Literatur, aus mündlicher und schriftlicher Überlieferung, allzu wörtlich genommen. An sich aber sind die ihnen zugrunde liegenden Vorstellungen interessant und aufschlußreich, denn es sind die Vorstellungen von Menschen, die nichts so sehr schreckte wie der Gedanke, diese Welt plötzlich mit der ganzen Last ihrer Sünde – und also ohne große Hoffnung auf Erlösung – verlassen zu müssen.

In seiner Erwiderung auf Ariès hat Arno Borst darauf hingewiesen, daß die Menschen des Mittelalters eine gewaltige Todesfurcht erfüllte, die nicht nur psychische, physische und existentielle Wurzeln, sondern auch religiöse Ursachen hatte, und diese bestanden in der Unsicherheit, die jeden Sterbenden befiel, wenn er sich seine Chancen ausrechnete, den Qualen der Hölle entrinnen zu können.

Der Wunsch nach einem anständigen und würdigen Tod hatte auch noch einen anderen Hintergrund: Mit so einem Sterben hinterließ der Tote bei den Zurückbleibenden ein gutes Andenken. Im Mittelalter waren „Praedicationes de mortuis" („Leichen-" bzw. „Gedenkpredigten") sehr geschätzt. Wenn ein Papst, ein Kirchenfürst, ein weltlicher Herrscher oder eine andere hochgestellte Persönlichkeit gestorben war, hörte man in den Kirchen Predigten, die dem Dahingeschiedenen Ehre erwiesen, indem sie seine Taten und Verdienste ausbreiteten. Zugleich aber kamen sie auch auf andere Themen zu sprechen – auf den Tod und seine geziemende Vorbereitung, auf Fegefeuer, Hölle und Paradies, auf den christlichen Lebenswandel und auf die Möglichkeiten, die die Lebenden haben, um das Los der Seelen der Toten zu erleichtern. [...]

Die mittelalterliche Weltsicht wird von der Zwei-Welten-Lehre beherrscht. Dieser Lehre zufolge mündet das Leben nicht in ein absolutes Nichts, sondern die Seele des Menschen geht nach ihrem Dasein in der Welt des Diesseits hinüber in die Welt des Jenseits. Dort beginnt ein neuer Abschnitt ihrer Existenz. Doch ist es tatsächlich so, daß der

Hinübergegangene alle seine irdischen Freuden und Leiden ein für allemal hinter sich läßt? Sind die Gefühle, die ihn zu Lebzeiten umgetrieben haben, wirklich erkaltet? Hat nicht vielmehr Dante bei seinem Gang durch das Totenreich beobachtet, daß viele Gestorbene nach wie vor von ihren Leidenschaften beherrscht waren? Also sind die Menschen in der Lage, auch jenseits des Grabes Liebe und Haß zu empfinden... Diese Schilderungen der auch in der Ewigkeit brodelnden Leidenschaften sind keineswegs Gebilde lediglich kunstdichterischer Phantasie; die Volksüberlieferung kennt sie ebenfalls: Zwischen zwei Nachbarn wogte ständiger Zank und Streit. Der Zufall wollte es, daß sie zur selben Zeit starben und nebeneinander beerdigt wurden. Doch was geschah dann? Es stellte sich heraus, daß sie selbst noch im Grabe einander prügelten und mit Fußtritten traktierten! In den zahlreichen Erzählungen von Wanderungen einer Seele durch das Jenseits, wie sie das ganze Mittelalter hindurch immer wieder neu verfaßt wurden, sind die gleichen Motive anzutreffen: Die Vorstellung von der gegenseitigen Durchdringung der beiden Welten zieht sich als roter Faden durch die gesamte Kultur des Mittelalters. Deshalb läßt sich mit Fug und Recht behaupten, daß die Idee vom Leben im Jenseits tief verwurzelte Ansichten über das Leben, die Natur des Menschen und seine Persönlichkeit widerspiegelt.

Zwischen den beiden Welten bestehen ebenso dauerhafte wie lebhafte Verbindungen und Beziehungen, und zwar auffälligerweise in beiden Richtungen. Einerseits nutzen die Lebenden alle erdenklichen Möglichkeiten, um die Qualen der Toten zu mildern und ihr Verweilen im Fegefeuer abzukürzen: mit Totengebeten und -messen, mit Gelübden und Opfern für die Heiligen, mit Almosen an die Armen und mit Ablaßkäufen. Andererseits dürfen etliche Tote die Welt der Lebenden besuchen und sich um deren Dinge kümmern; dazu werden sie von den Lebenden herbeigerufen, oder sie treten diese Reise aus eigenem Willen an. Schließlich kann es auch geschehen, daß manche Menschen zwar sterben, aber nur für eine kurze Zeit, während der sie durch Fegefeuer und Hölle wandern, mitunter gar zu den Pforten des Paradieses vordringen. Danach kehren sie ins Leben zurück und berichten, was sie in der anderen Welt gesehen und erlebt haben. Diese Berichte erfreuten sich großer und ungebrochener Beliebtheit unter den Menschen des Mittelalters, denn was konnte es für sie Wichtigeres geben, als Einzelheiten darüber zu erfahren, welches Schicksal auf die Seele nach dem Absterben ihres Körpers zukommt. Es gab sogar den Brauch, daß sich Freunde verabredeten, wer als erster stirbt, kommt zurück und erzählt dem anderen, wie er es im Jenseits „getroffen" hat.

Kurz und gut, die Menschen des Mittelalters waren überzeugt, daß ihre Existenz mit dem Eintreten des Todes nicht zu Ende sei, und folglich war für sie die abschließende Würdigung eines Menschen lediglich nach seinen zu Lebzeiten vollbrachten Taten einfach undenkbar – ganz im Gegensatz etwa zu den vorchristlichen Skandinaviern, nach deren Vorstellung nur der Ruhm der Toten blieb –, denn auf den Menschen wartete ja noch der höchste Richter, und erst dessen Spruch entschied endgültig und unwiderruflich darüber, ob dieser Mensch sein irdisches Dasein als Sünder oder als Gerechter durchwandelt hatte. [...]

Doch wann wird das Jüngste Gericht stattfinden? Nach kirchlicher Lehre liegt die Wiederkunft Christi mit der Auferstehung der Toten und dem Gericht über das Menschengeschlecht am „Ende aller Zeiten", in einer keinem Irdischen vorstellbaren Zukunft, denn den Zeitpunkt dafür hat sich der Herr allein vorbehalten. Zwischen dem Augenblick des Sterbens eines Menschen und dem Termin seines Gerichts am Weltenende erstreckt sich eine zeitliche Kluft von unendlicher Dauer. Somit zerfällt der Lebenslauf des Individuums in zwei Teile: Seine irdische Existenz einerseits und ihre abschließende Bewertung andererseits sind voneinander getrennt durch eine Art Schlaf, in den die Gestorbenen sinken, um der Wiederkunft des Herrn zu harren. Alle diese

109

Vorstellungen kennen wir eingehend aus der Theologie.
[...]

Eine eingehendere Analyse der historischen Quellen läßt jedoch wesentlich andere Schlußfolgerungen möglich werden. Erstens existiert der Gedanke an das Jüngste Gericht im Christentum von Anfang an. Die Evangelien sprechen sowohl von einem Gericht „am Ende aller Zeiten", nach der Wiederkunft Christi, als auch von Strafen für die Sünder und von Belohnungen für die Gerechten, die das Individuum unverzüglich nach seinem Tode erwarten. [...]

Zweitens waren die Vorstellungen von einem individuellen Jüngsten Gericht von allem Anfang an in Europa verbreitet. Dazu braucht man nur beim hl. Gregor dem Großen, bei Beda „Venerabilis", „dem Ehrwürdigen", bei Bonifatius und anderen Autoren des 6.–8. Jh. sowie danach die einschlägigen Stellen genauer nachzulesen, etwa diese: Am Sterbebett eines Sünders versammeln sich Engel und Teufel, und beide halten sie Register in den Händen, die einen mit den Verdiensten, die anderen mit den Sünden des Sterbenden. Nach einem jener Zeit gemäß geführten Prozeß wird die Seele des Gestorbenen ohne Säumen in die für ihn zutreffende Abteilung des Jenseits geschickt. Die mit dem 13. Jh. zu hoher Blüte gelangte Gattung der didaktischen „Exempel" („Lehrbeispiele" oder „Predigtmärlein") liefert dafür besonders umfangreiches und faszinierendes Material. Der Mensch stirbt – und tritt noch im selben Moment vor den Höchsten Richter, dessen Spruch auf Verdammung zur Hölle oder auf Erlösung zum Himmel lauten kann. Im Jenseits haben sich sowohl die Hölle als auch das Paradies [...] zu voller Funktion entfaltet; von Schlaf und Friede kann nicht die Rede sein, davon zeugen auch die zahlreichen Visionsberichte aus jener Welt und die Erzählungen der kurzzeitig Toten über die Wanderung ihrer Seelen durch das Jenseits. [...]

Doch nun erhebt sich die Frage: Auf welche Art und Weise gingen diese beiden auf den ersten Blick unvereinbaren

110

Ideen vom Jüngsten Gericht, die „große" und die „kleine"
Eschatologie, im Bewußtsein des Individuums ihre Koexistenz ein? Wie mir scheint, fällt uns Heutigen dieser doch
offensichtliche Gegensatz zwischen beiden Vorstellungen
deutlicher ins Auge als den Gläubigen des Mittelalters.
Wenn sie ein Gotteshaus betraten, drängte sich die Skulpturengruppe des Jüngsten Gerichts, der Schmuck am Tympanon des Westportals, ihrer Betrachtung auf. Wann aber nach
ihrer Auffassung dieses Gericht stattfinden sollte, im jetzigen Moment oder in einer unbestimmten Zukunft, das ist
eine schwer zu beantwortende Frage. In einem Exempel aus
dem 13. Jh. wird folgendes berichtet: [...] Ein Geistlicher
war gestorben. Kurze Zeit danach erscheint er, wie das ausgemacht war, seinem Freund aus dem Jenseits und berichtet
ihm, daß er noch am Tage seines Todes und seiner Ankunft
im Jenseits vor das Jüngste Gericht gestellt worden sei.
Doch der Freund wendet ein: „Du bist doch ein belesener
Mann. Hast du denn nicht damit rechnen müssen?" Und
der Gast aus dem Jenseits? Er antwortet: „Wie wenig hat
mir meine ganze Gelehrsamkeit geholfen." Eine frappierende Antwort! Da verbreitet die Kirche die Lehre vom Jüngsten Gericht „am Ende aller Zeiten", doch die persönliche
Erfahrung eines, der sich aus dem Jenseits meldet, besagt
das Gegenteil. Am interessantesten aber ist die Tatsache,
daß der Verfasser des Exempels gegenüber diesem Widerspruch keine endgültige Stellung bezieht; ihm ist selbst nicht
klar, wer hier recht hat in diesem Streit, der für die Dauer eines Blitzes eine der grundlegenden Dichotomien im religiösen Bewußtsein zur Zeit des Mittelalters erhellt. [...]

Doch das religiöse Bewußtsein fürchtet solche Widersprüche nicht. Auf wundersame Weise verschmilzt es die beiden
Eschatologien miteinander, und die eine strahlt gewissermaßen durch die andere hindurch. [...] Der Mensch ist in eine Situation gestellt, in der seine eigene Lebensgeschichte in den
weltgeschichtlichen Prozeß verwoben ist, den dieser Mensch
symbolisch, als Heilsgeschichte, erlebt. Durch die Vermitt-

111

lung der Kirche und in der Liturgie erfährt er seine persönliche Einbezogenheit in diese Geschichte, denn jedes menschliche Wesen, mag es noch so winzig oder nichtswürdig sein, nimmt in ihr seinen eigenen Platz ein. An diesem Schnittpunkt von Lebensgeschichte und Weltgeschichte wird eine Verschmelzung von „kleiner" und „großer" Eschatologie nicht nur möglich, sie wird geradezu unvermeidlich. Denn wie sollte die Gleichzeitigkeit von der Hervorhebung der menschlichen Persönlichkeit und von ihrer Einbettung in den Fluß der historischen Zeit geistig anders bewältigt werden?

Margareta Porete
Mystischer Tod

Was die Seele tut, die vor Liebe sehnsüchtig seufzt, und in welchem Zustand sich die Seele befindet, die vor Liebe gestorben ist

Der Verstand: Also, Frau Liebe, was ist die Übung einer Seele, die vor Liebe sehnsüchtig seufzt?
Die Liebe: Sie kämpft gegen die Laster, um Tugenden zu erwerben.
Die Seele: Oh, überaus teure Liebe, wie gewaltig und gefährlich ist doch dieser Krieg. Sicher doch kann man ein solches Leben der Mühe ein Sehnsuchtsseufzen und ein Kriegsleben heißen.
Die Liebe: Doch nun hat sie so viel Liebessehnsucht, daß sie aus Liebe gestorben ist.
Der Verstand: Bei Gott, Liebe, sag uns, in welchem Zustand die Seele sich befindet, die aus Liebe gestorben ist!
Die Liebe: Sie hat es mit der Welt beendet; und die Welt hat ein Ende mit ihr gemacht und Abschied von ihr genommen. Und daher lebt sie in Gott und kann dort weder sündigen noch Laster haben. Sie ist so versenkt und vergraben in Gott, daß weder Welt noch Fleisch, noch ihre Feinde sie belästigen können; denn diese können die Seele in ihren Werken nicht mehr finden. So also lebt diese Seele in Ruhe und Frieden, denn für sie zählt nichts mehr von dem Geschaffenen. Und weil diese Seele in einem solchen Frieden ist, lebt sie in dieser Welt ohne Gewissensbisse.

Der Verstand: Und eine solche Seele hat auch keinen Willen mehr; dies sollte unser Zustand werden, denn wir haben kein größeres Verdienst vor Gott, als wenn wir unseren Willen für den Seinen lassen, wenn wir unseren Willen vollkommen übergeben und nichts mehr wollen außer im Maßstab Seines Tuns und gemäß der Fügung Seiner Gutheit.

Die Seele: Daran halte ich mich, und weil ich nichts will, mangelt mir nichts. In der Tat besitzt keine Seele den vollkommenen Frieden, außer sie hat keinen Willen mehr.

Dante Alighieri

Ein Blick in das Licht Gottes

Und da ich nun dem Ende aller Wünsche
   Mich nahte, wie es mir beschieden worden,
   War auch die Glut der Sehnsucht mir vollendet.
Bernhard* gebot mir nur mit einem Lächeln,
   Nach oben aufzuschaun; doch tat ich selber
   Von mir aus schon, was er mir sagen wollte.
Denn meine Blicke, die nun klar geworden,
   Die tauchten immer tiefer in die Strahlen
   Des hohen Lichtes, das die Wahrheit selber.
Von jetzt ab war mein Schauen noch viel größer
   Als unsre Sprache, die ihm nicht gewachsen,
   Und das Gedächtnis weicht dem Unerhörten.
Wie einer, der im Traume etwas schaute,
   Und nach dem Traume bleibt nur die Erregung,
   Indes das andre aus dem Geist verschwunden:
So bin ich jetzt, da meine Traumerscheinung
   Fast ganz hinweg und doch die große Süße,
   Die daraus kam, mir noch zum Herzen träufelt.
So pflegt der Schnee zu schmelzen in der Sonne,
   So hat im Winde auf den leichten Blättern
   Sich der Sibylle Spruch dereinst verloren.
O höchstes Licht, das über Menschensinne
   So weit erhaben, leihe meinem Geiste
   Ein wenig noch von dem, was du geschienen;

Und mache meine Zunge also mächtig,
    Daß sie ein Fünklein nur von deinem Glanze
    Den künftigen Geschlechtern lassen möge.
Denn wenn mir etwas ins Gedächtnis kehret
    Und noch ein wenig klingt in diesen Versen,
    So wird man mehr von deinem Sieg begreifen.
Ich glaub, die Schärfe des lebendigen Lichtes,
    Die ich ertrug, die hätte mich geblendet,
    Wenn ich mein Auge abgewendet hätte.
Und mir gedenkt, daß ich dadurch nur kühner
    Noch ward, sie zu ertragen, bis mein Auge
    Sich ganz mit der unendlichen Kraft vereinte.
O Gnadenfülle, die mich ließ erkühnen,
    Den Blick ins ewige Licht hineinzutauchen,
    So daß ich meine Sehkraft drin verzehrte!
In seiner Tiefe sah ich, daß zusammen
    In einem Band mit Liebe eingebunden
    All das, was sonst im Weltall sich entfaltet.
Die Wesenheiten, Zufall und ihr Walten
    Sind miteinander gleichsam so verschmolzen,
    Daß, was ich sage, nur ein einfach Leuchten.
Die allgemeine Grundform dieses Knotens,
    Die hab ich wohl gesehen, darum fühl ich
    Bei meinem Wort die Freude reicher werden.
Ein Augenblick nur ist mir längeres Träumen,
    Als Fünfundzwanzighundert Jahre waren,
    Seit einst Neptun ob Argos Schatten staunte.
So war mein Geist gespannt und unbeweglich,
    Vollkommen der Betrachtung hingegeben
    Und mit dem Schauen immer mehr entbrennend.
In jenem Lichte muß man also werden,
    Daß man unmöglich sich entschließen könnte,
    Sich einem andern Bilde zuzuwenden.
Denn jenes Gut, nach dem der Wille trachtet,
    Ist ganz vereint in ihm, und außer diesem
    Ist mangelhaft nur das, was dort vollkommen.
Nunmehr wird meine Sprache noch viel ärmer
    Für das auch, was ich weiß, als die des Kindes,
    Das noch am Mutterbusen letzt die Zunge;
Nicht weil noch mehr als nur ein einfach Leuchten

Im hellen Lichte war, auf das ich schaute,
　　Das immer so ist, wie es je gewesen;
Nein, durch die Sehkraft, die in mir gewachsen
　　Beim Schauen, ward die einzige Erscheinung
　　Verändert, während ich mich selbst gewandelt.
In jenem klaren, tiefen Wesensgrunde
　　Des hohen Lichts erschienen mir drei Kreise
　　Mit einem Umfang, drei verschiednen Farben.
Und zweie sah ich wie zwei Regenbogen
　　Einander spiegeln, Feuer schien der dritte,
　　Von beiden Seiten gleichermaßen lebend.
Wie arm ist doch die Sprache und wie kläglich
　　Für den Gedanken, und nach dem Geschauten
　　Ist der so groß, daß Worte nicht genügen.
O ewiges Licht, das sich nur selbst bewohnet,
　　Nur selbst begreift, und von sich selbst begriffen
　　Und sich begreifend sich auch liebt und lächelt!
Des Kreises Umfang, der in dir beschlossen
　　Vor mir erschien, wie rückgestrahlte Helle,
　　Und den mein Aug ein wenig überschaute,
Der ist mir in sich selbst mit eigner Farbe
　　Mit unsrem Angesicht bemalt erschienen,
　　Weshalb ich ganz den Blick in ihn versenkte.
So wie der Geometer, der sich mühet,
　　Den Kreis zu messen, und mit allem Denken
　　Doch jene Regel, die er braucht, nicht findet,
So ging es mir bei diesem neuen Bilde:
　　Ich wollte sehn, wie sich das Bild zum Kreise
　　Verhält und wie es darin Raum gefunden.
Doch reichten dazu nicht die eignen Flügel.
　　Vielmehr ist da mein Geist getroffen worden
　　Von einem Blitz, der seinen Wunsch erfüllte.
Die hohe Bildkraft mußte hier versagen
　　Doch schon bewegte meinen Wunsch und Willen,
　　So wie ein Rad in gleichender Bewegung
Die Liebe, die beweget Sonn' und Sterne.

* [Der heilige Bernhard, dem Dante im Paradies begegnet war.]

Emmanuel Le Roy Ladurie

Seelenboten –
Nachrichten aus dem Jenseits

In Montaillou und im Sabarthès führten, wie auch woanders, die Wege, die das Dorf der Lebenden mit dem der Toten verbanden, durch das weite Land des Mythos.

Naturgemäß kam Nachrichten aus dem Totenreich eine besondere Faszination zu. Und, den Protokollen der von Bischof Fournier [der 1318–1325 im Dorf eine Untersuchung wegen Ketzerei durchführte] gemachten Aussagen zufolge, standen solche Nachrichten den Leuten von Montaillou fast reichlich zur Verfügung.

Guillaume Fort, ein Bauer aus Montaillou, sagte aus: „Früher glaubte ich nicht an die Auferstehung des Fleisches, obwohl ich sie in der Kirche hatte predigen hören. Ich glaube immer noch nicht daran. Denn die Leiche verwest und verwandelt sich in Erde oder Asche. Ich glaube aber an das Fortleben der Seele... die Seelen der Bösen werden in die Felsen und Abgründe getrieben, und die Teufel stürzen diese bösen Seelen von der Höhe der Felsen in die Tiefe der Abgründe."

„Warum glaubt Ihr das?" fragte ihn der Bischof.

„Weil im Pays d'Aillon und de Sault überall erzählt wird", sagte Guillaume Fort, „daß Arnaude Rives, eine Frau, die in Belcaire in der Diözese Alet wohnt, sehen kann, wie die Teufel die Seelen der Bösewichter über Felsen und Abgründe führen, um sie von den Felsen hinabzustürzen.

Arnaude sieht diese Seelen mit eigenen Augen! Sie haben Fleisch und Knochen und alle Glieder: Kopf, Füße, Hände und alles Übrige. So haben sie einen richtigen Leib und werden von den Teufeln von der Höhe herabgestürzt; sie heulen laut, sie leiden. Und dennoch können sie niemals sterben."

Weiter sagte Guillaume: „Meister Lorenz, der Pfarrer von

Belcaire, hat die Frau Arnaude Rives streng getadelt: ‚Arnaude, wie könnt Ihr solche Geschichten erzählen?'

Doch ein Schmied aus Belcaire, Bernard den Alazaïs, hat diesem Pfarrer gesagt: ‚Auch ich habe Seelen gesehen, die über Felsen und steile Wege gehen und in die Abgründe gestürzt werden.'

Daraufhin hat der Pfarrer Arnaude in Ruhe gelassen."

Guillaume Fort wollte nicht skeptischer sein als der Pfarrer von Belcaire. „Ich", so beendete er seinen Bericht, „habe geglaubt, daß jene Frau und jener Mann aus Belcaire die Wahrheit reden … Im übrigen wird überall im Pays d'Aillon und de Sault davon geredet."

Da man derart die Seelen der Toten noch irgendwo in der Nähe wußte, lag der Gedanke nahe, durch ausgewählte Vermittler wenigstens einen gewissen Verkehr mit den Abgeschiedenen wiederaufzunehmen. Diese Spezialisten des Verkehrs der Lebenden mit den Toten wurden ‚armariés' oder ‚Seelenboten' genannt. […]

Wir haben die Aussage des Arnaud Gélis, der, wenn schon kein Gebirgler, sondern in Pamiers ansässig, jedenfalls ein Seelenbote war und das Reich der Toten nicht nur vom Hörensagen kannte. Er hatte den Toten Botschaften der Lebendigen überbracht und den Lebendigen Botschaften der Toten und hatte die andere Welt mit sterblichen Augen geschaut.

Standesunterschiede waren dort, nach seinen Beobachtungen, ebenso streng festgesetzt wie bei den Lebenden, nur umgekehrt: In der anderen Welt mußten sich die hier mächtig gewesenen Herren alles gefallen lassen. „Große und reiche Damen" fuhren zwar auch im Jenseits noch in Kutschen über Berg und Tal, aber statt der Maultiere waren dort Teufel davor gespannt, die nämlichen, die dann den Seelen der Übeltäter so übel mitspielen, wie Guillaume Fort gehört hatte. […] Arnaud Gélis war auch in der Schlacht gefallenen Rittern begegnet. Sie waren auf den Gerippen ihrer Streitrösser beritten. Bis zum Nabel gespalten von dem Schwerthieb, der ihn getötet hatte, blutete und litt Einer morgens; am Abend schlossen sich die Wunden und ließen ihm bis zum nächsten Morgen Ruhe. Einem noch von seinem Blut überströmten Ermordeten – wie Pons Malet aus Ax – begegnete zwar niemand gern, doch wußte jeder, daß er, wo gemordet wurde, mit solchen Begegnungen rechnen mußte. Ein toter Arzt lungerte noch nach seiner Beerdigung in der Nähe des Aussätzigen-Hospitals herum, in dem er zu Lebzeiten gedient hatte; man sah auch tote Mönche, die sich in ihren Kutten von den weißgewandeten gewöhnlichen Toten unterschieden. [...]

Wie die Standesunterschiede als solche sah man auch die Altersunterschiede im Jenseits beibehalten. Allerdings waren dort nicht alle Lebensalter vertreten. Kinder unter sieben Jahren waren nicht bei den Mengen von Abbildern, denen der Seelenbote im Jenseits begegnete. Dies, weil so junge Kinder unmittelbar nach ihrem Absterben den ‚Ort der Ruhe' aufsuchten, zu dem der Seelenbote keinen Zutritt hatte. Bei den Abgeschiedenen, die mit ihm verkehrten, aber beobachtete der Berichterstatter über die Sitten und Gebräuche der Toten einen erbitterten Generationskonflikt zwischen den arg bedrückten Alten und den äußerst aggressiven Jungen. Die jungen Toten waren in erdrückender Übermacht (man starb jung damals) und stießen die alten mitleidlos herum; übrigens waren sie so leicht wie Mohnsamen, und der Wind blies sie herum, bis sie von der Masse der anderen Doppel in den Boden getreten wurden.

Wie in dieser, bildeten auch in jener Welt die sehr jungen Männer eine besondere Gruppe. Frauen waren noch enger miteinander verbunden, steckten zusammen, manche in Lumpen, manche schwanger, waren auf Rache aus für große und kleine Kränkungen. Es hieß, sie wüßten viel von Lebenden und Toten, und so ließ eine Frau aus Pamiers durch Arnaud Gélis bei ihrer toten Tochter anfragen, ob ihr Sohn Johann, der schon lange nichts mehr hatte von sich hören lassen, noch am Leben sei. [...]

Die Seelen der Toten hatten, wie gesagt, Leiber mit allem, was dazugehörte. Abgesehen von entstellenden Wunden, Lumpen und anderen derartigen Kennzeichen, waren diese Leiber sogar schöner als die der Lebenden. Dennoch betonte Gélis, der es wissen mußte, daß das Leben der Lebendigen angenehmer sei als das der Toten: „Laßt uns", sagte er, „essen und trinken, soviel wir können, so lange wir hier sind."

Die Toten waren empfindlich gegen Kälte und suchten deshalb nachts gern Häuser auf, in denen ein gutes Feuer brannte. Speisen nahmen sie nicht zu sich, aber sie tranken gern und guten Wein am liebsten. Nachts leerten sie in den schönsten und saubersten Häusern die Fässer. (Allerdings wollte jemand wissen, daß die Trinkgelage der Toten den Inhalt dieser Fässer nicht um ein Deut minderten.) Dabei hatte Gélis in der Zeit vor der Weinlese an solchen Gelagen teilgenommen, bei denen über hundert Tote sich um die Fässer gedrängt hatten. Er selbst war dabei übrigens nicht zu kurz gekommen, was ihm vielleicht seinen Spitznamen eintrug – man nannte ihn nämlich ‚Flaschner'.

Die Freuden der Liebe andererseits waren den armen Toten durchaus versagt. Familienleben hatten sie auch kein nennenswertes. Sie hatten keine eigenen Häuser, obgleich sie nicht nur ihre Elternhäuser, sondern auch andere, in denen sie gelebt hatten, häufig besuchten und sich überhaupt einluden, wo sie wollten. Die Tatsache, daß sie bei aller Freizügigkeit nirgends mehr hingehörten, kein ‚ostal' [Haus] ihr eigen nennen konnten, gab ihnen das Gefühl, nicht länger zur Gemeinde zu gehören. Dies war auch der Grund, weshalb sie sich vorzüglich in der Kirche versammelten. Die Toten waren bessere Kirchgänger als die Lebendigen.

Der normale Zustand der Toten, die ihren endlichen Ruheort noch nicht erreicht hatten, war rastlose Bewegung und stand auch insofern ganz im Gegensatz zum gewöhnlichen Dasein der fest in ihrer ‚domus' [Haus] ansässigen Lebendigen. In ihrer Rastlosigkeit büßten sie ihre Sünden. Am eiligsten hatten es die früheren Wucherer, denn die hatten die meiste Schuld auf sich geladen. Alle, nur die Juden ausgenommen, gingen von einer Kirche zur anderen, obwohl sich jeder am liebsten in der Pfarrkirche seines Heimatorts und in der Nähe des Kirchhofs, auf dem er begraben lag, aufhielt.

Die Toten machten auch Wallfahrten, manche bis nach Compostela zum heiligen Jakob, und zwar mit der ihnen gewöhnlichen atemberaubenden Geschwindigkeit: Man liest von Toten, die bis nach Santiago nur fünf Tage unterwegs waren; so besuchten sie auch Saint-Gilles, Rocamadour und andere Wallfahrtsorte. Die Lebendigen hatten für die Beleuchtung der Kirche während der nächtlichen Besuche der Toten zu sorgen, und zwar womöglich durch Öllampen, deren Licht, weil es länger und stetiger brannte, den Toten lieber war als Kerzenlicht.

Während ihres nächtlichen Kirchgangs hatten die Toten Gelegenheit zu einer kurzen Ruhepause. Am Morgen, wenn sie aus der Kirche gingen, um einander zu besuchen, fing die Hetze wieder an. Zu dieser Zeit waren sie noch am ehesten ansprechbar, weshalb Arnaud Gélis vorzugsweise morgens mit der Erledigung seiner Aufträge in der anderen Welt beschäftigt war.

„Wenn ihr geht", warnte er seine lebendigen Zuhörer, „werft nicht unvorsichtig Arme und Beine herum, sondern preßt die Ellbogen an den Körper und tretet mit Bedacht, daß ihr nicht ein Gespenst umwerft. Vergeßt nämlich niemals, daß ihr jederzeit von einer Menge Gespenster umgeben seid, die unsichtbar bleiben für alle Lebendigen außer den Seelenboten."

Michail M. Bachtin

Hölle, Tod und Karneval – mittelalterliche Lachkultur

Der universelle Charakter des mittelalterlichen Lachens ist unverkennbar. Es richtet sich auf den gleichen Gegenstand wie der mittelalterliche Ernst. Das Lachen spart das Hohe nicht nur nicht aus – es richtet sich sogar vornehmlich auf dieses Hohe. Es richtet sich überdies nicht auf Teile und Details, sondern auf das Ganze, das Allumfassende. Das Lachen baut sich gleichsam seine Gegenwelt gegen die offizielle Welt, seine Gegenkirche gegen die offizielle Kirche, seinen Gegenstaat gegen den offiziellen Staat. Das Lachen hält Liturgien ab, bekennt sein Credo, vermählt, trägt zu Grabe, schreibt Grabinschriften, wählt Könige und Bischöfe. Bezeichnenderweise ist selbst noch die kleinste mittelalterliche Parodie so aufgebaut, als wäre sie das Bruchstück einer ganzen und einigen Welt des Komischen.

Am schärfsten und konsequentesten äußert sich der Universalismus des Lachens in den brauchtümlichen, sich zur Schau stellenden Formen des Karnevals und den damit zusammenhängenden Parodien. Man spürt ihn aber auch in allen anderen Erscheinungen der mittelalterlichen Lachkultur: in den komischen Elementen des Mysterienspiels, in den komischen *ditz* und *débatz*, im Tierepos, in den Fabliaux und Schwänken. Überall finden wir den gleichen Charakter des Lachens und seinen Zusammenhang mit der materiell-leiblichen Welt. [...]

Die Lachkultur des Mittelalters, die sich vor allem im Medium des Festtäglichen vollzog, war gleichsam das „vierte Drama", das Satyrspiel des Mittelalters: das komische Gegenstück zur tragischen Trilogie des offiziellen christlichen Kults und Glaubens. Wie das antike Satyrspiel war die Lachkultur des Mittelalters weitgehend ein Drama des leiblichen Lebens: der Begattung, der Geburt, des Wachstums, des Essens und Trinkens, der körperlichen Ausscheidungen. Dieses Drama betraf aber natürlich nicht den individuellen Leib und nicht den privaten Alltag, sondern den großen Leib der Gattung und des Volkes, für den Geburt und Tod nicht den absoluten Anfang und das absolute Ende bedeuten, sondern bloß Momente seines nie aussetzenden Wachstums und seiner Erneuerung. Der große Leib des mittelalterlichen Satyrspiels verwächst mit der Welt, ist von kosmischen Elementen durchdrungen, verschmilzt mit der verschlingenden und gebärenden Erde.

Neben den Universalismus des mittelalterlichen Lachens muß man seine zweite Eigentümlichkeit stellen: den unzerreißbaren, wesentlichen Zusammenhang mit der Freiheit. Das mittelalterliche Lachen war durchaus nichtoffiziell, es war jedoch legalisiert. Die Rechte der Narrenkappe waren im Mittelalter genauso heilig und unantastbar wie jene des Pileus während der römischen Saturnalien. [...]

Mit dem Universalismus und der Freiheit des mittelalterlichen Lachens hängt seine dritte Eigenart zusammen: die wesentliche Verbindung des Lachens mit der nichtoffiziellen Wahrheit des Volkes.

In der Klassenkultur ist der Ernst offiziell und autoritär, er ist mit Gewalt, Verbot und Einschränkung verquickt. Ein solcher Ernst trägt immer ein Element der Furcht und der Einschüchterung in sich. In der mittelalterlichen Ernsthaftigkeit dominierte dieses Element sehr stark. Das Lachen setzte im Gegenteil die Überwindung der Furcht voraus. Das Lachen verfügt keine Verbote und Einschränkungen. Macht, Gewalt, Autorität sprechen niemals die Sprache des Lachens.

Der mittelalterliche Mensch empfand im Lachen besonders scharf den Sieg über die Furcht. Und er empfand ihn nicht nur als Sieg über die mystische Furcht (die „Gottesfurcht") und über die Furcht vor den Naturkräften, sondern vor allem als Sieg über die moralische Furcht, die das Bewußtsein des Menschen knechtet, bedrückt und dumpf macht: als Sieg über die Furcht vor allem Geheiligten und

Verbotenen (vor dem „Mana" und vor dem „Tabu"), vor der Macht Gottes und vor der Macht der Menschen, vor den autoritären Geboten und Verboten, vor Tod und Vergeltung im Jenseits, vor der Hölle, vor allem, was entsetzlicher ist als die Erde. Indem es diese Furcht besiegte, hellte das Lachen das menschliche Bewußtsein auf, öffnete ihm die Welt auf eine neue Weise. Dieser Sieg war freilich nur ephemer, er beschränkte sich auf die Festtage, dann kamen wieder Werktage der Angst und Bedrückung, doch aus diesen festtäglichen Lichtblicken des menschlichen Bewußtseins bildete sich eine andere, eine nichtoffizielle Wahrheit über die Welt und den Menschen aus, die das neue Selbstbewußtsein der Renaissance vorbereitete.

Das scharfe Empfinden des Sieges über die Furcht ist ein wesentliches Moment des mittelalterlichen Lachens. Dieses Empfinden drückt sich in einigen Eigentümlichkeiten der Lachgestalten des Mittelalters aus. In ihnen ist stets die besiegte Furcht gegenwärtig: in der Form des abstoßend Komischen, in der Form umgestülpter Symbole der Macht und Gewalt, in den komischen Gestaltungen des Todes, in der fröhlichen Zerstückelung. Alles Bedrohliche wird ins Komische gekehrt. Zum obligaten Zubehör des Karnevals gehörte eine groteske Vorrichtung, die sich „Hölle" nannte. Auf dem Höhepunkt des Festes wurde die „Hölle" gewöhnlich verbrannt. Überhaupt läßt sich die groteske Gestalt nicht verstehen, wenn man das Moment der besiegten Furcht unberücksichtigt läßt. Mit dem Entsetzlichen wird ein Spiel getrieben, es wird ausgelacht. Das Furchtbare wird zu einem fröhlichen Popanz gemacht. Man würde die groteske Gestalt jedoch genauso mißverstehen, wenn man dieses Moment simplifiziert, wenn man diese Gestalt in abstrakter Weise rationalisiert. Es läßt sich schwer bestimmen, wo die besiegte Furcht aufhört und wo die Fröhlichkeit beginnt. Die Karnevalshölle ist zugleich die verschlingende und gebärende Erde, sie wird häufig zum Füllhorn. Der Popanz Tod geht schwanger. Die verschiedenen Mißgestalten, alle diese herausragenden Bäuche, überdimensionalen Nasen und Buckel geben sich als Merkmale der Schwangerschaft oder der Zeugungskraft zu erkennen. Der Sieg über die Furcht ist nicht deren abstrakte Beseitigung. Der Furcht wird ihr Nimbus genommen, sie geht in Fröhlichkeit über. Die „Hölle" zerplatzt und wird zum Füllhorn.

Wir sagten, das mittelalterliche Lachen hätte die Furcht vor dem besiegt, was furchtbarer war als die Erde. Alles Entsetzliche, das nichtirdisch war, wurde zu Erde. Die Erde aber ist die Mutter, die verschlingt, um neu zu gebären, um Größeres und Besseres zu gebären. Auf der Erde kann es nichts Schreckliches geben: genausowenig wie auf dem Leib der Mutter mit den nährenden Brüsten, dem gebärenden Organ, dem warmen Blut. Das irdische Schreckliche ist das kindererzeugende Organ, das Leibesgrab. Es blüht auf in Wonne und neuer Geburt.

Aber das mittelalterliche Lachen ist kein subjektiv-individuelles und kein biologisches Empfinden der Unaufhörlichkeit des Lebens – es ist ein soziales, ein das ganze Volk umfassendes Empfinden. Der Mensch empfindet die Unaufhörlichkeit des Lebens auf dem öffentlichen Festplatz, in der Karnevalsmenge, indem er sich mit fremden Leibern jeden Alters und jeder sozialen Stellung berührt. Er fühlt sich als Glied des ewig wachsenden und sich erneuernden Volkes. Deshalb schließt das festtägliche Lachen des Volkes nicht nur das Moment des Sieges über die Furcht vor den Schrecken des Jenseits, vor dem Geheiligten, vor dem Tod in sich ein, sondern auch das Moment des Sieges über jede Gewalt, über die irdischen Herrscher, über die Mächtigen der Erde, über alles, was knechtet und begrenzt.

Indem das mittelalterliche Lachen die Angst vor dem Geheimnis, vor der Welt und vor der Macht besiegte, deckte es furchtlos die Wahrheit über Welt und Macht auf. Es stellte sich der Lüge und der Beweihräucherung, der Schmeichelei und der Heuchelei entgegen. Die Wahrheit des Lachens „senkte" die Macht, paarte sich mit Fluchen und Schelte.

Iris Origo

Der Schwarze Tod
und die Weißen Brüder

Zur Jahrhundertwende [1399] finden wir den Kaufmann Francesco di Marco Datini – mittlerweile 65 Jahre alt – in ganz ungewohntem Aufzug: dem Büßergewand eines Pilgers. Zusammen mit einigen tausend Männern macht er sich auf eine neuntägige Pilgerreise: barfuß und mit einer brennenden Kerze in der Hand, angetan mit einer Kutte aus weißem, derbem Stoff, gegürtet mit dem Strick der Bettelmönche.

Von Francescos Zeitgenossen fand allerdings keiner etwas dabei, ihn so zu sehen. Es war damals selbstverständlich, daß man in Zeiten des Unglücks und der Not Frömmigkeit und Selbsterniedrigung zur Schau stellte. Die Datini-Briefe bestätigen einmal mehr, in welchem Ausmaß sogar Männer wie Francesco, die alles andere als fromme Naturen waren, ihr Leben ganz nach den Regeln der Kirche einrichteten. So wie viele der Gesetze, die sie befolgten, auf dem Herkommen beruhten, *consuetudo*, so äußerte sich ihre Religiosität von der Wiege bis zum Grab in vertrauten Verrichtungen, über die sie gar nicht mehr nachdachten. Selbst nüchterne Kaufleute legten nicht nur Lippenbekenntnisse zur christlichen Lehre ab, sondern zollten ihr auch mit ihrem tagtäglichen Handeln Tribut: Ihr gesamtes Leben war in ein festgefügtes System religiöser Verrichtungen und Vorschriften eingebettet. In seiner Jugend und in seinen besten Mannesjahren war Francesco alles andere als ein tugendhafter Mann, und der Gedanke, tugendhaft zu sein, lag ihm fern; nie aber stellte er die Notwendigkeit oder den Sinn der frommen Bräuche auch nur in Frage. Seine Geschäftsverträge begannen und endeten ebenso wie seine privaten Briefe mit einer frommen Wendung; die Zehn Gebote standen über seinen Geschäftsbüchern; der heilige Christophorus bewachte als großes Fresko seine Tür. Zur Fastenzeit und an den wöchentlichen Fastentagen fasteten er und seine Frau so streng, daß Domenico di Cambio frank und frei eine Einladung zu ihnen ablehnte, da seine Gesundheit ihm das nicht erlaube. Und wenn Francesco manchmal doch am Sonntag arbeitete, machte er sich große Vorwürfe, daß er nicht zur Messe ging, zumal in dem Jahr, da er nur *sechs* Fastenpredigten hörte! Obwohl er gern über Priester und Mönche spottete, ging er doch regelmäßig zur Beichte, und als er einmal krank war, rief er gleich fünf Franziskaner an sein Krankenbett. Wenn er auch nicht eben zur Großzügigkeit neigte, gab er doch großzügig Almosen, zahlte er regelmäßig den Kirchenzehnten, stiftete Tabernakel und Kapellen. Kaum einer von den Reichen hielt es damals anders, und die wenigen, die sich nicht an diese Pflichten hielten, galten als schlechte Menschen.

Viele dieser frommen Werke hatten nur den Zweck, Gott versöhnlich zu stimmen – durch sie hofften die Menschen, Schutz vor den Schrecken und dunklen Geheimnissen des diesseitigen Lebens zu erlangen und Gottes Erbarmen im jenseitigen. Zu allen Zeiten wird der Mensch von Ängsten beherrscht, und die Menschen in der Toskana hatten in der Tat im 14. Jahrhundert allen Grund, sich vor einem plötzlichen Tod zu fürchten. Noch immer gab es die althergebrachte Blutrache, die nicht nur als heilige Pflicht galt, sondern gar als Vergnügen; nie konnte man sicher sein, ob man nicht ganz persönlich betroffen wurde von den Auswirkungen des Parteienhaders allerorten, von Bürgerkrieg, von immer wiederkehrenden Hungersnöten; vor allem aber hing die Pest ständig als drohendes Schwert über den Menschen. [...] Im Jahr 1395 schrieben Francescos Agenten aus Valencia, daß die Krankheit dort mit großer Heftigkeit ausgebrochen sei. „Sie wird auch noch hierherkommen", prophezeite Datini daraufhin voller Sarkasmus seiner Frau, „und wird viele Frauen und Männer von ihren Sorgen befreien, die jetzt noch quengeln und nörgeln, und viele werden Ruhe finden, die jetzt der Mühsal dieser elenden Welt müde sind."

Bis 1398 hatte die Epidemie dann Norditalien erreicht, und jetzt schlug auch Margherita [Francescos Frau] Alarm: „Francesco, ich werde nicht aufhören, es Dir zu sagen, und Du weißt, daß ich Dir schon seit einem Jahr nichts anderes sage, auch wenn es nichts fruchtet: Wer entfliehen will, und fliehen muß man, soll jetzt fliehen."

Im Sommer darauf wurde die ganze Toskana von Panik ergriffen. Ein Freund, der mit seiner ganzen Familie nach Arezzo gezogen war, redete Francesco zu, ihm nachzukommen. Aber diesmal war es Margherita, die dableiben wollte, war sie doch inzwischen nach Florenz gezogen. An ihren Mann schrieb sie am 10. November:

Meine Begründung ist die, daß man schnell etwas gegen diese Pestkrankheit tun muß, und es gibt überhaupt nur zwei oder drei Mittel dagegen... Und ich möchte sofortige Hilfe haben für Leib und Seele... Diese Seuche scheint mir wie das Jüngste Gericht im Evangelium, von dem wir nicht wissen, ob es des Tags oder des Nachts kommt.

Auch Mazzei glaubte noch immer an Ärzte und ihre Rezepte: „Diese Ärzte empfehlen Theriak zwei Wochen lang täglich zu nehmen, Pillen aus Aloe, Myrrhe und Safran eine Woche lang täglich." Vor allem aber riet er, man solle sich in sein Schicksal fügen. „Trösten wir uns im Gedanken an Gott und an ein seliges Ende und beten wir."

Jedermann hatte ein Gebet auf den Lippen – von Reue, Zerknirschung, von Besserung und Sühne. Reiche Leute wie Francesco wurden noch mehr von schlechtem Gewissen geplagt als andere, denn wurde ihnen nicht ständig von jedem Prediger eingehämmert, daß sie die Hauptschuldigen an diesem Elend seien? Nicht einmal die Abgebrühtesten unter ihnen widersprachen. Nachdem Francesco am 20. Juli 1395 eine Bußpredigt gehört hatte, schrieb er an seine Frau:

Ich habe gesündigt, wie und wo ich nur konnte in meinem Leben, denn ich habe mich schlecht geführt und konnte meine Begierden nicht beherrschen, und ich habe meine Sache schlecht gemacht und bin bereit, die Strafe dafür zu tragen. Aber ich wünschte, ich könnte es machen wie Hiob, der Gott dankte für jede Heimsuchung, die über ihn hereinbrach; doch ich kann das nicht.

Dieser Brief ist zu einer Zeit geschrieben, in der die Luft schwirrte von bösen Prophezeiungen und Aufrufen zur Buße. Auch Francesco sorgte sich nunmehr weniger um die unmittelbare Gefahr für Gesundheit und Geld, als vielmehr darum, welches Ende er nehmen würde. „Ich fürchte sehr, daß es kein gutes sein wird", schrieb er. Und im Jahr darauf: „Ich möchte noch ein wenig länger leben, um etwas Gutes zu tun, denn Böses habe ich schon genug getan."

Als im Jahr 1399 die Pestgefahr wieder über den Menschen hing, zog der Dominikanerprediger Fra Giovanni Dominici, eine ganz außergewöhnliche Persönlichkeit, die Massen scharenweise mit seinen Predigten nach Santa Liberata und Santa Maria Novella. [...] Eben zu den Predigten dieses Mannes ging Francesco von nun an auf Ser Lapos Rat.

Ich sage Euch, daß Ihr noch nie eine solche Predigt gehört habt... Sicher werden sich die Freunde Gottes wieder erheben, um diesem Faulenzerleben von Laien und Klerikern ein Ende zu machen... Es wird Euch vorkommen, als ob Ihr einen der Schüler des Heiligen Franz hörtet, und Ihr werdet Euch wie neugeboren fühlen. Wir waren alle in Tränen, bestürzt über die unverhüllte Wahrheit, die er uns allen zeigte.

Die Lehren des Fra Giovanni waren nicht unbedingt orthodox, und das war wohl der Grund dafür, daß sie bei Ser Lapo so großen Anklang fanden, der sich dadurch, daß er ganz auf der Seite der Armen und Erniedrigten stand, immer weiter von den Großen dieser Welt entfernte, ob sie nun den Mantel des Priors trugen oder den Hut des Kardinals. Ein oder zwei Jahre später schrieb er:

Frate Giovanni Dominici predigt heute in Florenz und zieht dort alle Menschen an, die versuchen wollen, ein gutes Leben zu führen; und diejenigen, die die Dinge Gottes ungern hören, setzen keinen Fuß dorthin und verleumden ihn, wie die Juden unseren Erlöser verleumdeten.

128

Tatsache war, daß Fra Giovanni, als Francesco ihn zum ersten Mal predigen hörte, gerade erst nach Florenz gekommen war, nachdem die Venezianer ihn verbannt hatten. Bei der Kirche war er schlecht angeschrieben, weil er eine neue Büßergemeinschaft unterstützt hatte, deren Anhänger nach den weißen Kutten, die sie trugen, *I Bianchi* genannt wurden. Nun zogen diese in ganz Norditalien von Stadt zu Stadt. [...]

Sie gingen barfuß und waren von Kopf bis Fuß in ihre weißen Gewänder gehüllt, deren Kapuzen nur einen Schlitz für die Augen freiließen und die in der Mitte mit einem Strick zusammengehalten waren und auf Rücken und Brust ein rotes Kreuz trugen. In der Hand hielten sie brennende Fackeln und Kerzen, und jedem Zug wurde ein großes Kruzifix vorangetragen; dazu wurden Litaneien abgesungen, die Erbarmen und Frieden herbeiflehten. [...]

Doch während sie Erbarmen herbeiflehten, griff die Pest überall um sich. Furcht ist ein großer Gleichmacher. Diesmal stießen nicht nur die Armen und Unzufriedenen und die echten religiösen Fanatiker zu den Büßerheeren, sondern auch jeder vor Angst schlotternde Bürger, der hoffte, mit später Reue noch das Unheil von seinem Haus abwenden zu können. So auch Francesco di Marco, der natürlich nicht allein kam, sondern, wie es seiner Stellung entsprach, an der Spitze von zwölf Männern. Das waren: sein Schwager Niccolò dell' Ammannato, seine zwei Florentiner Gesellschafter, Stoldo di Lorenzo und Domenico di Cambio, dazu acht seiner *fattori* – „im ganzen zwölf Männer, die mit mir kamen, um den Ablaß dieser Pilgerreise zu erhalten; und ich übernahm alle Kosten für Essen und Trinken und was sonst noch anfällt für sie, was, wie folgt, in diesem Buche niedergelegt werden wird".

Es ist ein Glücksfall für uns, daß Francesco nicht nur bis ins Detail genau über alles Buch führte in seinem privaten Notizbuch, sondern auch das ganze Abenteuer dieser Pilgerreise beschrieb. [...]

Erinnerung, daß diesen 28. Tag des August 1399, ich, Francesco di Marco, kraft der Eingebung Gottes und seiner Mutter, Unserer Lieben Frau, beschloß, auf Pilgerfahrt zu gehen, ganz in weißes Leinen gekleidet und barfüßig, wie zu dieser Zeit für die meisten Leute, Männer und Frauen, der Stadt Florenz und des umliegenden Landes Brauch... Denn in dieser Zeit fühlten alle Menschen, zumindest der größte Teil der Christenheit, sich dazu getrieben, auf Pilgerschaft durch die ganze Welt zu gehen, um Gottes Lohn, von Kopf bis Fuß in weißes Leinen gehüllt...

Und an besagtem Tag machte ich mich auf mit meiner Gesellschaft von meinem Haus an der Piazza de' Tornaquinci aus, früh am Morgen; und wir gingen von dort nach Santa Maria Novella, alle barfüßig, und nahmen dort andächtig den Leib unseres Herrn Jesu Christi in der Kommunion: darauf gingen wir andächtig zum Stadttor von San Gallo hinaus, wo das Kruzifix des Viertels von Santa Maria Novella und das Kruzifix des Viertels von Santa Croce bereit standen... alle barfüßig mit einer Geißel in der Hand, mit der wir uns selbst schlugen, und wir beschuldigten uns vor dem Herrn Jesus Christus unserer Sünden, andächtig und von ganzem Herzen, wie es jeder gläubige Christ tun sollte...

Die ganze Pilgerschar, über 30 000 Teilnehmer, zog nun in einer Prozession durch die Stadt, „drei und drei, jeder mit einer brennenden Kerze in der Hand", und weiter auf der Landstraße am Arno entlang nach Pieve a Ripoli.

Dort wurde feierlich die Messe gelesen vom Bischof von Fiesole, der unser Vater und eigentlicher geistlicher Führer war. Nachdem die Messe gelesen war, liefen wir alle auseinander, manche auf die Straße, manche in die Felder, und taten uns gütlich an Brot und Obst und Käse und ähnlichen Dingen, denn während der neun Tage, die die Pilgerfahrt dauerte, darf keiner von uns Fleisch zu sich nehmen, seine weißen Gewänder ablegen oder in einem Bett schlafen. [...]

Die Pilger nahmen den Weg nach San Donato, San Giovanni und Montevarchi, wobei sie dreimal im Freien nächtigten, bis hinunter nach Arezzo, wo sie die Messe hörten „auf einem Anger innerhalb der Stadtmauern, und auch eine Predigt", und in einem Franziskanerkloster schliefen. Dann zogen sie zurück über Laterina, Castelfranco und Pontassieve, wo sie am Freitagabend ankamen – und ein Wirt „ließ uns große Ehre angedeihen, und wir aßen sehr viel Fisch".

Dann, im Namen Gottes, kehrten wir am Abend nach Florenz zurück ... aber wir gingen nicht ins Bett, legten unsere weißen Gewänder nicht ab, bevor nicht das Kruzifix in Fiesole angekommen war und der Bischof von Fiesole auf dem Platz eine feierliche Messe gelesen und zu uns gepredigt und uns alle gesegnet hatte. Und darauf kehrte jeder von uns in sein Haus zurück, und damit war besagte Pilgerfahrt zu Ende. Gott möge sie unseren Seelen gutschreiben, wenn es Ihm gefällt. Amen.

Wo immer diese *Bianchi* hinkamen, war ihre erste Aufgabe, „Frieden zu stiften", d.h. eine Aussöhnung zu erreichen zwischen Leuten, die eine alte Fehde auseinandergebracht hatte. Und wenn die Aussöhnung zustande gekommen war, umarmten sich die Gegner mit einem Bruderkuß zum Zeichen des Friedens und beschenkten oftmals die Friedensstifter zum Zeichen der Dankbarkeit mit irgendwelchen Gaben. Manchmal bewirkte schon der bloße Anblick des riesigen Kruzifixes, das vor jeder solchen Prozession hergetragen wurde, unter der Menge Wunder: die Lahmen wandelten, die Blinden wurden sehend – und natürlich schenkten auch diese den *Bianchi* immer ein handfestes Zeichen ihrer Dankbarkeit.

Trotz alledem kam die Pest immer näher. Sie war, so hieß es, bereits in Venedig und Genua ausgebrochen und bewegte sich nun in Richtung Süden. Jetzt machten sich die Bewohner der kleineren toskanischen Städte auf Pilgerschaft. Verschreckte Bauersleute in kleinen Gruppen von höchstens 200 oder 300 zogen aus jedem Weiler hinter einem Kruzifix her, von einem Bildstock zum anderen, um davor niederzuknien und Gnade herbeizuflehen.

Aus Prato berichtete Domenico di Cambio von einer Prozession: „Damit Gott uns diese Gnade gewähren möge, sperrten wir unsere Läden neun Tage lang zu, und die ganze

Stadt und das ganze Umland ging auf Pilgerschaft." Auch Francesco nahm an dieser Wallfahrt der Prateser teil, „mit einigen Männern seiner Firma...". [...]

Im September machten sich 10000 *Bianchi* von Orvieto auf nach Rom; weitere Gruppen schlossen sich ihnen unterwegs an, so daß sich im Heiligen Jahr 1400, nach Berichten eines Augenzeugen, des Giovanni Sercambi aus Lucca, 120000 Pilger in der Heiligen Stadt befanden. Der gläubige Domenico di Cambio erzählt, daß der Papst zunächst die Tore der Stadt schließen wollte, aber: „Gott sandte gewisse Zeichen nach Rom. Aus diesem Grund erschrak der Papst, kleidete sich in Weiß samt allen Kardinälen, und auch sie gingen im Pilgerzug."

Während der ganzen Adventszeit predigte in Florenz Fra Giovanni, und die Leute sagten, daß seine Predigten nie so gut gewesen seien. „Er spricht so bewegend von der Geburt Christi", schrieb Ser Lapo, „daß er einem die Seele bei lebendigem Leib herausholt, und alle Welt folgt ihm." Auch während der folgenden Fastenzeit predigte er, und Margherita, die wegen dieser Bußpredigten schon ein paar Tage vor ihrem Mann nach Florenz gegangen war, schrieb ihm am 8. April 1400, er solle sein Kommen nicht hinauszögern.

Du wirst gut daran tun, Dich so schnell Du nur kannst auf den Weg zu machen, denn noch nie hat dieser Mönch schönere Predigten gehalten als jetzt; über alle anderen kannst Du Dich lustig machen. Es liegt mir auf der Seele, daß Du diese paar Tage versäumt hast, denn Gott weiß, wann es wieder so einen geben wird auf dieser Welt.

Die Worte dieses Predigers bewogen schließlich Francesco in einem Augenblick, da er innerlich selbst bereit war, sie in sich aufzunehmen, zu einem entscheidenden Schritt. Schon seit etlichen Jahren hatte sein Gewissen, von Ser Lapo durch ständiges Zureden und Mahnen geweckt, ihn dazu gedrängt, sein gesamtes Vermögen den Armen zu vermachen. [...]

Doch erst als Francesco unter den Einfluß von Padre Dominici geriet, faßte er einen endgültigen Entschluß. Auf Mazzeis Rat ging er im Jahr 1400 eines Abends in der Fastenzeit nach der Predigt zu ihm. Mazzei schrieb darüber:

„Und mit Gottes Gnade folgt in Eurem Testament teilweise oder auch im ganzen seinem Willen. Und dann werdet Ihr froh und zufrieden leben, ob es kracht oder stürmt, denn Ihr habt dann die Wurzeln in gutem Boden, edler Baum, der Ihr seid."

Welcher Art Fra Giovannis Rat war, ist unschwer zu erraten. Wie so viele Angehörige der Bettelorden hatte er für den hohen Klerus nicht allzu viel übrig, und er betrachtete die angebliche Selbstlosigkeit des Menschen, ob nun Laie oder Kleriker, mit nüchterner Skepsis. [... Entsprechend hieß es dann auch in Datinis Testament], daß die Verwaltung seines Vermögens nicht der Kirche überlassen werden solle, sondern seinen eigenen Testamentsvollstreckern, persönlichen Freunden, die er selbst dazu bestimmte, und daß die Stiftung „in keiner Weise der Kirche unterstellt sein sollte oder kirchlichen Ämtern oder Prälaten der Kirche oder überhaupt irgend welchen Repräsentanten der Kirche". [...] Francesco bestimmte, daß nicht nur alle Erträge seiner Besitztümer und Handelsunternehmen der Stiftung zufließen sollten, sondern auch sein ganzes Haus mit eingeschlossen sei, „um Gottes Lohn und damit er so Seinen Armen zurückerstatte, was er von Ihm als Gabe und aus Gnade hatte".

Noch unmißverständlicher kann man seinen letzten Willen kaum formulieren. Ser Lapo muß damit mehr als zufrieden gewesen sein, nachdem er sich so lange abgemüht hatte, seinen Freund soweit zu bringen. Wie ernst er es dabei mit seinen eigenen Pflichten nahm, geht aus einem Brief hervor, den er seinem Freund einen Tag vor der Unterzeichnung des Testaments schrieb:

Morgen früh geht bitte frommen Herzens zur Messe und empfehlt Euch Ihm, der ja niemanden anders als mit den Augen unendlicher Güte betrachtet, daß Er Euch helfe, das Streben Eurer Seele wie Eure Schätze so zu lenken, daß es Ihm zur Ehre gereiche nach Eurem Tod, so daß die Armen in Gott, die Euch so am Herzen liegen, den größten Nutzen und den größten Trost davon haben, und so, daß all Euer Sorgen und Mühen nicht vergebens gewesen sein möge… Ich habe das alles schon in ein Gebet gefaßt; und morgen, mit Seiner Gnade, werde ich noch alles tun, was an mir ist, da Ihr mir die Aufgabe zugeteilt habt, Euch zu helfen. Setzt ohne Furcht Euer Vertrauen in Gott. Tränen hindern mich daran, weiter zu schreiben. Gott sieht es!

So beruhigte Francesco schließlich doch noch sein Gewissen. Es war höchste Zeit dazu, denn die Pest wütete bereits in den Mauern der Stadt. Wer einen Ort wußte, wo er hingehen konnte, und wer die Mittel dazu hatte, der floh. Auch Francesco, der ja in allen weltlichen Dingen immer vorausblickte, hatte schon einen seiner Faktoren nach Bologna vorausgeschickt, um dort ein Haus anzumieten. Am 27. Juni 1400, am Tag, da er die Unterschrift unter sein Testament setzte, bestiegen er und Margherita ihre braven Maultiere, und Ginevra und das Kind einer Dienerin arrangierten sich auf einem dritten. So ritten sie, gefolgt von Francescos *fattori* Stoldo di Lorenzo und Guido di Sandro, einigen Dienern und von Bandino Banduccio, dem Sohn seines Arztes, zur Stadt hinaus, von Florenz aus über den Apennin nach Bologna.

Claudine Herzlich/Janine Pierret
Fleischgewordenes Übel

In den zahlreichen Chroniken der Epidemien, der Pest vor allem – von Prokop bis Boccaccio, von Gregor von Tours bis Daniel Defoe, abgesehen von den Berichten anonymer Augenzeugen –, steht die Beeinträchtigung des Körpers nicht an erster Stelle: Leichenhaufen, Verhaltensweisen der Menschenmassen, Panik, Ausschweifungen und Revolten, oder aber Praktiken aller Art, um sich vor der Epidemie zu schützen, werden häufiger geschildert als der leidende Körper. Und überdies verlief die Pest sehr schnell: kaum hatte man den Kranken bemerkt, war er auch schon tot. Bei der Cholera sollte es später genauso sein. Kaum hatte man den Verdacht, daß ein Körper befallen war, wurde er auch schon grün und brach zusammen. Dennoch stellte sich in den verschiedenen Berichten bald eine Systematik der Symptome ein: hohes Fieber, Husten, Erbrechen, Flecken, Beulen, unregelmäßiger Puls, Krämpfe... Beulen und Flecken werden beim Schwarzen Tod von 1348 anschaulich bei Boccaccio geschildert:

[...] es kamen zu Anfang der Krankheit gleichermaßen bei Mann und Weib an den Leisten oder in den Achselhöhlen gewisse Geschwulste zum Vorschein, die manchmal so groß wie ein gewöhnlicher Apfel, manchmal wie ein Ei wurden, bei den einen sich in größerer, bei den andern in geringerer Anzahl zeigten und schlechtweg Pestbeulen genannt wurden. Später aber gewann die Krankheit eine neue Gestalt, und viele bekamen auf den Armen, den Lenden und allen übrigen Teilen des Körpers schwarze und bräunliche Flecke, die bei einigen groß und gering an Zahl, bei andern aber klein und dicht waren. Und so wie früher die Pestbeule ein sicheres Zeichen unvermeidlichen Todes gewesen und bei manchen noch war, so waren es nun diese Flecken für alle, bei denen sie sich zeigten. Dabei schien es, als ob zur Heilung dieses Übels kein ärztlicher Rat und die Kraft keiner Arznei wirksam oder förderlich wäre... *und fast alle starben innerhalb dreier Tage* nach dem Erscheinen der beschriebenen Zeichen; der eine ein wenig früher, der andere etwas später, die meisten aber ohne alles Fieber oder sonstigen Zufälle.

1720 hat die äußerst lebensgefährliche Pest von Marseille die Zeitgenossen vor allem durch ihre Plötzlichkeit mit Grauen erfüllt. Ihre Beschreibung ist besonders furchterregend, aber man findet darin dieselben Elemente:

Auf einen Schlag *sah man hundert verschiedene Gesichter in hundert verschiedenen Farben vom Tode gezeichnet,* der eine hatte ein bleiches Kadavergesicht, der andere war feuerrot; bald aschfahl und leichenblaß, bald bläulich und violett, und hundert andere Nuancen, die sie entstellten; erloschene Augen, funkelnde Augen, matte Blicke, dann wieder verstörte, alle mit einem Ausdruck von Unruhe und Angst, die sie unkenntlich macht... man hörte alle Arten von Wehklagen, von Schmerzen im Kopf und an allen anderen Körperteilen, heftiges Erbrechen, Krämpfe im Bauch, Eiterbeulen und all die anderen Folgen der entsetzlichen Krankheit: der eine lag entkräftet da und sagte kein Wort, der andere redete unablässig in seinem Delirium; kurzum, eine Vielzahl aller Arten von Beschwerden, die durch die Kühle der Nacht noch heftiger und grausamer wurden...

Wir haben bereits gesagt, wie bis in moderne Zeiten alle diese Berichte, wie die Varianten eines Mythos, die vorigen wiederholen. Denn es handelt sich darum, das Unglück vorstellbar zu machen. Der Bericht wurde also im Laufe der Zeit in eine feste Form gegossen, die man immer wieder erneuern muß: in der Wiederholung erscheint der Sinn fixiert, im selben Maße, wie sich die Angst legt. Noch im 20. Jahrhundert stellte Antonin Artaud mit erstaunlicher Präzision das Verzeichnis der Pestsymptome auf. Es ist eine literarische Komposition von seltsamer formaler Schönheit, eine meisterhafte Synthese aller früheren Schilderungen, die im Rahmen derselben Thematik doch über sie hinausgeht, um aus der Pest den Mythos des absoluten und plötzlich fleischgewordenen Übels zu machen. Vermittelt durch die Turbulenzen des Körpers, sind es die „perversen Möglichkeiten des Geistes", die mannigfaltigen Gestalten des Übels, die Artaud zusammenstellt:

Vor allem physischen oder psychischen, nur allzu oft charakterisierten Unwohlsein überziehen rote Flecken den Körper, die der Kranke erst dann plötzlich bemerkt, wenn sie ins Schwarze umschlagen. Er hat keine Zeit, darüber zu erschrecken, da fängt sein Kopf schon an zu brodeln, wächst durch sein Gewicht ins Riesenhafte, und er stürzt. Nun bemächtigt sich seiner eine fürchterliche Müdigkeit, die Müdigkeit einer zentralen magnetischen Saugwirkung, seiner in zwei Teile gespaltenen, von ihrer Vernichtung angezogenen Moleküle. Es kommt ihm so vor, als galoppierten seine erschrocknen, verwirrten, gehetzten Säfte durch seinen Körper. Sein Magen hebt sich, das Innere seines Bauches scheint durch die Zahnkanäle quellen zu wollen. Sein Puls, der bald sich verlangsamt, bis er zum Schatten wird, zur bloßen Möglichkeit eines Pulses, und bald dahingaloppiert, gehorcht dem Brodeln seines inneren Fiebers, der rieselnden Verwirrung seines Geistes. Dieser Puls, der so überstürzt schlägt wie sein Herz, der heftig, füllig, dröhnend wird; dieses rote, entzündete, dann glasige Auge; diese riesige, dikke Zunge, die hechelt und anfangs weiß, dann rot, dann schwarz ist und gleichsam kohlehaltig, rissig: alles kündet ein organisches Gewitter ohnegleichen. Bald suchen die Säfte, durchfurcht wie Erdreich vom Blitz, wie ein Vulkan von unterirdischen Wettern, nach einem äußeren Ausgang. Inmitten der Flecken bilden sich glühendere Punkte, rings um diese Punkte schwillt die Haut zu Brandblasen an wie Luftblasen unter einer Lavaoberfläche, und diese Blasen sind von Ringen umgeben, deren letzter, vergleichbar dem Saturnring um das weißglühende Gestirn, die äußerste Grenze einer Pestbeule anzeigt. Von ihnen wird der Körper durchfurcht. Aber wie Vulkane bestimmte Punkte auf der Erde bevorzugen, so bevorzugen auch die Pestbeulen bestimmte Stellen auf der menschlichen Körperoberfläche. Zwei oder drei Fingerbreit von der Leiste entfernt, unter den Achseln, in den wichtigen Gegenden, wo die arbeitenden Drüsen getreulich ihre Aufgaben erfüllen, treten Pestbeulen auf, durch die der Organismus sich entweder seines inneren Eiters oder aber seines Lebens entledigt. Ein heftiger, an einer Stelle konzentrierter Aufruhr zeigt meistens an, daß das innere Leben nichts von seiner Kraft eingebüßt hat und daß ein Nachlassen des Leidens, ja seine Heilung möglich ist. Gleich der kalten Wut ist die Pest am schlimmsten, die ihre Merkmale nicht augenscheinlich werden läßt.

Ruggiero Romano/Alberto Tenenti

Abscheu vor der Endlichkeit:
Die makabren Themen

Dadurch, daß er Leib und Seele trennt, d.h. den Verlust des vergänglichen und elenden Teils der menschlichen Existenz bewirkt, ist der Tod gerade für die Religion ein zufälliges Ereignis und zugleich das glückverheißende Tor zum wirklichen Leben. Daher fand der Tod in der christlichen Mythologie keinen Platz und wurde bis zur hier betrachteten Epoche [das heißt, bis Mitte des 14. Jahrhunderts] tatsächlich nicht mit Grauen und Schrecken umgeben. Man stellte ihn höchstens als eine auf die Erbsünde folgende Strafe hin und erst an zweiter Stelle als Hinweis auf die irdische Bestimmung des Menschen *(memento mori)*. Im 14. Jahrhundert neigte das Empfinden der Gläubigen dazu, die Abrechnung mit Gott auf das Lebensende des einzelnen zu verschieben und gleichzeitig die Hoffnung auf Rettung auf diesen letzten Lebensabschnitt zu konzentrieren. Die *ars moriendi* war indes nicht die einzige Form, in der die Menschen dieser Zeit reagierten. Gleichsam aus einer persönlichen Betrachtung über ihre Bestimmungen heraus erfaßte sie ein Gefühl des Entsetzens und der Furcht, ein Anflug von Abscheu. Und so entstand der Sinn für das Makabre.

Das Makabre ist kein christlicher Wert. Es bestand, vor allem am Anfang, aus einem Ekelgefühl, das man vor dem jämmerlichen Los des menschlichen Körpers empfand. Diese Art zu fühlen trifft man auch schon deutlich im 13. Jahrhundert, und sie äußerte sich hauptsächlich im Thema der „Drei Toten und der Drei Lebenden". In dieser ersten Phase entdeckte man sozusagen die körperliche Zersetzung, d.h. man enthüllte sie und hob sie in literarischen und ikonographischen Darstellungen hervor. [...] Sehr leicht auf eine pädagogische Formel gebracht, wurde das Makabre

138

ausgenutzt, um dem Gläubigen zu sagen: Schau, was dich erwartet; schau, wie nichtig der Körper und jeglicher irdische Wert ist, der sich daran knüpft.

Das Neue im 14. Jahrhundert bestand nun darin, daß man sich nicht mit der Abscheu vor dem Leichnam begnügte. Um 1350 kam man zu einer neuen und völlig selbständigen Darstellung, nämlich der des Todes. Er war der christlichen Thematik der vorherigen Epoche nicht ganz unbekannt. Doch seine an sich sehr seltene Gegenwart war nicht die einer furchtbaren Wirklichkeit. Man stellte ihn sich öfter als Sendboten Gottes, als eine Art Engel vor. Etwas ganz anderes schuf das Empfinden des 14. Jahrhunderts. Der Tod erschien von nun an entweder in Gestalt eines durch die Lüfte fliegenden Gottes, der unerbittlich die Menschenleben vernichtete, oder als bewaffnetes Leichenwesen oder als stürmischer Reiter, der alles um sich herum niedermachte. Er stellte eine Macht dar, die wie aus eigener Initiative handelte und der man nicht widerstehen konnte. Es ist noch nicht ausgemacht, wieweit das entsetzliche Schauspiel und die verheerende Wirklichkeit der Epidemien dazu beigetragen haben, ein Kollektivgefühl der Unterlegenheit einer vernichtenden Macht gegenüber zu steigern und diese Macht entsprechend darzustellen. [...] Während in den ersten Jahrzehnten des 14. Jahrhunderts die Darstellung des Todes noch sehr unterschiedlich und unsicher, allgemein symbolisch und oft phantastisch war, gewann gegen Ende des Jahrhunderts eine Lösung an Konturen und setzte sich allmählich durch: Wie er auch handeln mochte, der Tod war ein Wesen in Menschen- und Leichengestalt zugleich, ein widerliches und unaustilgbares Gegenbild des lebendigen Körpers, bildlicher Ausdruck eines nunmehr feststehenden Empfindens.

Das neue Todesbewußtsein war reicher, komplexer und reifer als das bloße Makabre. Mit ihm gelangte man vom Ausdruck eines körperlichen Abscheus und eines seelischen Widerwillens zum Ausdruck einer Universalmacht, die sich unterschiedslos alle Menschen unterwirft. Der Tod war ein neues Wesen in der Welt des traditionellen Empfindens. Er war eine unpersönliche Kraft, weder wohl- noch übelwollend, ohne etwas Dämonisches oder Göttliches an sich zu haben. Natürlich versuchte man, ihm moralisierende Züge zu verleihen und Unglückliche darzustellen, die ihn umsonst anriefen, während er sich auf die Glücklichen und Fröhlichen stürzte, d. h., man wollte aus ihm weiterhin eine Strafe machen. Doch setzte sich diese Bedeutung nicht durch. Der Tod blieb unparteiisch und übte keinerlei ethische Funktion aus. Er symbolisierte ein Gesetz, das jedem Menschen gegenüber unausweichlich und ohne moralische Begründung Anwendung fand. Er war die der Allgemeinheit zum Bewußtsein gekommene unerbittliche menschliche Endlichkeit.

Gerade weil dieses Bewußtsein ausschließlich das eigene irdische Dasein betraf, war es nicht christlicher Natur und blieb dem System der üblichen Anschauungen fremd. Vielmehr ist es ein Zeichen dafür, daß diese Generationen über sich selbst in Begriffen nachdachten, die nicht mehr der geläufigen religiösen Perspektive angehörten. Im geheimsten Winkel der eigenen Überzeugungen, wo das Dogma unwidersprochen hätte herrschen sollen, dachte der Mensch nunmehr an sich selbst als Mensch und nicht nur als Christ. Dies bildete zweifelsohne eine entscheidende Erfahrung, die das menschliche Wesen zutiefst berührte und im Herzen des Menschen ein Echo fand. Damit überließ man sich ungewohnten Gefühlen und unerhörten Darstellungen. Ein Gemälde der Schule von Siena aus der Mitte des 14. Jahrhunderts stellt die drei großen Augenblicke der Erschaffung des Menschen, der Erlösung und des Gerichtes dar; dabei erscheint der Tod, wie er Christi Leben mit der Sense hinmäht. Wenige Jahre danach verherrlichte Francesco Petrarca literarisch das Thema vom Triumph des Todes und gab ihm seine Weihe. Seine Verse leiteten eine ganze Reihe von Darstellungen ein, die im 15. und 16. Jahrhundert ihre Blüte erlebten. Doch wie die von Petrarca abgeleitete Version des Triumphes bei weitem nicht die einzige Form dieses ikonographischen Themas bildete, kamen auch noch andere, wesentliche Motive bei der geistig grundlegenden Verkündigung der unerbittlichen Macht des Todes hinzu. Das neue Todesbewußtsein konnte nicht in die christliche Sehweise eingefügt werden, weil es nicht abstrakt blieb und sich nicht auf die klagende Feststellung von der allgemeinen Sterblichkeit beschränkte. Es lebte von jetzt an in der Geistigkeit der Zeit und lieferte mit die bezeichnendste Note für ihren Individualismus.

Der Tod, zugleich die Bestimmung aller und das Los eines jeden, bildete also die Kehrseite, die untrennbar zur Person jedes einzelnen gehörte, das innere Bewußtsein von der eigenen menschlichen Dauer, die auf immer entschwand. So erklärt sich die Klage, das Leben verlassen zu müssen, die wir bei den Dichtern finden (man denke nur an Eustache Deschamps – gest. 1406). Dieser Gemütszustand war so vielfältig und vielwertig, daß seine verschiedenen Aspekte vielleicht am besten das Todesbewußtsein am Ausgang des 14. und am Beginn des 15. Jahrhunderts beleuchten. Eine seiner wiederkehrenden Äußerungen drückte den christlichen Gedanken aus, wonach man an das bevorstehende Ende des Leibes denken müsse, um das künftige Leben vorzubereiten. [... Doch die Gedanken] kreisten bald um andere Pole, nämlich um die Liebe zur irdischen Existenz, zur eigenen, wenn auch hinfälligen Individualität. Zu diesen Gedanken zählte vor allem die Schwermut angesichts der eigenen körperlichen Bestimmung, der tiefe, beinahe überraschende Sinn für den natürlichen Charakter, den organischen Rhythmus des menschlichen Lebens. Dann die Klage über die Unmöglichkeit, sinnliche Genüsse zu erneuern oder zu verlängern. Deschamps beklagte öfter den Verlust der sexuellen Freuden und erklärte, jedes Unglück auf sich nehmen zu wollen, um seine einstmalige Kraft wiederzufinden. Villon (gest. um 1465) trauerte seinen Ausschweifungen von einst nach, und es schien ihm, als habe ihn die Jugend unerwartet verlassen, in unbeschreiblich hinterhältiger Weise. Schließlich kam eine tragische und pathetische Note hinzu: ein grenzenloses Mitleid mit dem menschlichen Los. Wohl nie hat sich die Liebe zum leiblichen Leben so direkt aus dem Gefühl für seine zwangsläufige Zersetzung heraus entfaltet, nie ist die Hinfälligkeit der Materie so vital vermenschlicht worden wie bei den ersten Generationen des 15. Jahrhunderts (und besonders in Frankreich). Während sich so im Profanempfinden die Umkehrung der traditionellen Todesbedeutung vollzog, entstand im deutsch-französischen Raum das originellste unter den makabren Themen. Der tiefe Geschmackswandel, der sich in Europa nach 1500 Bahn brach, traf besonders dieses Motiv, jedenfalls im Bereich der Ikonographie. Vom Beginn des 15. Jahrhunderts an stellte nämlich der Totentanz beinahe eine eigene Dimension des Kollektivempfindens dar. Er wurde gewiß auf der Bühne gezeigt, regte darüber hinaus literarische Darstellungen an und existierte in Freskenform in Kirchen, Kreuzgängen und auf Friedhöfen. [...]

Der Totentanz war eine der ersten kollektiven Äußerungen der neuen Profankultur. Die gesamte Gesellschaft feierte hier die herbe Begegnung mit der körperlichen Endlichkeit. Hierarchisch abgestuft, treffen sich die Mitglieder jeglichen Standes (vom Papst und Kaiser bis zum Pfarrer und Bauern) mit einem Toten. Jedes Paar stellt einen Leichnam im Streit mit einem Lebenden dar, dessen Ebenbild man im täglichen Leben begegnen konnte. Die Toten überraschen die Lebenden nicht von hinten, ja, sie töten sie auch nicht physisch. Sie wissen sehr wohl, daß sie nicht bloß die fleischliche Hülle der Seele zugrunde richten, sondern eine ganze menschliche Wirklichkeit aus Macht und Duldsamkeit, Schmerz und Genuß. Der Tod zwingt allein durch seine Gegenwart jeden unter seinen Willen, mit einer einzigen Geste nimmt er ihm die Lust zu widerstehen. Die Einzigartigkeit und Einheitlichkeit der Macht all dieser Toten kommt nicht unmittelbar von Gott, sondern eher von der menschlichen Situation. Dadurch, daß sie so zahlreich erscheinen, um die Lebenden mitzunehmen, machen die Toten im Grunde ihren Zustand als den Endzustand geltend, der für die menschliche Wirklichkeit tatsächlich aktuell ist.

IV

Frühe Neuzeit

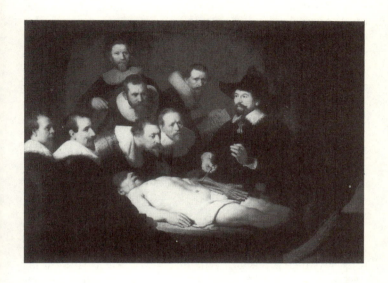

Thomas Morus

Der Tod in Utopia

Schon ganz zu Anfang ihrer Geschichte hatte Utopus erfahren, daß die Inselbewohner vor seiner Ankunft beständig untereinander über ihre Religionsanschauungen gestritten hatten; es war ihm auch nicht entgangen, daß eine allgemeine Spaltung daraus entstanden war, so daß sie nur noch in einzelnen Religionsparteien für das Vaterland kämpften und daß ihm diese Verhältnisse Gelegenheit geboten hatten, sie alle miteinander zu besiegen. Sobald er den Sieg erfochten hatte, bestimmte er deshalb: jeder dürfe der Religion anhängen, die ihm beliebe. [...] Nur das eine hat er feierlich und streng verboten, daß einer so tief unter die Würde der menschlichen Natur sinke, daß er meint, die Seele ginge zugleich mit dem Leibe zugrunde oder die Welt treibe aufs Geratewohl und ohne göttliche Vorsehung ihren Lauf. Und deshalb glauben die Utopier, daß nach diesem Leben Strafen für unsere Verfehlungen festgesetzt, Belohnungen für unsere Tugenden uns bestimmt sind. Wer das Gegenteil glaubt, den zählen sie nicht einmal unter die Menschen, weil er die erhabene Natur, seine Menschenseele auf die niedere Stufe einer elenden tierischen Körperlichkeit herabsetzt; noch viel weniger denken sie also daran, ihn unter die Bürger zu rechnen: würden ihm doch alle bürgerlichen Einrichtungen und moralischen Grundsätze keinen Pfifferling gelten, wenn ihn nicht die bloße Furcht in Schranken hielte. Oder kann es jemandem zweifelhaft sein, daß er versuchen würde, die Staatsgesetze seines Landes entweder heimlich und mit List zu umgehen oder mit Gewalt umzustoßen, sofern das seinen privaten Wünschen dienlich wäre, da er ja über die Gesetze hinaus nichts fürchtet, über sein körperliches Leben hinaus nichts erhofft? Deshalb wird einem so Gesinnten keine Ehre zuteil, kein obrigkeitlicher Posten übertragen, er kann kein öffentliches Amt versehen. So gerät er überall als ein von Natur unbrauchbarer und aussichtsloser Mann in Verachtung. Indessen erhält er keine eigentliche Strafe, weil die Utopier überzeugt sind, daß es niemand in der Hand hat, zu glauben, was ihm beliebt; vielmehr zwingen sie ihn weder mit irgendwelchen Drohungen, seine Gesinnung zu verheimlichen, noch lassen sie Verstellung und Lüge zu, die ihnen als nächste Geschwister des Betruges überaus verhaßt sind. Wohl aber hindern sie ihn, seine Meinung öffentlich zu verfechten, und auch das nur vor dem gemeinen Volk. Denn anderswo, vor den Priestern und ernsten, gebildeten Männern in stillem Kreise lassen sie es zu, ja sie ermahnen ihn sogar dazu, weil sie darauf vertrauen, sein Wahnsinn werde endlich doch der Vernunft weichen.

Es gibt auch noch andere, und gar nicht wenige (man läßt sie nämlich gewähren, da ihre Meinung nicht ganz unbegründet ist und sie nicht bösartig sind), die in den entgegengesetzten Fehler verfallen und auch die Tierseelen für ewig halten, freilich an Würde nicht für vergleichbar mit unseren Menschenseelen und auch nicht zu gleicher Glückseligkeit geschaffen. Denn daß den Menschen eine unbegrenzte Seligkeit erwartet, halten sie fast sämtlich für sicher und ausgemacht und betrüben sich deshalb zwar immer in Krankheitsfällen, aber nie in Todesfällen, es sei denn, daß sie den Sterbenden angstvoll und widerwillig vom Leben sich losreißen sehen. Das halten sie nämlich für ein sehr übles Anzeichen dafür, daß die Seele ohne Hoffnung und mit schlechtem Gewissen, in irgendeiner dunklen Vorahnung drohender Strafe, vor dem Tode zurückschaudert. Überdies meinen sie, Gott werde die Ankunft eines Menschen ganz und gar nicht willkommen sein, der nicht freudig herbeieilt, wenn er gerufen wird, sondern ungern und widerstrebend sich herbeischleppen läßt. Diese Art von Tod hat deshalb für die Zuschauer etwas Grauenhaftes; daher trägt man auch die so Gestorbenen trauernd und schweigend aus der Stadt, betet zu Gott, er möge der abgeschiedenen Seele gnädig sein und ihre Sünden ihr aus Gnaden verzeihen, und begräbt dann den Leichnam unter der Erde.

Dagegen die Toten, die frohgemut und voll guter Hoffnung dahingegangen sind, betrauert niemand, sondern mit Gesang geleitet man sie zur Bestattung, empfiehlt ihre Seelen mit großer Bewegung der Hut Gottes, verbrennt zuletzt ihre Körper ehrfurchtsvoll, doch nicht schmerzlich bewegt, und errichtet ein Denkmal auf der Grabstätte mit den Ehrentiteln des Verstorbenen. Heimgekehrt von der Bestattung, spricht man von seinem Charakter und seinen Taten, und kein Abschnitt seines Lebens wird dabei häufiger und lieber durchgenommen als sein seliger Tod. Diese Ehrung des Gedächtnisses rechtschaffener Menschen halten sie für einen höchst wirksamen Anreiz zur Tugend bei den Lebenden, und zugleich glauben sie den Verstorbenen mit dieser Verehrung eine

147

große Freude zu machen; sie stellen sich nämlich vor, diese wären bei den Gesprächen über sie zugegen, wenn auch unsichtbar für den stumpfen Blick der Sterblichen. Denn es würde ja schlecht zum Lose der Seligen passen, wenn sie nicht die Freiheit hätten, überall hinzugehen, wohin sie wollen, und andererseits wäre es undankbar von ihnen, wenn sie ganz die Sehnsucht verloren hätten, ihre Freunde wiederzusehen, mit denen sie zu ihren Lebzeiten gegenseitige Liebe und Sympathie verband; sie vermuten vielmehr, daß diese Neigungen ebenso wie alle anderen guten Eigenschaften guter Menschen nach dem Tode eher sich verstärken als vermindern. Demnach glauben sie, daß die Toten unter den Lebenden umherwandeln als Zuschauer und Zuhörer ihrer Worte und Taten. Mit um so größerer Zuversicht greifen sie ihre Aufgaben an, im Vertrauen auf diesen Schutz, und der Glaube an die Gegenwart der Vorfahren schreckt sie zugleich vor heimlicher Schandtat zurück.

François Rabelais

Spöttischer Dialog:
„Lustfeuer des Himmels"

„Es sind, [sagte Pantagruel,] unter den Seelen einige so edel, kostbar und heroisch, daß uns von ihrem Ortswechsel und Abscheiden einige Tage vorher der Himmel zeichenhafte Kunde gibt. Und so wie der umsichtige Arzt, wenn er an den prognostischen Merkmalen sieht, daß sein Patient auf den Pfad des Todes einschwenkt, ein paar Tage vorher die Frau, Kinder, Anverwandten und Freunde von dem bevorstehenden Hingang des Gatten, Vaters oder Nächsten in Kenntnis setzt, auf daß in der Zeit, die zu leben ihm noch vergönnt ist, sie ihm nahelegen können, sein Haus zu besorgen, seine Kinder zu ermahnen und zu segnen, über das Witwenteil seiner Frau zu befinden, festzusetzen, was er nach bestem Wissen für den Unterhalt der Mündel notwendig erachtet, und er nicht ohne Vermächtnis und Vorsorge für Seele und Haus vom Tod überrascht werde, so scheinen auch die gütigen Himmel vor Freude über die Neuaufnahme einer dieser verklärten Seelen vor ihrem Hinscheiden in Gestalt solcher Kometen und Meteorerscheinungen Lustfeuer zu entfachen, womit sie den Menschen vorausverkünden und weissagen wollen, daß binnen weniger Tage diese ehrwürdigen Seelen ihre Körper und die Erde verlassen werden.

So bedienten sich auch ehedem in Athen die Areopag-Richter, wenn sie das Urteil der gefangenen Frevler auslosten, zur Bezeichnung des jeweils einschlägigen Urteilsspruchs bestimmter Schriftzeichen, wobei Θ die Todesstrafe, T die Freisprechung bedeutete, A soviel wie Aufschub, wenn nämlich der Fall noch nicht abgeschlossen war. Diese Zeichen wurden öffentlich angeschlagen, so daß die Anverwandten und Freunde und andere, die sich auf den Ausgang des Verfahrens und das Urteil über die gefangenen Frevler spitzten, aus Schrecken und Sorge herauskamen. So auch künden uns in Gestalt solcher Kometen die Himmel gleichsam mit ätherischer Zeichenschrift stillschweigend die Botschaft: ‚Sterbliche, so ihr von diesen glücklichen Seelen noch etwas wissen, erfahren, vernehmen, erkennen und voraussehen wollet, was dem öffentlichen und privaten Leben zu Nutz und Frommen gereicht, beeilt euch, vor sie hinzutreten und Antwort von ihnen zu empfangen, denn das Ende und die Katastrophe des Dramas nahen. Ist es vorbei, werdet ihr es bereuen.‘

Doch tun sie noch mehr: Zum Beweis, daß die Erde und irdische Macht unwürdig sind der Gegenwart, Gesellschaft und Nutznießung dieser bedeutenden Seelen, bereiten sie ihnen Verwunderung und Entsetzen durch Wunderzeichen, Schrecknisse, Ungeheuer und andere jeder Naturordnung widerstrebende Vorzeichen. Wie wir sie ein paar Tage vor dem Ausgedinge der so erlauchten, edelmütigen und heldenhaften Seele des gelehrten und tapferen Ritters von Langey erlebt haben."

„Ich erinnere mich", sagte Epistemon, „und noch immer schaudert und bebt mir das Herz in seiner Kapsel, gedenke ich der so mannigfaltigen und schreckenerregenden Wunderzeichen, die wir fünf, sechs Tage vor seinem Hinscheiden mit eigenen Augen sahen. Dergestalt daß die Herren Assier, Chemant, Mailly der Einäugige, Saint Aye, Villeneuve la Guillart, Meister Gabriel, Sevillians Arzt, Rabelais, Cohuan, Massuau, Maiorici, Bullou, Cerçu genannt Bürgermeister, François Proust, Ferron, Charles Girard, François Bourré und so manche anderen Freunde, Hausgenossen und Bediente des Abgeschiedenen schweigend einander ansahen,

149

ohne sich ein Wort entschlüpfen zu lassen, alle aber in ihrem Sinn denkend und vorausahnend, daß binnen kurzem Frankreich eines so vollkommenen und zu seinem Ruhm und Schutz unentbehrlichen Ritters beraubt sein werde und daß die Himmel ihn gleichsam als ein ihnen geschuldetes rechtmäßiges Eigentum zurückforderten."

Max Weber
Reformation des Jenseits

Der Glaube, um welchen in den kapitalistisch höchst entwickelten Kulturländern: den Niederlanden, England, Frankreich im 16. und 17. Jahrhundert die großen politischen und Kulturkämpfe geführt worden sind, war der *Calvinismus*. Als sein am meisten charakteristisches Dogma galt damals und gilt im allgemeinen auch heute die Lehre von der *Gnadenwahl*. [... Fragt man] nach der Bedeutung, welche jenem Dogma nach seinen kulturgeschichtlichen *Wirkungen* zuzumessen ist, so muß diese sicherlich sehr hoch angeschlagen werden. [...] Die Spaltung in der englischen Kirche wurde unter Jakob I. unüberbrückbar, seit Krone und Puritanismus auch dogmatisch – eben über diese Lehre – differierten, und überhaupt wurde *sie* in erster Linie als das Staatsgefährliche am Calvinismus aufgefaßt und obrigkeitlich bekämpft. Die großen Synoden des 17. Jahrhunderts, vor allem Dordrecht und Westminster, daneben zahlreiche kleinere, stellten ihre Erhebung zu kanonischer Gültigkeit in den Mittelpunkt ihrer Arbeit; unzähligen der Helden der „ecclesia militans" [kämpfenden Kirche] hat sie als fester Halt gedient. Wir können an ihr nicht vorbeigehen und lernen zunächst ihren Inhalt – da er heute nicht mehr als jedem Gebildeten bekannt gelten darf – authentisch aus den Sätzen der „Westminster confession" von 1647 kennen. [...]

Kapitel 9. (Vom freien Willen.) Nr. 3: Der Mensch hat durch seinen Fall in den Stand der Sünde gänzlich alle Fähigkeit seines Willens zu irgend etwas geistlich Gutem und die Seligkeit mit sich Führendem verloren, so sehr, daß ein natürlicher Mensch, als gänzlich abgewandt vom Guten und todt in Sünde, nicht fähig ist sich zu bekehren oder sich auch nur dafür vorzubereiten.

Kapitel 3. (Von Gottes ewigem Ratschluß.) Nr. 3: Gott hat zur Offenbarung seiner Herrlichkeit durch seinen Beschluß einige Menschen ... bestimmt (predestinated) zu ewigem Leben und andere verordnet (foreordained) zu ewigem Tode. Nr. 5: Diejenigen aus dem Menschengeschlecht, welche bestimmt sind zum Leben, hat Gott, bevor der Grund der Welt gelegt wurde, nach seinem ewigen und unveränderlichen Vorsatz und dem geheimen Ratschluß und der Willkür seines Willens erwählt in Christus zu ewiger Herrlichkeit, und dies aus reiner freier Gnade und Liebe, nicht etwa so, daß die Voraussicht von Glauben oder guten Werken oder Beharrlichkeit in einem von beiden, oder irgend etwas anderes in den Geschöpfen, als Bedingung oder Ursache, ihn dazu bewogen hätten, sondern alles zum Preise seiner herrlichen Gnade. Nr. 7: Es gefiel Gott, die Übrigen des Menschengeschlechts gemäß dem unerforschlichen Rat seines Willens, wonach er Gnade erteilt oder vorenthält, wie es ihm gefällt, zur Verherrlichung seiner unumschränkten Macht über seine Geschöpfe zu übergehen und sie zu ordnen zu Unehre und Zorn für ihre Sünde, zum Preise seiner herrlichen Gerechtigkeit.

Kapitel 10. (Von wirksamer Berufung.) Nr. 1: Es gefällt Gott, alle die, welche er bestimmt hat zum Leben, und nur sie, zu der von ihm festgesetzten und passenden Zeit durch sein Wort und seinen Geist wirksam zu berufen ... indem er hinwegnimmt ihr steinernes Herz und ihnen gibt ein fleischernes Herz, indem er ihren Willen erneuert und durch seine allmächtige Kraft sie für das, was gut ist, entscheidet ...

Kapitel 5. (Von der Vorsehung.) Nr. 6: Was die bösen und gottlosen Menschen betrifft, welche Gott als ein gerechter Richter um früherer Sünden willen verblendet und verhärtet, so entzieht er ihnen nicht allein seine Gnade, durch welche ihr Verstand hätte erleuchtet und ihre Herzen ergriffen werden können, sondern zuweilen entzieht er ihnen auch die Gaben, die sie hatten, und bringt sie mit solchen Gegenständen in Beziehung, aus welchen ihre Verderbnis eine Gelegenheit zur Sünde macht, und übergibt sie außerdem ihren eigenen Lüsten, den Versuchungen der Welt und der Macht Satans, wodurch es geschieht, daß sie sich selbst verhärten, sogar durch dieselben Mittel, deren Gott sich zur Erweichung anderer bedient.

„Mag ich zur Hölle fahren, aber solch ein Gott wird niemals meine Achtung erzwingen" – war bekanntlich Miltons Urteil über die Lehre. Aber nicht auf eine Wertung, sondern auf die geschichtliche Stellung des Dogmas kommt es für uns hier an. Nur kurz können wir bei der Frage verweilen: wie diese Lehre entstand und welchen Gedankenzusammenhängen in der calvinistischen Theologie sie sich einfügte. Zwei Wege zu ihr waren möglich. Das Phänomen des religiösen Erlösungsgefühls verknüpft sich gerade bei den aktivsten und leidenschaftlichsten jener großen Beter, wie sie die Geschichte des Christentums seit Augustin immer wieder gesehen hat, mit der sicheren Empfindung, alles der ausschließlichen Wirksamkeit einer objektiven Macht, nicht das geringste dem eigenen Wert zu danken zu haben: Die mächtige Stimmung froher Sicherheit, in welche sich der ungeheure Krampf des Sündengefühls bei ihnen entladet, bricht scheinbar gänzlich unvermittelt über sie herein und vernichtet jede Möglichkeit der Vorstellung, daß dieses unerhörte Gnadengeschenk irgend welcher eigenen Mitwirkung verdankt werden oder mit Leistungen oder Qualitäten des eigenen Glaubens und Wollens verknüpft sein könnte. In jenen Zeiten seiner höchsten religiösen Genialität, in welcher Luther seine „Freiheit eines Christenmenschen" zu schreiben fähig war, stand auch ihm der „heimliche Ratschluß" Gottes als absolut alleinige grundlose Quelle seines religiösen Gnadenstandes am festesten. Er gab ihn auch später nicht förmlich auf – aber nicht nur gewann der Gedanke keine zentrale Stellung bei ihm, sondern er tritt immer mehr in den Hintergrund, je „realpolitischer" er als verantwortlicher Kirchenpolitiker notgedrungen wurde. Melanchthon vermied es ganz absichtlich, die „gefährliche und dunkle" Lehre in die Augsburger Konfession aufzunehmen und für die Kirchenväter des Luthertums steht es dogmatisch fest, daß die Gnade verlierbar (amissibilis) ist und durch bußfertige Demut und gläubiges Vertrauen auf Gottes Wort und die Sakramente neu gewonnen werden kann. Gerade umgekehrt verläuft der Prozeß bei Calvin in einer fühlbaren Steigerung der Bedeutung der Lehre im Verlauf seiner polemischen Auseinandersetzung mit dogmatischen Gegnern. [...]

Nicht Gott ist um der Menschen, sondern die Menschen sind um Gottes willen da, und alles Geschehen – also auch die für Calvin zweifellose Tatsache, daß nur ein kleiner Teil der Menschen zur Seligkeit berufen ist – kann seinen Sinn ausschließlich als Mittel zum Zweck der Selbstverherrlichung von Gottes Majestät haben. Maßstäbe irdischer „Gerechtigkeit" an seine souveränen Verfügungen anzulegen, ist sinnlos und eine Verletzung seiner Majestät, da er, und er allein, *frei*, d.h. keinem Gesetz unterstellt ist, und seine Ratschlüsse uns nur soweit verständlich und überhaupt bekannt sein können, als er es für gut befand, sie uns mitzuteilen. An diese Fragmente der ewigen Wahrheit allein können wir uns halten, alles andere: – der *Sinn* unseres individuellen Schicksals – ist von dunklen Geheimnissen umgeben, die zu ergründen unmöglich und vermessen ist. [...] Alle Kreatur ist durch eine unüberbrückbare Kluft von Gott geschieden und verdient vor ihm, soweit er nicht zur Verherrlichung seiner Majestät ein anderes beschlossen hat, lediglich den ewigen Tod. Was wir wissen, ist nur: daß ein Teil der Menschen selig wird, ein anderer verdammt bleibt. Anzunehmen, daß menschliches Verdienst oder Verschulden dieses Schicksal mitbestimme, hieße Gottes absolut freie Entschlüsse, die von Ewigkeit her feststehen, als durch menschliche Einwirkung wandelbar ansehen: ein unmöglicher Gedanke. Aus dem menschlich verständlichen „Vater im Himmel" des Neuen Testaments, der sich über die Wiederkehr des Sünders freut, wie ein Weib über den wiedergefundenen Groschen, ist hier ein jedem menschlichen Verständnis entzogenes transzendentes Wesen geworden, welches von Ewigkeit her nach gänzlich unerforschlichen Ratschlüssen jedem einzelnen sein Geschick zugeteilt und über alles Kleinste im Kosmos verfügt hat. Gottes Gnade ist, da seine Ratschlüsse unwandelbar feststehen, ebenso unverlierbar für die, welchen er sie zuwendet, wie unerreichbar für die, welchen er sie versagt.

In ihrer pathetischen Unmenschlichkeit mußte diese Lehre nun für die Stimmung einer Generation, die sich ihrer grandiosen Konsequenz ergab, vor allem eine Folge haben: ein Gefühl einer unerhörten inneren *Vereinsamung des einzelnen Individuums*. In der für die Menschen der Reformationszeit entscheidendsten Angelegenheit des Lebens, der ewigen Seligkeit, war der Mensch darauf verwiesen, seine Straße einsam zu ziehen, einem von Ewigkeit her feststehenden Schicksal entgegen.

Claudine Herzlich / Janine Pierret

Krankheit und Schuld

Jahrhundertelang basierte im christlichen Abendland der alte Begriff des Fatums auf der religiösen Auffassung von Krankheit: der Wille Gottes ist Herr über das Schicksal des Menschen. Die Krankheit erhält einen Sinn: Gott schickt sie dem Menschen wegen seiner Sünden, aufgrund seiner sündigen Natur. Die beiden Auffassungen, Schicksal und Gottes Wille, bilden keinen Gegensatz. Der heilige Paulus sagt: „Durch einen einzigen Menschen kam die Sünde in die Welt und durch die Sünde der Tod, und auf diese Weise gelangte der Tod zu allen Menschen, weil alle sündigten." Wenn die Krankheit in der ältesten christlichen Sicht an die Sünde gebunden ist, so ist sie doch nicht, wie in manchen antiken Auffassungen, die direkte und eindeutige Folge eines individuellen Fehlers. Eine spezifische Krankheit kann nicht konkret einer persönlichen Verfehlung zugeordnet werden, aber das eine wie das andere geht auf die unvollkommene Natur des Menschen zurück.

Für manche frühen Christen – darin hat man auch einen der Gründe für die Verbreitung des Christentums in Katastrophenzeiten wie der Pest gesehen – stellte die Krankheit eher die Gelegenheit zur Erlösung und zum Heil dar als eine Strafe. Die größte Gnade erweist Gott jenen, denen er den Tod und damit den Zugang zum ewigen Leben schickt. Zyprianus, Bischof von Karthago, schrieb im Jahre 251 über die Pest, die in der Gegend wütete:

Eine große Zahl von uns stirbt diesen Tod, das heißt, eine große Zahl von uns ist von dieser Welt erlöst. Dieser Tod ist eine Geißel für die Juden und die Heiden und die Feinde Christi; für die Diener Gottes ist er Beginn des Heils. Wenn auch, ohne Unterscheidung der menschlichen Rasse, der Gerechte mit dem Ungerechten stirbt, steht es euch doch nicht an zu denken, daß die Vernichtung für den Bösen wie den Guten gleich ist. Den Gerechten ist Erlösung verheißen, den Ungerechten Höllenqual.

Im Laufe der Jahrhunderte, vor allem vom 16. Jahrhundert an, nach dem Konzil von Trient [dem Konzil der Gegenreformation 1545 – 63], wich diese Version anderen, direkter mit dem Gedanken der Strafe verbundenen Vorstellungen, wie sie auch im 19. Jahrhundert noch anzutreffen waren. Angesichts der Cholera versicherten manche, wie Joseph de Maistre, immer noch, daß Gott mit der Krankheit Sünde und Laster bestrafe. Auch Pascal spricht in seiner berühmten („Prière pour le bon usage des maladies"), die er 1654, als er selbst krank war, verfaßt hat, von Strafe:

Du hast mir Gesundheit gegeben, damit ich Dir diene, und ich habe einen zu weltlichen Gebrauch von ihr gemacht. Jetzt schickst Du mir die Krankheit, damit ich mich bessere: erlaube nicht, daß ich Dich durch meine Ungeduld erzürne. Ich habe von der Gesundheit einen schlechten Gebrauch gemacht, und Du hast mich gerecht bestraft: dulde nicht, daß ich von Deiner Strafe schlechten Gebrauch mache.

Aber Pascal nimmt die Strafe nicht nur an; er bittet um sie, weil sie auch Heilmittel für das eigentliche Übel ist, die Seele nämlich. *Der Sünder wird zum Büßer*, und die Krankheit des Körpers ist Vermittlerin der Erlösung:

Laß mich erkennen, daß die Übel des Körpers nur die Strafe und der äußere Ausdruck der Übel der Seele sind. Aber Herr, laß sie auch ihr Heilmittel sein, indem Du mich in den Schmerzen, die ich verspüre, diejenigen sehen läßt, die ich in meiner Seele nicht verspürte, wenngleich sie doch krank und bedeckt mit Geschwüren war ... Laß sie mich lebhaft empfinden, und was mir vom Leben noch bleibt, soll eine fortwährende Buße sein, um die Sünden zu tilgen, die ich begangen habe.

In der völligen Unterwerfung unter Gottes Willen sieht er das Heil. In diesem Fall werden Gesundheit und Krankheit, Leben und Tod gleichbedeutend: „Ich gestehe, daß ich die Gesundheit für ein Gut gehalten habe", sagt er zuerst, fährt aber fort:

Ich weiß nicht, ob die Gesundheit oder die Krankheit besser für mich ist, Reichtum oder Armut, noch was von allen Dingen in der Welt. Diese Unterscheidungen übersteigen die Kraft der Menschen und der Engel und sind verborgen in den Geheimnissen Deiner Vorsehung, die ich anbete und die ich nicht ergründen will.

Und weiter:

Ich bitte Dich weder um Gesundheit noch um Krankheit, nicht um Leben und nicht um Tod; verfüge Du über meine Gesundheit und meine Krankheit, mein Leben und meinen Tod zu Deinem Ruhm, zu meinem Heil und zum Nutzen der Kirche und Deiner Heiligen, deren Teil ich durch Deine Gnade zu werden hoffe.

Das Leiden hat einen Sinn und eine Bedeutung als Vermittler; der Kranke kann hoffen, dadurch in die Gemeinschaft der Heiligen aufgenommen zu werden. Aber es hat auch in der irdischen Welt eine Funktion: es ist für alle ein Bild des Gekreuzigten. [...]
Über Jahrhunderte kann man an Tagebüchern, Korre-

spondenzen, Erinnerungen, Chroniken und auch an den Romanen den Einfluß der christlichen Auffassung von der Krankheit ablesen. Die Kranken definieren und bestätigen sich in erster Linie als Sünder: ihre Verfehlungen sind schuld an ihren Krankheiten. So schreibt Pierre de L'Estoile 1610:

Diese Krankheit ... fesselt mich ans Bett und ans Zimmer, so konnte ich zwei volle Monate lang nicht hinaus, während derer sich meine Schwäche, die empfindlich gegen den Schmerz, aber nicht gegen die Sünde ist, nur läßlich bessert und schnell bereit ist zu klagen; das Übel hat mir große Schmerzen des Körpers und der Seele verursacht. *Schuld daran sind nur meine Sünden*, denn ich habe Gutes von dir erfahren, o mein Gott, aber ich habe dir nur nachlässig gedankt.

Sie bitten Gott um Hilfe, um ihre Prüfungen besser ertragen zu können: „... und für alle Beschwerden, die meine Blindheit begleiten werden, möge der gütige Gott mich bereit machen!" schreibt Samuel Pepys am 31. Mai 1669. 1822 gibt der Abbé Delille die Worte der alten Duchesse d'Orleans wieder, die an Brustkrebs erkrankt ist:

Sie sagte, daß Gott allein bei den schwersten Krankheiten Trost spenden könne, daß man Trost finde in der Ergebenheit in seinen Heiligen Willen und beim Offenlegen aller Empfindungen der Seele vor seinem väterlichen Herzen. [...]

Diese christliche Überzeugung ist der Kernpunkt, der alle Vorstellungen bestimmte und das individuelle Erleben formte; ihre Kohärenz liegt auf zwei Ebenen. Erstens gibt sie eine Antwort auf die Suche nach dem Sinn. In einer Zeit, in der sich alles um „einen guten Tod" drehte, schrieb die christliche Sicht der Krankheit eine positive Funktion als Warnung und Erlösung zu. Aber die Zuflucht bei der Kirche glich auch die Ohnmacht aus, denn gegen die Krankheit war alles menschliche Handeln machtlos; Gottes Wille galt auch für den Körper. Den Priester ans Krankenbett zu rufen, war die erste Pflicht des Arztes, aber umgekehrt konnte der Geistliche auch zur körperlichen Heilung beitragen. Die Sterbesakramente, glaubte man, ermöglichen es oft, wieder gesund zu werden. Wahrscheinlich finden wir in den spontanen Tagebuchnotizen von Pierre de L'Estoile, eher als in den Erbauungsschriften, diese beiden Möglichkeiten der beständigen Zuflucht zu Gott. 1609 und 1610 klagte Pierre de L'Estoile wiederholt über die Krankheit, die ihn plagte und die er als „melancholische Krankheit" beschrieb, die sich noch durch „dreitägige Fieberanfälle" verschlimmerte. Unablässig versicherte L'Estoile, daß seine Krankheit eine verdiente Strafe sei: „Schuld sind meine Sünden und die Frevel meiner Jugend, die Gott durch ein kränkliches Alter züchtigen wollte." Doch diese Prüfung war auch ein Zeichen der göttlichen Barmherzigkeit. L'Estoile sagt uns, daß er sie so annimmt; in ihr wird er seine Erlösung finden:

Aber bei all diesen Beschwernissen habe ich mich immer damit getröstet und tröste mich noch damit, daß die Krankheit im Hause derer, die Gott als die Seinen anerkennt, Zeichen seiner geheimen Barmherzigkeit ist, und der Wohlstand bei anderen Zeichen seines geheimen Unwillens. Gott bewahre mich davor, mir jemals auf letztere Weise Annehmlichkeiten zu wünschen; er gewähre mir im Gegenteil die Gnade, keine Pein dieses elenden Lebens zurückzuweisen, um Christus und die selige Ewigkeit zu gewinnen.

Aber mehrmals kam Pierre de L'Estoile auch auf etwas anderes zurück: „Das Schlimmste bei alledem ist, daß ich gar nichts tun kann." Die Bemühungen von Medizin und Arzt waren gleich unnütz, ja sogar verhängnisvoll; im Dezember 1610 schrieb er: „Da ich in dieser Zeit sehr krank war, kann ich wahrlich sagen, wenn ich nicht die Aderlässe und Arzneien der Ärzte aufgegeben hätte, wäre ich tot." Bei solcher Ohnmacht konnte nur Gott handeln:

Am Freitag den 8., als der Aderlaß meine Krankheit gar nicht gebessert hatte, war ich gezwungen, die Arznei zu nehmen, die Monsieur de Hélin mir verordnet hat, obwohl ich mir davon nicht mehr

Linderung versprochen habe als von den übrigen Dingen, denn bei
dieser bösartigen Krankheit habe ich erkannt, daß die meisten
Heilmittel eher schaden als nützen. Nur die des Größten Arztes
können hier wirken.

Gott allein kann die Krankheit heilen, die er geschickt hat:
„Nur er dort oben, der die Verwundung zugefügt hat, kann
sie heilen", äußerte L'Estoile um die gleiche Zeit. Mehr als
jede andere Medizin waren Zuflucht zur göttlichen Barmherzigkeit und zum Gebet daher die beste Art, die Krankheit zu lindern:

Am Mittwoch den 24., dem Fest des Heiligen Johannes, gerade zu
Ende des Monats, bin ich ausgegangen und bis zu den Augustinern
gelaufen, nachdem ich die ganze Zeit ans Bett, ans Zimmer und ans
Haus gefesselt war, vom 24. des vergangenen Monats bis zu diesem
Tage, mit elf Anfällen von Dreitagesfieber und großen Unruhen
von Körper und Seele. Für die Linderung dieser Krankheiten bin
ich dem Rat von Monsieur de Hélin gefolgt, der ein sehr gelehrter,
sehr weiser und sehr erfahrener Arzt ist und mich nach meiner Ge-
mütsart und meinem Naturell stets gut und sanft behandelt hat.
Obwohl ich, um das nicht zu verbergen und Gott den Ruhm zu
geben, der ihm zukommt, nirgends etwas gefunden hätte oder finde, das mir so nützt und hilft, und worin ich soviel Erleichterung
und Trost finde wie in der Lektüre von Gottes Wort, der Meditation darüber und im Gebet.

Der „richtige Umgang" mit der Krankheit konnte dem
Menschen die Pforten des Himmels öffnen. Aber angesichts
dieser Krankheit, die ihn beherrschte und die ihm zutiefst
rätselhaft blieb, obwohl er in ihr die Frucht seiner Sünden
sah, war die Zuflucht zu Gott auch in dieser Welt das sicher-
ste Hilfsmittel für den Kranken.

Andreas Gryphius

Vanitas! Vanitatum Vanitas!

Die Herrlichkeit der Erden
Mus Rauch vnd aschen werden /
Kein fels / kein ärtz kan stehn.
Dis was vns kan ergetzen /
Was wir für ewig schätzen /
Wird als ein leichter traum
   vergehn.

2. Was sind doch alle sachen /
Die vns ein hertze machen /
Als schlechte nichtigkeit?
Waß ist deß Menschen leben /
Der jmmer vmb mus schweben /
Als eine phantasie der zeit?

3. Der ruhm nach dem wir
   trachten /
Den wir vnsterblich achten /
Ist nur ein falscher wahn.
So bald der geist gewichen:
Vnd dieser mundt erblichen:
Fragt keiner / was man hier
   gethan.

4. Es hilfft kein weises wissen /
Wir werden hingerissen /
Ohn einen vnterscheidt /
Was nützt der schlösser menge /
Dem hie die Welt zu enge /
Dem wird ein enges grab zu weit.

5. Dis alles wirdt zerrinnen /
Was müh' vnd fleis gewinnen
Vnd sawrer schweis erwirbt:
Was Menschen hier besitzen /
Kan für dem todt nicht nützen /
Dis alles stirbt vns / wenn man
   stirbt.

6. Was sind die kurtzen frewden /
Die stets / ach! leidt / vnd leiden /
Vnd hertzens angst beschwert.
Das süsse jubiliren /
Das hohe triumphiren
Wirdt oft in hohn vnd schmach
   verkehrt.

7. Du must vom ehren Throne
Weil keine macht noch krone
Kan vnvergänglich seyn.
Es mag vom Todten reyen /
Kein Zepter dich befreyen.
Kein Purpur / Gold / noch
   Edler stein.

8. Wie eine Rose blühet /
Wen man die Sonne sihet /
Begrüssen diese Welt:
Die ehr der tag sich neiget /
Ehr sich der abend zeiget /
Verwelckt / vnd vnversehns
   abfält.

9. So wachsen wir auff Erden
Vnd dencken gros zu werden /
Vnd schmertz- vnd sorgenfrey.
Doch ehr wir zugenommen /
Vnd recht zur blüte kommen /
Bricht uns des todes sturm
   entzwey.

10. Wir rechnen jahr auff jahre /
In dessen wirdt die bahre
Vns für die thür gebracht:
Drauff müssen wir von hinnen /
Vnd ehr wir uns besinnen
Der Erden sagen gute nacht.

11. Weil vns die lust ergetzet:
Vnd stärcke freye schätzet;
Vnd jugendt sicher macht;
Hat vns der todt gefangen /
Vnd jugendt / stärck vnd
    prangen /
Vnd standt / vnd kunst / vnd
    gunst verlacht!

12. Wie viel sindt schon
    vergangen /
Wie viel lieb-reicher wangen /
Sindt diesen tag erblast?
Die lange räitung [= Rechnung]
    machten /
Vnd nicht einmahl bedachten /
Das jhn jhr recht so kurtz verfast.

13. Wach' auff mein Hertz vnd
    dencke;

Daß dieser zeit geschencke /
Sey kaum ein augenblick /
Was du zuvor genossen /
Ist als ein strom verschossen
Der keinmahl wider fält zurück.

14. Verlache welt vnd ehre.
Furcht / hoffen / gunst und lehre;
Vnd fleuch den HERREN an /
Der jmmer König bleibet:
Den keine zeit vertreibet:
Der einig ewig machen kan.

15. Wol dem der auff jhn trawet!
Er hat recht fest gebawet /
Vnd ob er hier gleich fält:
Wirdt er doch dort bestehen
Vnd nimmermehr vergehen
Weil jhn die stärcke selbst erhält.

[Erstdruck 1643]

Albrecht Schöne

Bühnenbilder:
„Der Schauplatz liegt voll Leichen"

Wenn die *Ewigkeit* auf den Schauplatz tritt, um den Prolog zur Gryphius'schen *Catharina von Georgien* zu sprechen, ist der Boden mit Requisiten übersät. So zeigt es ein Kupferstich, der das Bühnenbild einer Aufführung von 1655 am Hof des Herzogs von Wohlau wiedergibt, so besagt es auch die Bühnenanweisung, die Gryphius gegeben hat: *Der Schauplatz liget voll Leichen / Bilder / Cronen / Zepter / Schwerdter etc.* Sowenig wie *Cronen* bestimmter Könige, sind das die *Leichen* bestimmter Personen. Sie werden nicht identifiziert, gehören als Schaustücke tatsächlich zur Büh-

nenausstattung und geben das Theater als das *Folter-Hauß /
da man mit Strang und Pfahl Vnd Tode schertzt*, als einen
Schauplatz der Sterblikeit zu erkennen. So hat Walter Benja-
min erklärt: „Für das Trauerspiel des siebzehnten Jahrhunderts wird die Leiche oberstes emblematisches Requisit
schlechthin." Nicht auf den bloßen Vollzug von Hinrichtung, Märtyrertod, Selbstmord oder Tyrannenmord drängt
die dramatische Aktion, sondern auf deren augenfälliges Ergebnis: mit Blut gefüllte Gläser, Köpfe der Enthaupteten,
zerfleischte Glieder, Leiber der Gemarterten und Ermordeten. In feierlichem Zuge werden sie auf den Schauplatz getragen. Prunkvoll werden sie aufgebahrt. *Laß't uns die Eigenschaft der Wunden recht beschauen:* wie Nero die
blutige Leiche der Agrippina besichtigt und beschreibt,
muß ihr Anblick sich dem Zuschauer einprägen. Wie Cleopatra den toten Antonius sezieren und mumifizieren läßt:
*Zeuch / Iras / dem Anton mit diesem krummen Eisen /
Durch seine Nase das Gehirne rein heraus*, soll dieses Bild
in seinem Gedächtnis dauern. Denn die Schaustellung der
Leiche will mehr besagen, als daß Antonius oder Carolus
Stuardus den Tod erlitten habe. Das Emblem bedeutet. Deshalb spricht Cleopatra angesichts des Aufgebahrten:

> *Wer auf das leichte Rad des blinden Glückes traut /
> Auf seiner Tugend Grund nicht schlechte Thürme baut /
> Die Fürsten dieser Welt der Erde Götter nennet /
> Wer viel weiß ausser sich / sich in sich selbst nicht kennet /
> Wer sich aufs Zepters Glas / des Thrones Grund-Eiß stützt;
> Der komm und lern allhier / wie der so schwanckend sitzt /
> Der auf dem Gipffel steht.*

Deshalb heißt es vom Carolus Stuardus:

> *Itzt lifert er die Leichen
> Auff Brittens Schau-Gerüst / zu einem Greuel-Zeichen
> Zu einem Wunderbild / zum Vorspil dieser Noth
> Die über Britten wacht. Vor war der König tod
> Itzt stirbt sein Königreich.*

Und während bei Haugwitz der zum Tode bestimmte Ibrahim, mit schwarzem Samt bekleidet, die feierliche *Trauer-Mahl-Zeit* nimmt, damit er sich zur Hinrichtung rüste, sich darauf vorbereite, die Leiche auf das Schaugerüst zu liefern, singt ein Chor die subscriptio:

> *Es ist das Türck'sche Reich*
> *Fast einer Schlacht-Banck gleich /*
> *Und des Pallastes Stuben*
> *Vergleichen sich mit Recht den Mord- und Schinder-Gruben.*

Was im blutig-düsteren Zeremoniell der Totenmahle, Hinrichtungsszenen und Traueraufzüge feierlich begangen wird auf offener Bühne, ist das Zerbrechen der Schranke, welche die dramatische Figur aufs Individuelle und Private begrenzt, ist ihr Erstarren zum Schaubild. Beides begründet erst den emblematischen Status der Leiche, ihre Erhebung ins Dauernde, Gültige und Bedeutende.

Samuel Pepys
„Der schönste Traum meines Lebens"

29. 7. [1665]
Als ich mittags nach Hause kam, hörte ich, daß mein Bursche Will mit Kopfschmerzen auf meinem Bett liegt, was mich in die größte Angst versetzte. Ich setzte alles daran, ihn möglichst rasch und schonend aus dem Haus schaffen zu lassen.

30. 7.
Will ist wieder gesund und wieder bei uns. Trauriges Gefühl, die Kirchenglocke so oft läuten zu hören, entweder für Sterbefälle oder Beerdigungen.

31. 7.
Die Pest greift immer mehr um sich, letzte Woche starben 1700 oder 1800 Menschen. Gott schütze uns und unsere Freunde und gebe uns Gesundheit.

2. 8.

Öffentlicher Fastentag wegen der Pest. Den ganzen Tag zu Hause geblieben. Stelle fest, daß ich jetzt £ 1900 besitze.

3. 8.

Zu Pferd nach Dagenham. Unterwegs wurde ich ständig gefragt, wie es um die Pest in London steht – diese Woche soll es 2010 Pesttote und 3000 sonstige Todesfälle gegeben haben. Mr. Marr erzählte mir, wie eine Dienerin von Mr. John Wright von der Pest befallen wurde. Man steckte sie in eine Pest-Kutsche, damit sie in ein Pest-Haus gebracht werden konnte. Sir Anthony Brown begegnete dieser Kutsche in einer engen Straße, und weil die Vorhänge zugezogen waren, dachte er, eine vornehme Dame wolle sich vielleicht in dieser Gegend nicht zeigen, steckte den Kopf in die Tür und sah eine Kranke in einem Pestgewand, die gewaltig stank. Daraufhin bekam es der junge Herr so mit der Angst zu tun, daß es ihn fast das Leben gekostet hätte, aber inzwischen ist er wieder wohlauf.

5. 8.

Höre, daß der Herzog von Buckingham tot ist, man weiß es aber nicht genau.

6. 8.

Ließ mich von meiner kleinen Magd kämmen, der ich gestand, daß ich sie sehr schätze und meine mains in su dos choses de son breast tun möchte. Ich mußte es lassen, falls ich nicht alguno major inconvenience erleben will.

8. 8.

Alle Straßen sind verödet, sogar in London, ein trauriger Anblick.

9. 8.

Las abends noch ein wenig in Cowleys Gedichten, aber mir brummte der Schädel vor lauter Geschäften, zu Bett.

10. 8.

Diese Woche starben allein 3000 an der Pest. Man erzählt sich, daß der Stadtverordnete Bence nachts über eine Leiche auf der Straße gestolpert ist; als er das zu Hause seiner Frau erzählte, die schwanger war, wurde sie krank und starb an der Pest. Später trafen wir den Stadtverordneten Bence selber, der uns versicherte, daß kein Wort davon wahr sei. Habe mir geschworen, bis morgen mein Testament aufzusetzen; die Stadt ist jetzt so ungesund, daß niemand wissen kann, ob er anderntags noch lebt.

11. 8.
Den ganzen Tag am Testament gearbeitet. Bringe meine Papiere in Ordnung und verpacke meine Bücher in Kisten, falls es Gott gefallen sollte, mich abzuberufen.

12. 8.
Die Menschen sterben jetzt in solchen Mengen, daß Beerdigungen von Pesttoten auch tagsüber stattfinden, die Nächte reichen nicht mehr aus. Der Bürgermeister hat angeordnet, daß alle Gesunden um 9 Uhr abends zu Hause sein müssen, damit die Kranken an die frische Luft können. Auf unseren Schiffen in Deptford gibt es jetzt auch einen Toten, was uns sehr beunruhigt. Am Hof soll es unter den Bediensteten auch einen Todesfall gegeben haben, so daß der König und die Königin jetzt nach Milton geeilt sind. Gott schütze uns alle.

14. 8.
Besiegte nach dem Essen Kapitän Cooke beim Billard, gewann 8 Schilling. Schenkte meiner Frau heute den Diamantring, den mir Mr. … gegeben hat, weil ich ihm zu einer Zahlmeisterstelle verholfen habe.

15. 8.
Träumte letzte Nacht den schönsten Traum meines Lebens. Ich träumte, ich hätte Lady Castlemaine in meinen Armen und dürfte alles mit ihr tun, was ich wollte. Was für ein Glück würde es sein, wenn wir in unseren Gräbern (wie Shakespeare sagt) nur solche Träume hätten – dann brauchten wir den Tod nicht so zu fürchten wie in dieser Pest-Zeit. Es war schon dunkel, als ich nach Hause kam; am Fuß einer Treppe stolperte ich über eine Leiche, aber Gott sei Dank behielt ich meine Fassung. Werde mich in Zukunft hüten, bei Dunkelheit auf die Straße zu gehen.

Heide Wunder

Riskante Schwangerschaft

Den 4. Dez. 1742 ist Anna Elisabeth, Johanis Henrici Reuters hiesigen Einwohners und Kirchen-Seniors eheliche Hausfrau, ihres Alters 40 Jahre und etliche Wochen mit großer Traurigkeit und Leidwesen ihres Mannes und hinterlassener 6 Kinder ehrlich begraben worden, nachdem sie nach großen Schmerzen in dem Kinderbett, in welchem sie zwei Kinder geboren, deren das erste getauft worden, das zweite aber endlich am dritten Tag tot und zerrissen zur Welt kommen, den 30. Nov. a.d. nachts zwischen 11 und 12 in dem Herrn verschieden. Der Herr sey allen schwangeren Weibern gnädig.

So notierte der Pfarrer Adam Abt den Tod der Anna Elisabeth Reuter nach einer Zwillingsgeburt im Kirchenbuch von Martinhagen (bei Kassel). In Hochstadt (heute Maintal) registrierte der Pfarrer für das Jahr 1622: „Den 6. Marty starb eine Frau in Kindsnöten, in dem das Kind in Stück von ihr gerufen wurde." 1621 konnte in Sielmingen (Kr. Esslingen) „Konrad Genzleins Weib Agathe ... ein totes und schon faulendes Kind nicht zur Welt bringen und mußte von 2 Hebammen und 2 Schäfern viel leiden, ehe sie starb." Schwangerschaft und Geburt bedrohten selbstverständlich auch das Leben adeliger Frauen. Über das Sterben der Herzogin von Liegnitz im Jahre 1593 berichtet der herzogliche Rat Hans von Schweinichen:

Am 2. Juli ist die Frau Herzogin Dorothea an einer Fehlgeburt schwer erkrankt. Zwar haben die Doktoren und vernünftigen Frauen beratschlagt, wie das tote Kind zu erlangen sei, damit die Mutter dadurch errettet würde. Aber es sind so heidnische Mittel und greuliche Wege gewesen, daß wir Räte, als I(hre) f(ürstliche) Gn(aden) uns deswegen befragten, nicht dazu haben raten können. Am 6. Juli hat die Herzogin alle Räte zu sich kommen lassen und sich mit besonderen Worten bei uns bedankt für unsere Treue, welche wir ihr bewiesen hätten. Sie hat uns um Verzeihung gebeten, falls sie jemand von uns zu nahe getreten sei. Mich haben I. F. Gn.

noch mit einer besonderen Rede bedacht, darauf sie mir schweigend die Hand gegeben. Ein Viertelstunde später sind: I. F. Gn. sanft und still aus dieser Welt geschieden. Mein Herr aber ist durch den Tod seiner geliebten Gemahlin heftig betrübt gewesen.

Diese Schilderungen des Sterbens von Frauen bei der Entbindung, im Kindbett oder nach einer Fehlgeburt führen eindringlich die Gefährdungen vor Augen, denen Frauen ausgesetzt waren. In der äußersten Not schreckte man nicht davor zurück, Hilfe bei Schäfern und Steinschneidern zu suchen. So berichtet der Basler Professor der Anatomie und Botanik Caspar Bauhin (1560–1624), daß der Viehkastrator bei seiner Frau, die trotz des Beistandes von Steinschneidern und 13 Hebammen nicht entbinden konnte, das Kind durch Kaiserschnitt erfolgreich zur Welt gebracht habe. Dabei sind die gesundheitlichen Schäden, die während der Geburt oder auch dadurch entstanden, daß Frauen Schwangerschaften vermeiden wollten, noch gar nicht berücksichtigt. Dennoch haben viele Frauen diese für Leib und Leben kritische Lebensphase überstanden und ein hohes Alter erreicht. Maria Elisabeth Stampfer, die in 19 Jahren sechzehn Kinder zur Welt brachte, wurde immerhin 62 Jahre alt. Über eine Worpsweder Bäuerin berichtet die Inschrift ihres Grabsteins: „Anno 1661 ist die ehr- und tugendsame Metse Stellies geboren und Anno 1683 in den Ehestand getreten mit dem ehr- und achtbaren Gevert Berens Baumann auf den Worpswede, mit denselben gezeuget 13 Kinder als 7 Söhne und 6 Töchter. Anno 1735 ist sie in ihrem Erlöser Christi Jesu sanft und selig gestorben nach dem sie in dieser Welt gelebet 74 Jahr."

Die systematische Auswertung der Tauf- und Sterberegister durch die Historische Demographie hat inzwischen Daten ergeben, die es erlauben, die angeführten Einzelfälle im größeren demographischen Geschehen zu verorten. In Gießen und einigen benachbarten Dörfern gehörte in der zweiten Hälfte des 18. Jahrhunderts der Tod im Kindbett zu den zehn häufigsten Todesursachen, stand aber in der Stadt Gießen mit einem Anteil von 0,2% an der Gesamtzahl der angegebenen Todesursachen lediglich an vorletzter Stelle, in den Landgemeinden mit 0,3% gleichrangig mit Ruhr, Wassersucht und Ertrinken an letzter Stelle. Gleichwohl zeigt der Vergleich der Sterbeziffern von Frauen und Männern, daß Frauen zwischen 15 und 50 Jahren in größerer Zahl starben als die Männer der vergleichbaren Altersgruppe. Dabei darf nicht vergessen werden, daß der Tod im Kindbett nur eine Todesursache neben anderen – wie etwa physischer Überlastung – war. Zudem gab es große Unterschiede im Ausmaß dieser „Übersterblichkeit" der Mütter je nachdem, ob sie in der Stadt oder auf dem Land lebten, ob sie katholisch oder protestantisch, ob sie arm oder reich waren. So hat Arthur E. Imhof für die Jahre 1780–1899 für die Kleinstadt Philippsburg eine Müttersterblichkeit errechnet, die nur halb so hoch war wie auf dem Lande. Die Unterschiede erklärt Imhof mit dem Heiratsalter der Frauen, der Geburtenhäufigkeit und dem Zeitpunkt der letzten Geburt: Die vergleichsweise früh heiratenden Städterinnen bekamen ihre Kinder im Durchschnitt zwischen dem 25. und dem 28. Lebensjahr und gingen das geringste Geburtsrisiko ein. Das Heiratsalter der Frauen in den Dörfern lag deutlich höher, so daß die höchste Zahl von Geburten in die Jahre zwischen dem 30. und 35. Lebensjahr mit dem entsprechend höheren Risiko fiel. Die niedrige Zahl der im protestantischen Hesel verstorbenen Mütter führt Imhof darauf zurück, daß diese Frauen insgesamt weniger Kinder zur Welt brachten. Die größeren Abstände zwischen den Geburten ermöglichten den Müttern eine Erholung und senkten zugleich die Säuglingssterblichkeit. Dennoch blieb das Risiko einer Geburt sehr hoch. In den von Imhof analysierten Erstehen (das gilt für beide Brautleute) endete für jede zwanzigste Frau die Ehe mit dem Tod im Kindbett. Am gefährlichsten für die Mehrzahl dieser Ehefrauen war die erste Geburt, entsprechende Risiken gab es erst wieder bei den achten bis zehnten Kindern.

Andere Forscher kommen jedoch zu davon abweichenden Ergebnissen. Zschunke errechnete, daß in der kleinen Stadt Oppenheim jede zehnte Frau im Kindbett starb. Der Grund für diese große Abweichung ist in der Berechnungsmethode zu finden: Imhof stützte sich auf die Erstehen beider Ehepartner, während Zschunke alle Eheschließungen einschließlich der Mehrfachehen einbezog. Daß die Mehrfachehen vor allem von solchen Männern geschlossen wurden, die ihre Frau im Kindbett verloren hatten und wiederum eine jüngere Frau heirateten, für die die erste Geburt mit einem besonderen Risiko verbunden war, könnte die höhere Müttersterblichkeit bei dieser Berechnungsmethode erklären.

Im nach heutigen medizinischen Ansichten optimalen Gebäralter waren meist nur die Töchter der mittleren und höheren sozialen Gruppen in den Städten sowie der Beamtenschaft auf dem Lande: Ihr Heiratsalter lag meist wesentlich unter dem der ländlichen Bevölkerung und der unteren städtischen Gruppen. Zu diesen Gruppen gehörte Maria Elisabeth Dellatorin, die mit 18 Jahren den 13 Jahre älteren Radmeister Hans Stampfer heiratete. Im Jahr 1679 berichtet sie, daß sie zehn lebende Kinder habe, erinnert sich aber daran, daß sie bereits 1677 eine sehr schwere Geburt hatte, und die sechzehnte Geburt in ihrem 47. Lebensjahr überlebte sie nur mit knapper Not.

Die Frauen aller Stände waren sich der Risiken von Schwangerschaft und Geburt nur allzu bewußt. Alle versuchten, sich mit Hilfe von Religion und Volksglauben einer glücklichen Schwangerschaft und Entbindung zu versichern. Was sie unternahmen, belegt ein Beispiel aus der vorreformatorischen Zeit. Herzog Wilhelm III. von Sachsen und seine Ehefrau Katharina von Brandenstein liehen in den Jahren 1469 bis 1482 zwölfmal Glas, Löffel und Gürtel der heiligen Elisabeth an Frauen der Verwandtschaft und an die Ehefrauen regierender Fürsten aus – für eine „glückselige, snelle geburt", gegen Geburtsängste und Todesgefahr. Die Kurfürstin Anna von Brandenburg schickte „kopf, löffel

169

und porten" erst sieben Wochen nach der Geburt ihrer Tochter Dorothea zurück, d.h. erst nachdem sie auch die sechs Wochen nach der Geburt heil überstanden hatte. Frauen der einfacheren Stände haben gleichfalls Amulette und Leibbinden getragen und bestimmte Verhaltensweisen während der ersten sechs Wochen nach der Geburt beachtet, um sich und das Kind vor Schädigungen zu bewahren.

Die Reformation hatte in den protestantischen Herrschaftsgebieten den Reliquienkult abgeschafft und an seine Stelle die Stärkung durch geistlichen Zuspruch setzen wollen. Im Jahr 1553 schrieb Magister Otto Körber „Ein kurtzer bericht / wie sich die schwangere Weiber / vor vnnd in der Kindtsgeburdt trösten / und sich sampt denn kindlein dem lieben gott / durch Christentum befehlen sollen", den er der Kammermeisterin Anna Hartungin widmete. Er begann seine Tröstung mit der grundsätzlichen Feststellung: „Der heylige Apostel S. Paulus / rümet den stand der Weiber vnnd spricht / in der ersten zu Timotheo am anderen also. Das weib wird sehlig durch kinder zeugen / so sie bleibt im glauben / in der lieb / vnnd in der Heiligung sampt der zucht." Aber die Forderung an die schwangeren Frauen, ihren Kleinmut angesichts der bevorstehenden Geburt allein durch Beten zu bekämpfen, fand wenig Widerhall. So hatte die streng lutherische Herzogin Dorothea Susanna von Sachsen-Weimar ihrer Schwiegertochter Sophia von Württemberg (1563–1590) einen Ring gegeben, „solchen wenn dieselbe schwanger gehe zu tragen". Daß die Ängste vor der Geburt nicht nur eine Angelegenheit der Frauen waren, zeigt das Verhalten des frommen Grafen Friedrich Ernst von Solms-Laubach „als / seine / gemahlin geklagt, daß sie nicht beten künte". Nach ihren eigenen Worten schrieb er das „Gebeth einer zaghafften schwangeren Frau, deren gebuhrtsstunde herbey nahet und sich über den nach natürlicher Ausrechnung gesetzten Termin verziehet, den 8. Jan. 1713 in Wetzlar". Es beginnt folgendermaßen:

*Mein gott und vater ich will zu dir beten, und siehe es gebricht mir
an bethens kraft, so nimb dann noch meine seuftzer an, und ersehe
du selbst durch deinen heiligen geist die mir abgehende worte, du
siehest kennest mein hertz, daß es ob wohlen der mahlen ohne worte, dennoch wahrhafftig zu dir schreyet und ächzet, winzelt und
seufftzet, umb trost ist mir sehr bange, den finde ich weder bey
menschen noch in mir, in dieser meiner noth, du allein kanst und
vermagst ihn zu geben und mein hertz deiner hülffe, und beystands
zu versichern.*

Claudine Herzlich / Janine Pierret

Der Sterbende als Hauptdarsteller:
Das Große Zeremoniell

Die christliche Auffassung der Krankheit hatte ihre Apo-
theose zweifellos im „Großen Zeremoniell" des Todes im
Zeitalter der Klassik. Bei diesem allgemein gültigen Ritual,
in dem sich in höchstem Maße ausdrückt, wie Weltbild und
Bild der Krankheit sich wechselseitig bedingten, war die
menschliche Ohnmacht überwunden. Der Sterbende, dem
sein Zustand nicht verhehlt wurde, war der Hauptdarsteller
des großen Schauspiels seines Todes; er beherrschte seine
Leiden und seine Schwäche und wußte, nach welcher stren-
gen Etikette und in welcher genauen Reihenfolge er vom
Abschied von den Überlebenden zu den spirituellen Übungen übergehen mußte, die ihn auf die Begegnung mit Gott
vorbereiteten. Parallel dazu enthüllte sich der Sinn der
Krankheit: die grausame Trennung von dieser Welt war in
den Augen aller in die glückliche Heimkehr zu Gott verwandelt. Das große Zeremoniell setzte die christliche Auffassung der Krankheit nach einem minuziösen Ritual in
Szene und war ihre Inkarnation.

Michel Vovelle hat diese beispielhaften christlichen Ster-
beszenen meisterlich analysiert, insbesondere bei den Gro-

ßen dieser Welt. Schritt für Schritt läßt er uns Anna von Österreich folgen, die an Krebs starb; ihr Hinscheiden wurde von zwei Zeuginnen beschrieben, von Madame de Motteville und Madame de Montpensier. Letztere berichtet, auf welche Weise die Königinmutter [Mutter von Ludwig XIV.] vom drohenden fatalen Ausgang der Krankheit in Kenntnis gesetzt wird. Die Ärzte haben sich zurückgezogen, Gott betritt die Bühne. Der Erzbischof von Auch dirigiert das große Zeremoniell. Er sagt zu der Sterbenden: „‚Madame, Ihre Krankheit verschlimmert sich, man glaubt, Sie sind in Gefahr.' Sie hörte und empfing diese Worte mit sehr christlichen Gefühlen", „sie verlangte nach ihrem Beichtvater", fügt Madame de Montpensier hinzu, „und sagte zu uns: ‚Ziehen Sie sich zurück, ich brauche nichts mehr und habe nichts mehr zu tun als an Gott zu denken.'" Madame de Motteville ihrerseits beschreibt genau den Augenblick, in dem der Kranken das doppelte Gesicht des Todes erscheint:

Sie sah von nahem diesen schrecklichen Moment, der sie bald für immer von der Erde trennen sollte. Zweifellos sehnte sie sich danach, die ewige Ruhe zu genießen; aber bevor man sie besitzt, mußte das Vergängliche an ihr ein Ende nehmen: Und dieser Weg, der für alle so furchtbar ist und ihr ebenfalls so erschien, trotz ihrer Standhaftigkeit, war eine doch recht große Sache, die all ihre Gedanken erfüllte.

Aber nach der Beichte kommt der Abschied von der Welt, zunächst von den Angehörigen:

Die Königinmutter wollte nun mit dem König sprechen und hieß alle anderen, sich zurückzuziehen. Sie wollte auch mit der Königin sprechen, und darauf mit beiden zusammen. Man kann wohl sagen, daß sie ihnen Glück und Frieden in ihrer Ehe gewünscht hat, weiter Gottesfurcht und Gottes reichen Segen. Die Worte dieser schätzenswerten Mutter wurden vom König zweifellos mit wahrem Sohnesherzen, erfüllt von Respekt und Dankbarkeit, empfangen.

Sehr schnell jedoch nimmt Gott seinen Platz wieder ein; die Sterbende erhält die Kommunion:

Der Erzbischof von Auch bringt unseren Herrn, gefolgt vom Bischof von Mende, dem Pfarrer von Saint-Germain, dem Abbé de Guemadeuc und einigen anderen Almoseniern. Der Erzbischof, der die heilige Hostie in den Händen hielt, ermahnte die Königin auf äußerst christliche Art. *Er ließ sie die Notwendigkeit erkennen, sich vor Gott zu demütigen*, zeigte ihr die Nutzlosigkeit aller Dinge, die man in der Welt am höchsten schätzt, und sagte ihr weiter, daß sie zwar die Tochter von so vielen Königen und Kaisern sei, Mutter, Tante und Schwester der mächtigsten Fürsten der Erde, daß sie aber daran denken müsse, genauso behandelt zu werden wie das geringste Geschöpf, daß all ihre Größe ihr nichts mehr nütze; daß nur die Reue über ihre Sünden, ihre Bußfertigkeit und Demut in diesem furchtbaren Augenblick nützlich und heilbringend seien, daß sie vor Gott erscheinen würde, um nach ihren Werken gerichtet zu werden, wo allein Gottes Barmherzigkeit ihr Reichtum sein werde.

Die Agonie beginnt. Madame de Motteville vermittelt davon ein Bild, das von Anfang bis Ende erbaulich ist:

Die Königinmutter verfiel in den Todeskampf, der lange und schmerzvoll war; aber zweifellos nützlich für die, die ihn ertrug; denn sie machte beständige Opfergaben für Gott daraus. Jeden Augenblick zeigte sie ihre Bußfertigkeit, ihren Glauben und ihre Liebe, mit unglaublichem Eifer für ihr Heil. Der Erzbischof von Auch sprach oft mit ihr und sagte ihr sehr schöne Dinge, Psalmverse und Stellen aus der Heiligen Schrift, die ihrem Zustand angemessen waren. Da diese fromme Fürstin vortreffliche Kenntnis davon besaß, antwortete sie mit solcher Ergebenheit in den Willen Gottes und so vielen Bekundungen der Demut und des Glaubens, daß sie allen, die Zuschauer bei einem so christlichen Tode waren, Andacht einflößte.

Weniger konventionell als Madame de Motteville läßt Madame de Montpensier uns die letzten Klagen der Sterbenden hören. Aber selbst bei diesem letzten Auftauchen menschlicher Gefühle sehen wir, wie schnell sie in die vollendete „Form" des großen Zeremoniells übergehen:

In einem anderen Augenblick öffnete sie die brechenden Augen, sah ihren Beichtvater an und sagte: „Padre mio, yo me muero"

(Mein Vater, ich sterbe). Nach diesen Worten wurde der Todeskampf so stark und heftig, ihre Leiden nahmen zu und ihre Kräfte ab, daß das Gefühl der Natur, die das Leiden haßt, sie schmerzvoll zum Erzbischof von Auch sagen ließ: „Ich leide sehr, sterbe ich nicht bald?" Worauf sie sofort zustimmte, als der Bischof ihr sagte, daß man nicht zu ungeduldig sein dürfe zu sterben und leiden müsse, wieviel Gott befehle, und sich wiederum den Willen Gottes unterwarf.

Zweifellos neigen wir heute zu der Vorstellung, daß solche Rituale, eine solche öffentliche Inszenierung individueller Gefühle am besten von Königen und Fürsten übernommen wurden, deren ganzes Leben eine Inszenierung war. Aber am anderen Ende der sozialen Leiter läßt uns Michel Vovelle am Tod von Catherine, einem armen Mädchen aus Nivelle, teilnehmen, die 1633 an Pest erkrankte. Catherine erkannte, daß sie krank war, berichtet der Erzähler: „Sie beunruhigte sich gar nicht, obwohl sie ihr Todesurteil sah, sie hieß diese Neuigkeit gut." Sie beschloß daher, zum Friedhof zu gehen, um dort zu sterben und begraben zu werden. Dabei erfand sie erneut und spontan, wie es scheint, ein Ritual, das mit dem Fürstentod beinahe identisch war. Sie organisierte ihren Tod, verabschiedete sich, betete und beichtete vor einem bewundernden Publikum:

Nach der Beichte empfing sie kniend das Viatikum und die letzte Ölung, und als sie ihre Andacht beendet hatte, versammelte sie ihre kleine Mannschaft, um zum Friedhof Gontal zu gehen, begleitet von ihrer Schwester, die ihr bis zum Tode voller Nächstenliebe half. Unterwegs betraute sie eine ihrer Freundinnen damit, in der großen Kirche eine Messe zu Ehren der heiligen Gertrude lesen zu lassen, zu ihrer körperlichen wie spirituellen Vorbereitung nahm sie eine geweihte Kerze in die eine, den Weihwasserkessel in die andere Hand, wie eine kluge Jungfrau, die ihrem Gatten entgegengeht, und wies ihre Schwester an, Feuer für die Kerze zu holen; ebenso wie ein Kissen. Befragt, wohin sie gehe, antwortete sie: „Ich gehe ins Paradies, wenn es Gott gefällt. Ich hoffe auf seine Barmherzigkeit." Man entgegnete ihr, vielleicht müsse sie nicht sterben ... „Seht!" antwortete sie und zeigte ihren Körper mit den

174

Pestmalen, „Seht ihr, ich trage mein Urteil an mir, ich muß zweifellos sterben, adieu, meine lieben Freunde." Sie ging ihren Weg mit solchem Mut, daß einer der Zusehenden nicht umhin konnte, bewundernd in die Worte auszubrechen: *„Seht nur! Sie geht in den Tod, als ginge sie zu ihrer Hochzeit!"* Und er sagte die Wahrheit, denn sie bereitete sich auf die Hochzeit mit dem unbefleckten Lamm vor.

Auf dem Friedhof angekommen, ließ Catherine ihr Grab ausheben, legte sich selbst hinein und starb einen Tod, den man wohl beherrscht nennen muß:

Sie legte das Gesicht zur Erde hin und hauchte so plötzlich ihre Seele aus, daß ihre Schwester, die sie in den Armen hielt, sie noch nicht losgelassen hatte, als sie bereits verschieden war. Man möchte sagen, sie hat sich die Zeit und die Muße genommen zu sterben, wann sie es wollte.

Henri Sanson

Staatliches Grauen:
Die Hinrichtung Damiens

Die Pfanne, in welcher der Schwefel, mit glühenden Kohlen gemischt, brannte, erfüllte die Luft mit scharfem Geruch. Damiens [der, 1757, ein Attentat auf Ludwig XV. verübt hatte] hustete mehrere Male, dann betrachtete er, während die Knechte des Scharfrichters ihn auf die Plattform banden, seine rechte Hand mit demselben Ausdruck von Traurigkeit, der sich auf seinem Gesicht kundgegeben hatte, als er seine Beine nach der Tortur ansah. Er murmelte einige Bruchstücke von Gebeten und sagte zweimal:

„Was habe ich denn getan? Was habe ich denn getan?"

Der Arm wurde auf einen Block derartig festgelegt, daß das Handgelenk über die letzte Planke der Plattform hinausreichte. Gabriel Sanson [der Scharfrichter] näherte sich mit der Kohlenpfanne. Als Damiens die bläuliche Flamme sein Fleisch erreichen fühlte, stieß er einen schrecklichen Schrei aus und biß in seine Banden. Als der erste Schmerz vorüber war, erhob er den Kopf wieder und sah zu, wie seine Hand abbrannte, ohne seinen Schmerz auf eine andere Weise als durch das Knirschen seiner Zähne kundzugeben.

Dieser erste Teil der Strafvollstreckung dauerte drei Minuten.

Charles-Henri Sanson sah die Pfanne in den Händen seines Onkels wanken. Aus dem Schweiß, der sein Gesicht bedeckte, aus seiner Blässe, die fast ebenso groß war wie die des Delinquenten, und aus dem Schauder, der seine Glieder schüttelte, entnahm er, daß es ihm unmöglich sein würde, das Zangenreißen vorzunehmen; er bot deshalb einem der Knechte hundert Livre an, wenn er dies traurige Geschäft übernehmen wollte.

Dieser Mann, welcher darauf einging, hieß André Legris.

Er ließ sein schreckliches Instrument über Arme, Brust und Schenkel des Delinquenten gleiten; jedesmal riß dieses fürchterliche Feuereisen ein Stück zuckenden Fleisches heraus, und Legris goß dann in die klaffende Wunde bald kochendes Öl, bald brennendes Harz, bald glühenden Schwefel oder geschmolzenes Blei, das ihm die anderen Knechte reichten.

Man sah nun etwas, was die Sprache zu beschreiben unfähig ist, was der menschliche Geist kaum zu fassen vermag, etwas Höllisches, das ich nur die Trunkenheit des Schmerzes nennen kann.

Damiens, dessen Augen unverhältnismäßig weit aus ihren Höhlen getreten waren, dessen Haare sich sträubten und dessen Lippen sich fest ineinandergebissen hatten, verspottete die Henker, verachtete ihre Torturen und verlangte nach neuen Leiden. Als sein Fleisch unter den glühenden Flüssigkeiten aufzischte, mischte sich seine Stimme in diesen häßlichen Ton, und diese Stimme, die nichts Menschliches mehr hatte, brüllte:

„Noch mehr! Noch mehr!"

Und doch waren dies nur die Vorläufer der Hinrichtung. Man hob Damiens von der Plattform und legte ihn auf ein Zimmerwerk, das drei Fuß Höhe hatte und ein Andreaskreuz bildete, dann befestigte man die Ziehstränge eines Pferdes an jedes seiner Glieder.

Während dieser Vorbereitungen hielt der Unglückliche seine Augen hartnäckig geschlossen. Der ehrwürdige Pfarrer von Saint-Paul, der ihn nicht verlassen hatte, sprach zu ihm; er gab ihm ein Zeichen, daß er ihn höre, aber er öffnete nicht die Augen. Man hätte sagen können, er wolle nicht, daß sein Blick, der bald Gott schauen sollte, auf die Barbaren fiele, die seinen elenden Körper so entsetzlich quälten. Von Zeit zu Zeit schrie er: „Jesus! Maria! Zu mir! Zu mir!"

Als hätte er sie bitten wollen, ihn schnell seinen Henkern zu entreißen.

Je ein Knecht hatte den Zügel eines Pferdes ergriffen, ein anderer stand hinter jedem der vier Tiere mit der Peitsche in der Hand. Charles-Henri Sanson stand auf dem Schafott, so daß er alle seine Leute überblicken konnte.

Auf sein Signal setzte sich dieses schreckliche Viergespann in Bewegung.

Die Anstrengung war eine ungeheure, denn eines der Pferde stürzte auf das Pflaster nieder, aber die Muskeln und Nerven der menschlichen Maschine hatten dieser furchtbaren Erschütterung widerstanden.

Dreimal zogen die Pferde, durch Geschrei und Peitsche angetrieben, mit aller Kraft an, und dreimal riß sie der Widerstand zurück.

Man bemerkte nur, daß die Arme und Beine des Delinquenten sich unverhältnismäßig verlängerten, aber er lebte immer noch, und man hörte seine Atemzüge, röchelnd wie den Blasebalg einer Schmiede.

Die Scharfrichter waren bestürzt; der Pfarrer von Saint-Paul, Monsieur Guéret, wurde ohnmächtig, der Gerichtsschreiber verbarg sein Gesicht in seinem Gewand, und in der Volksmenge vernahm man ein dumpfes Murmeln, wie den Vorläufer eines Sturmes.

Als darauf Monsieur Boyer, der Wundarzt, nach dem Stadthaus hin geeilt war und den Richtern angekündigt hatte, daß die Zerreißung nicht würde stattfinden können, wenn man den Anstrengungen der Pferde nicht durch Zerschneiden der große Nerven zu Hilfe käme, erfolgte die Genehmigung dazu.

Man hatte kein Messer zur Stelle; André Legris hieb mit der Axt in die Verbindungen der Arme und Schenkel des Unglücklichen.

Fast in demselben Augenblick wurden die Pferde wieder angetrieben; ein Schenkel löste sich zuerst, dann der andere, dann ein Arm.

Damiens atmete noch immer.

Endlich, als die Pferde noch an dem einzigen gebliebenen Glied rissen, öffneten sich seine Augenlider, und seine Augen kehrten sich gen Himmel; der unförmliche Rumpf war zum Sterben gelangt.

Als die Knechte des Scharfrichters diese traurigen Überreste von dem Andreaskreuz losbanden, um sie auf den Scheiterhaufen zu werfen, bemerkte man, daß die Haare des Delinquenten, die, als er auf der Place de Grève anlangte, noch braun gewesen, jetzt weiß wie Schnee geworden waren.

Dies war die Hinrichtung Damiens'.

Michel Foucault

Politische Disqualifizierung des Todes

Eines der charakteristischsten Privilegien der souveränen Macht war lange Zeit das Recht über Leben und Tod. Es leitete sich von der alten *patria potestas* her, die dem römischen Familienvater das Recht einräumte, über das Leben seiner Kinder wie über das seiner Sklaven zu „verfügen": er hatte es ihnen „gegeben", er konnte es ihnen wieder entziehen. Bei den klassischen Theoretikern ist das Recht über Leben und Tod schon erheblich abgeschwächt. Als Recht des Souveräns gegenüber seinen Untertanen darf es nicht mehr absolut und bedingungslos ausgeübt werden, sondern nur für den Fall, daß sich der Souverän in seiner Existenz bedroht sieht: ein Recht der Gegenwehr. Wird er von äußeren Feinden angegriffen, die ihn stürzen oder seine Rechte bestreiten wollen? Also kann er rechtens einen Krieg führen und von seinen Untertanen verlangen, daß sie an der Verteidigung des Staates teilnehmen. Ohne sich ihren Tod direkt vorzunehmen, kann er sie „in Gefahr deß Lebens setzen" [Pufendorff; 1711]: in diesem Sinne übt er ihnen gegenüber ein indirektes Recht über Leben und Tod aus. Ist es aber einer von ihnen, der sich gegen ihn erhebt und seine Gesetze verletzt, so kann er über sein Leben eine direkte Macht ausüben: zur Strafe wird er ihn töten. So verstanden ist das Recht über Leben und Tod kein absolutes Privileg mehr: es ist bedingt durch die Verteidigung des Souveräns und seines Überlebens. Soll man darin mit Hobbes [1588–1679] eine Übertragung jenes Rechtes auf den Fürsten sehen, das im Naturzustand jedem erlaubt, sein Leben auch um den Preis der Tötung anderer zu verteidigen? Oder handelt es sich um ein spezifisches Recht, das erst mit der Entstehung des Souveräns als eines eigenartigen neuen Rechtswesens hervortritt? Auf jeden Fall ist das Recht über Leben und Tod sowohl in seiner modernen relativen und beschränkten Form wie auch in seiner alten absoluten Form ein asymmetrisches Recht. Der Souverän übt sein Recht über das Leben nur aus, indem er sein Recht zum Töten ausspielt – oder zurückhält. Er offenbart seine Macht über das Leben nur durch den Tod, den zu verlangen er imstande ist. Das sogenannte Recht „über Leben und Tod" ist in Wirklichkeit das Recht, sterben zu *machen* und leben zu *lassen*. Sein Symbol war ja das Schwert. Und vielleicht ist diese Rechtsform auf

einen historischen Gesellschaftstyp zu beziehen, in dem sich
die Macht wesentlich als Abschöpfungsinstanz, als Ausbeu-
tungsmechanismus, als Recht auf Aneignung von Reichtümern, als eine den Untertanen aufgezwungene Entziehung
von Produkten, Gütern, Diensten, Arbeit und Blut vollzog.
Die Macht war vor allem Zugriffsrecht auf die Dinge, die
Zeiten, die Körper und schließlich das Leben; sie gipfelte in
dem Vorrecht, sich des Lebens zu bemächtigen, um es auszulöschen. Nun hat das Abendland seit dem klassischen
Zeitalter eine tiefgreifende Transformation dieser Machtme-
chanismen erlebt. Die „Abschöpfung" tendiert dazu, nicht
mehr ihre Hauptform zu sein, sondern nur noch ein Element unter anderen Elementen, die an der Anreizung, Verstärkung, Kontrolle, Überwachung, Steigerung und Organisation der unterworfenen Kräfte arbeiten: diese Macht ist
dazu bestimmt, Kräfte hervorzubringen, wachsen zu lassen
und zu ordnen, anstatt sie zu hemmen, zu beugen oder zu
vernichten. Nun verschiebt sich oder stützt sich jedenfalls
das Recht über den Tod auf die Erfordernisse einer Macht,
die das Leben verwaltet und bewirtschaftet, und ordnet sich
diesen Erfordernissen unter. Der Tod, der auf dem Recht
des Souveräns beruhte, sich zu verteidigen oder sich verteidigen zu lassen, wird nun zur banalen Kehrseite des Rechts,
das der Gesellschaftskörper auf die Sicherung, Erhaltung
oder Entwicklung seines Lebens geltend macht. Nie waren
die Kriege blutiger als seit dem 19. Jahrhundert, und niemals
richteten die Regime – auch bei Wahrung aller Proportionen
– vergleichbare Schlachtfeste unter ihren eigenen Bevölke-
rungen an. Aber diese ungeheure Todesmacht kann sich
zum Teil gerade deswegen mit solchem Elan und Zynismus
über alle Grenzen ausdehnen, weil sie ja nur das Komple-
ment einer positiven „Lebensmacht" darstellt, die das Leben
in ihre Hand nimmt, um es zu steigern und zu vervielfälti-
gen, um es im einzelnen zu kontrollieren und im gesamten
zu regulieren. Kriege werden nicht mehr im Namen eines
Souveräns geführt, der zu verteidigen ist, sondern im Na-

180

men der Existenz aller. Man stellt ganze Völker auf, damit sie sich im Namen der Notwendigkeit ihres Lebens gegenseitig umbringen. Die Massaker sind vital geworden. Gerade als Verwalter des Lebens und Überlebens, der Körper und der Rasse, haben so viele Regierungen in so vielen Kriegen so viele Menschen töten lassen. Und in einer Rückwendung schließt sich der Kreis: je mehr die Kriegstechnologie die Kriege auf den Weg der restlosen Vernichtung geführt hat, desto stärker ist die Entscheidung zur Erklärung wie zur Beendigung eines Krieges zur nackten Überlebensfrage geworden. Die atomare Situation ist heute der Endpunkt dieses Prozesses: die Macht, eine Bevölkerung dem allgemeinen Tod auszusetzen, ist die Kehrseite der Macht, einer anderen Bevölkerung ihr Überleben zu sichern. Das Prinzip „Töten um zu leben", auf dem die Taktik der Gefechte beruhte, ist zum Prinzip der Strategie zwischen Staaten geworden: auf dem Spiel steht aber nicht mehr die juridische Existenz der Souveränität, sondern die biologische Existenz einer Bevölkerung. Wenn der Völkermord der Traum der modernen Mächte ist, so nicht aufgrund einer Wiederkehr des alten Rechts zum Töten, sondern eben weil sich die Macht auf der Ebene des Lebens, der Gattung, der Rasse und der Massenphänomene der Bevölkerung abspielt.

Ich hätte auch das Beispiel der Todesstrafe nehmen können, das auf einer anderen Ebene liegt. Sie war lange Zeit neben dem Krieg die zweite Spielart des Rechts des Schwertes: die Antwort des Souveräns auf die Verletzung seines Willens, seines Gesetzes, seiner Person. Immer seltener sind die geworden, die auf dem Schafott sterben – im Gegensatz zu denen, die in den Kriegen sterben. Aber aus ein und demselben Grunde sind diese zahlreicher geworden und jene weniger. [...] Wie sollte eine Macht ihr höchstes Vorrecht in der Verhängung des Todes äußern, wenn ihre Hauptaufgabe darin besteht, das Leben zu sichern, zu verteidigen, zu stärken, zu mehren und zu ordnen? Für eine solche Macht ist die Hinrichtung Schranke, Skandal und

Widerspruch in einem. Darum konnte man die Todesstrafe nur beibehalten, indem man statt der Enormität des Verbrechens die Monstrosität und Unverbesserlichkeit des Verbrechers sowie den Schutz der Gesellschaft in den Vordergrund schob. Rechtens tötet man diejenigen, die für die anderen eine Art biologische Gefahr darstellen.

Man könnte sagen, das alte Recht, sterben zu *machen* oder leben zu *lassen*, wurde abgelöst von einer Macht, leben zu *machen* oder in den Tod zu *stoßen*. So erklärt sich vielleicht die Disqualifizierung des Todes, die heute im Absterben der ihn begleitenden Rituale zum Ausdruck kommt. Die Sorgfalt, mit der man dem Tode ausweicht, hängt weniger mit einer neuen Angst zusammen, die ihn für unsere Gesellschaften unerträglich macht, als vielmehr mit der Tatsache, daß sich die Machtprozeduren von ihm abgewendet haben. Mit dem Übergang von einer Welt zur anderen war der Tod die Ablösung einer irdischen Souveränität durch eine andere und ungleich mächtigere: der Prunk, der ihn umgab, war der einer politischen Zeremonie. Jetzt richtet die Macht ihre Zugriffe auf das Leben und seinen ganzen Ablauf; der Augenblick des Todes ist ihre Grenze und entzieht sich ihr; er wird zum geheimsten, zum „privatesten" Punkt der Existenz. Es ist nicht verwunderlich, daß der Selbstmord – der einst ein Verbrechen war, weil er das Recht über Leben und Tod, das allein dem Souverän (dem irdischen oder dem jenseitigen) zustand, an sich riß – eine der ersten Verhaltensweisen war, die im 19. Jahrhundert in das Feld der soziologischen Analyse geriet. Er ließ am Rande und in den Ritzen der Macht über das Leben das individuelle und private Recht zum Sterben sichtbar werden. Dieses hartnäckige Sterbenwollen, das so fremd war und doch so regelmäßig und beständig auftrat und darum nicht durch individuelle Besonderheiten oder Zufälle zu erklären war, war eines der ersten Rätsel einer Gesellschaft, in der die politische Macht eben die Verwaltung des Lebens übernommen hatte.

Konkret hat sich die Macht zum Leben seit dem 17. Jahrhundert in zwei Hauptformen entwickelt, die keine Gegensätze bilden, sondern eher zwei durch ein Bündel von Zwischenbeziehungen verbundene Pole. Zuerst scheint sich der Pol gebildet zu haben, der um den Körper als Maschine zentriert ist. Seine Dressur, die Steigerung seiner Fähigkeiten, die Ausnutzung seiner Kräfte, das parallele Anwachsen seiner Nützlichkeit und seiner Gelehrigkeit, seine Integration in wirksame und ökonomische Kontrollsysteme – geleistet haben all das die Machtprozeduren der *Disziplinen: politische Anatomie des menschlichen Körpers*. Der zweite Pol, der sich etwas später – um die Mitte des 18. Jahrhunderts – gebildet hat, hat sich um den Gattungskörper zentriert, der von der Mechanik des Lebenden durchkreuzt wird und den biologischen Prozessen zugrundeliegt. Die Fortpflanzung, die Geburten- und die Sterblichkeitsrate, das Gesundheitsniveau, die Lebensdauer, die Langlebigkeit mit allen ihren Variationsbedingungen wurden zum Gegenstand eingreifender Maßnahmen und *regulierender Kontrollen: Bio-Politik der Bevölkerung*. Die Disziplinen des Körpers und die Regulierungen der Bevölkerung bilden die beiden Pole, um die herum sich die Macht zum Leben organisiert hat. Die Installierung dieser großen doppelgesichtigen – anatomischen und biologischen, individualisierenden und spezifizierenden, auf Körperleistungen und Lebensprozesse bezogenen – Technologie charakterisiert eine Macht, deren höchste Funktion nicht mehr das Töten, sondern die vollständige Durchsetzung des Lebens ist. [...]

Es ist bekannt, wie oft man die Rolle einer asketischen Moral im ersten Stadium des Kapitalismus betont hat. Was sich aber im 18. Jahrhundert im Zusammenhang mit der Entwicklung des Kapitalismus in einigen Ländern des Okzidents abgespielt hat, ist ein anderes Phänomen von möglicherweise größerer Tragweite als jene neue Moral, die den Körper zu disqualifizieren schien. Es war nichts geringeres als der Eintritt des Lebens in die Geschichte – der Eintritt der Phänomene, die dem Leben der menschlichen Gattung eigen sind, in die Ordnung des Wissens und der Macht, in das Feld der politischen Techniken. Es geht hier nicht um die Behauptung, daß es damit zum ersten Kontakt zwischen dem Leben und der Geschichte gekommen sei. Im Gegenteil, der Druck des Biologischen auf das Historische war Jahrtausende hindurch äußerst stark; die Seuche und der Hunger bildeten die beiden dramatischen Formen dieses Verhältnisses, das unter dem Zeichen des Todes stand. Der Kreislaufprozeß der ökonomischen und vor allem landwirtschaftlichen Entwicklung des 18. Jahrhunderts und die Steigerung der Produktivität und der Ressourcen, die noch rascher vor sich ging als das von ihr begünstigte Bevölkerungswachstum, milderten jene elementaren Bedrohungen: das Zeitalter der verheerenden Hunger- und Pestkatastrophen ist – von einigen verspäteten Ausnahmen abgesehen – im großen und ganzen vor der Französischen Revolution zu Ende. Der Tod hört auf, dem Leben ständig auf den Fersen zu sein. Gleichzeitig trugen die Entwicklung der Kenntnisse über das Leben im allgemeinen, die Verbesserungen der landwirtschaftlichen Techniken, die Beobachtungen und Messungen am Leben und Überleben der Menschen zu dieser Lockerung bei: eine relative Herrschaft über das Leben beseitigte einige der Drohungen des Todes. In dem von ihnen gewonnenen und forthin organisierten und ausgeweiteten Spielraum nehmen Macht- und Wissensverfahren die Prozesse des Lebens in ihre Hand, um sie zu kontrollieren und zu modifizieren. Der abendländische Mensch lernt allmählich, was es ist, eine lebende Spezies in einer lebenden Welt zu sein, einen Körper zu haben sowie Existenzbedingungen, Lebenserwartungen, eine individuelle und kollektive Gesundheit, die man modifizieren, und einen Raum, in dem man sie optimal verteilen kann. Zum ersten Mal in der Geschichte reflektiert sich das Biologische im Politischen. Die Tatsache des Lebens ist nicht mehr der unzugängliche Unterbau, der nur von Zeit zu Zeit, im Zufall und in der Schicksalhaftigkeit des Todes ans Licht

184

kommt. Sie wird zum Teil von der Kontrolle des Wissens und vom Eingriff der Macht erfaßt. Diese hat es nun nicht mehr bloß mit Rechtssubjekten zu tun, die im äußersten Fall durch den Tod unterworfen werden, sondern mit Lebewesen, deren Erfassung sich auf dem Niveau des Lebens halten muß. Anstelle der Drohung mit dem Mord ist es nun die Verantwortung für das Leben, die der Macht Zugang zum Körper verschafft.

Wolfgang Röd

Religionskritik
Paul Henri Thiry d'Holbach

Paul Heinrich Dietrich von Holbach (geb. 1723 in Edesheim bei Landau in der Pfalz, gest. 1789 in Paris), seit seiner Naturalisierung in Frankreich Paul Henri Thiry d'Holbach, „trug zur Encyclopédie [dem großen Lexikalischen Werk der franz. Aufklärung] mehrere Artikel zu naturwissenschaftlichen Fragen bei und wurde unter Diderots Einfluß zum Materialisten. Mit der Schrift „Le christianisme dévoilé" (1766) gab er den Deismus auf und wandte sich entschieden dem Atheismus zu. Die Kritik, auf die das Buch (auch von seiten Voltaires) stieß, veranlaßte ihn, sich in der „Théologie portative" (1767) vorsichtiger zu äußern, doch nahm er in den „Lettres à Eugénie" (1768) wieder die entschiedenere Haltung in der Gottesfrage ein. Holbach veröffentlichte diese Schriften teils anonym, teils unter Tarnnamen. Auch sein berühmtestes Werk, das „Système de la nature" von 1770, erschien unter einem Pseudonym („Mirabaud"). Es enthält eine Zusammenfassung der Grundgedanken der sensualistischen und materialistischen Philosophie und ihrer kritischen Anwendungen in verschiedenen Bereichen. Ohne philosophisch originell zu sein, hat Holbach in

185

diesem Werk doch eine umfassende, autoritativ vorgetragene Darstellung der materialistisch-atheistischen Position der Aufklärungsphilosophie geboten, die zu ihrer Zeit aufmerksame Beachtung fand. [...]

In Holbachs Denken spielt die atomistische bzw. korpuskularistische Physik ebenso eine Rolle wie die sich eben als empirische Wissenschaft etablierende Psychologie. Wie bei Condillac [1714–1780] ist bei ihm der Empirismus zum Sensualismus radikalisiert. Seine praktische Philosophie ist von einem individualistischen Hedonismus getragen. Moral und Politik werden dem Nützlichkeitsprinzip unterstellt. Die Ideen der spiritualistischen Metaphysik werden von Holbach nicht nur als Vorurteile kritisiert, sondern als gefährliche Beeinträchtigung des naturgemäßen Glückverlangens bekämpft. Im „System der Natur" kommt die naturalistische Tendenz klar zum Ausdruck: „Der Mensch wollte Metaphysiker sein, bevor er Physiker war. Er verachtete die Realität, um über Chimären nachzudenken, er vernachlässigte die Erfahrung, um sich an Systemen und an spekulativen Vermutungen zu ergötzen, er wagte es nicht, seine Vernunft zu entwickeln, gegen die man es sich angelegen sein ließ, ihn frühzeitig mißtrauisch zu machen. Er maßte sich an, sein Schicksal in den imaginären Regionen eines jenseitigen Lebens zu erkennen, ehe er daran dachte, sein Glück an dem Orte, an dem er lebt, zu suchen."

Dem Hang zum Jenseitigen stellte Holbach die Forderung entgegen, sich ausschließlich am Diesseits zu orientieren: „Das Übernatürliche ist nicht für Menschen geschaffen. Alles, was sie nicht erfassen können, darf sie nicht beschäftigen. Etwas verehren, das man nicht erkennen kann, heißt nichts verehren; etwas glauben, das man nicht verstehen kann, heißt überhaupt nichts glauben; etwas ohne Prüfung anerkennen, nur weil man es anerkennen soll, heißt feige und leichtgläubig sein." [...]

Das bevorzugte Gebiet von Holbachs Kritik ist die Religion bzw. die Theologie: „Wenn die Unkenntnis der Natur die Götter erzeugt hat, dann ist die Naturerkenntnis dazu bestimmt, sie zu vernichten." Die Kritik ist hier wie auch sonst nicht Selbstzweck, sondern dient dem praktischen Ziel, das Haupthindernis eines naturgemäßen Lebens zu beseitigen. Die Theologen, die erklären, in Sachen der Religion sei es nicht erlaubt, der vernünftigen Einsicht zu folgen und die Interessen der Gesellschaft zu berücksichtigen, hatten nicht das Wohl der Menschen im Auge, sondern wollten sie nur zu ihren Werkzeugen machen. So oft man die Menschen untereinander entzweien wollte, sagte man ihnen, Gott wolle es. Indem die Theologen die Moral auf den Willen eines grausamen und wankelmütigen Gottes zu gründen suchten, haben sie sie ruiniert. [...]

Ein wichtiges Mittel der Kritik ist die Rekonstruktion der *Genese religiöser Vorstellungen* und namentlich des Gottesbegriffs. Nach Holbach entspringt die Idee göttlicher Wesen der Furcht angesichts kausal nicht begriffener Vorgänge, die auf fingierte Ursachen bezogen wurden. Diese angenommenen Ursachen stellte man sich nach Analogie vertrauter Zusammenhänge vor: „Man beurteilt, was man nicht kennt, stets nach dem, was man kennt." Gott anbeten heißt daher, die Fiktionen seines eigenen Gehirns anbeten. [...]

Die philosophischen Versuche, die *Existenz Gottes* zu beweisen, sind in Holbachs Augen allesamt gescheitert, weil überhaupt kein präziser Begriff von „Gott" verfügbar ist. [...] Gegen die Annahme der Existenz Gottes spricht nach Holbach aber auch, daß sie Probleme nicht löst, sondern verwickelter macht und überdies der Moral abträglich ist. Die religiöse Moral steht zur natürlichen im Gegensatz, sofern sie den Vernunftgebrauch einschränkt, die Freiheit aufhebt, natürliche Tugenden wie Gatten- oder Vaterlandsliebe abwertet, die tyrannische fürstliche Gewalt sanktioniert und die Sklaverei der Untertanen rechtfertigt. Die wahre Frömmigkeit ist dagegen mit der wahren Moral, d.h. mit dem Gehorsam gegenüber den Gesetzen der Natur, identisch. [...]

So wie die Annahme der Abhängigkeit des Sittengesetzes vom Wollen eines göttlichen Wesens, wirkt sich auch die Annahme einer jenseitigen Sanktion nach Holbach moralisch negativ aus. Der *Unsterblichkeitsglaube* ist für die Menschen nicht tröstlich, sondern ängstigt sie. Im Hinblick auf den Lasterhaften ist jener Glaube unwirksam, weil man im Augenblick des Verstoßes gegen moralische Normen an eventuelle jenseitige Folgen seines Tuns nicht denkt. Umgekehrt können aber Jenseitserwartungen zu den schlimmsten Untaten motivieren. Zudem trägt der Unsterblichkeitsglaube dazu bei, daß die Menschen von den „Dienern des Aberglaubens" um so leichter manipuliert werden können. Schließlich wirkt sich der Jenseitsglaube auch insofern negativ aus, als er die Menschen von ihren diesseitigen Aufgaben ablenkt und sie veranlaßt, das irdische einem erhofften jenseitigen Glück zu opfern. Holbach wußte wohl, daß der Unsterblichkeitsglaube seine Wurzel in der Anhänglichkeit des Menschen ans Leben hat. Nicht mehr zu sein, ist uns unfaßlich. Er hielt es aber für möglich, den Menschen dahin zu bringen, daß er sich mit dem Gedanken an das Unvermeidliche abfindet, anstatt sich Illusionen hinzugeben.

Charlotte von Kalb

Das eigene Grabmal

„Die gewöhnlich mich besuchen", fuhr [Juliane Franziska von Buchwald] fort, „sind heute nach Siebeleben gefahren, um mein Grabmal zu sehen, was ich Jahre lang gedacht und woran eben so lang gebaut worden ist. Es war eine Sorgfalt der Alten, und ich kann nicht entscheiden, war es bei mir Eitelkeit oder der Wunsch, in den Gedanken Anderer fortzuleben, was mich ihnen nachahmen ließ. Öde ist nicht die Grabstätte, wenn die Freunde daselbst weilen mögen."

„O gnädige Frau, die Freunde werden stets bei Ihnen weilen, denn wo Sie nicht sind, schweigt auch die Gunst des Vertrauens." –

Noch in dieser Stunde kehrten Mehrere zurück, die das Grabmal gesehen; es war ihnen wohl sonderbar zu Muthe, der Lebenden zu sagen, wie wohlgefällig ihr Monument zu schauen sei. Empfindlich würd' es ihr gewesen sein, hätte man die Nachahmung des römischen Grabes tadeln mögen. Sie hatten daselbst auch nach dem Gebrauch der Alten zur Weihe der Manen Wein, Honig und Kuchen gefunden und sich damit gelabt, was sie preisend erzählten. Doch einige waren tief bewegt, weil die Verehrung dieser Frau zu ihren unvergänglichsten Gefühlen gehörte.

[Um 1785]

Christian L. Hart Nibbrig

Der Tod als Schlaf – ästhetische Immunisierung

Dem häßlichen Tod, dem Gespenst des spätmittelalterlichen, christlichen Angst- und Fromm-Machers, dem Gerippe mit der Hippe, diesem klappernden, hohläugigen Sensenmann hat Lessing, nach Winckelmann, im 18. Jahrhundert als erster einflußreich das Sinnbild eines schönen Todes entgegengehalten, indem er die Weise in Erinnerung rief, „wie die Alten den Tod gebildet": als Zwillingsbruder des Schlafes nämlich:

Vor allem fällt mir der marmorne Sarg bei, welchen Bellori in seinen *Admirandis* bekannt gemacht und von dem letzten Schicksale des Menschen erkläret hat. Hier zeigt sich unter andern ein geflügelter Jüngling, der in einer tiefsinnigen Stellung, den linken Fuß über den rechten geschlagen, neben einem Leichname stehet, mit seiner Rechten und dem Haupte auf einer umgekehrten Fackel ruhet, die auf die Brust des Leichnames gestützt ist, und in der Linken, die um die Fackel herabgreift, einen Kranz mit einem Schmetterling hält. Diese Figur, sagt Bellori, sei Amor, welcher die Fackel, das ist, die Affekten, auf der Brust des verstorbenen Menschen auslösche. Und ich sage, diese Figur ist der Tod! (...)

Lessings vehemente Ästhetisierung des Todes durch dessen allegorisierende Deutung als Bruder des Schlafes versteht sich als Angebot zur Bewältigung der Angstabwehr, die im traditionellen, kirchlich geschätzten Erlebnishorizont, wie Ariès gezeigt hat, nicht mehr ohne weiteres abgedeckt werden kann. Das sind, nebenbei, auch die Jahrzehnte, in denen die Pariser Friedhöfe zu Museen des Todes herausgeputzt werden. Die Allegorisierung beseitigt beschönigend die Schrecken des individuellen Sterbens im Hinblick auf die kollektiv verbindliche ‚ultima linea‘, die allgemeine Ziellinie als dem abstrakten Ende des Endens: „Die Arten des Sterbens sind unendliche, aber es ist nur ein Tod.“ „Nur so und so sterben, eben itzt, in dieser Verfassung, nach dieses oder jenes Willen, mit Schimpf und Marter sterben kann schrecklich werden und wird schrecklich. Aber ist es sodann (...) der Tod, welcher das Schrecken verursachte? nichts weniger; der Tod ist von allen diesen Schrecken das erwünschte Ende (...)“ Den Stoizismus wird man Lessing glauben dürfen, obwohl er hier rhetorisch eingesetzt wird, um allfällige Todesangst um so wirkungsvoller unter einem ästhetischen Allerweltsverband verschwinden lassen zu können. An Eschenburg schrieb er in souveränem, keineswegs schmerzunempfindlichen Lakonismus (10.1.1778): „Meine Frau ist todt; und diese Erfahrung habe ich nun auch gemacht. Ich freue mich, daß mir viel dergleichen Erfahrungen nicht mehr übrig seyn können zu machen; und bin ganz leicht.“ Das allegorische Anders-Reden vom Tod, das Lessing in dem Aufsatz über antike Versinnbildlichung des Todes empfiehlt – als „Euphemismus“ und „Zärtlichkeit“ gegenüber dem Tod, als „mögliche Vermeidung alles Ominösen, unter Umgehung aller „ekeln Begriffe von Moder und Verwesung“ –, dient einer ästhetischen Immunisierungsstrategie. Der Paulinische Gedanke, daß der Tod „der Sünde Sold" sei, könne die „Schrecken des Todes nur vermehren" und „schlechterdings in keines Menschen Kopf kommen, der nur seine Vernunft brauchte"; also soll man sie brauchen, um die „Schrecken des Todes" zu vermindern.

(...) so sehe ich nicht, was unsere Künstler abhalten sollte, das scheußliche Gerippe wiederum aufzugeben und sich wiederum in den Besitz jenes bessern Bildes zu setzen. Die Schrift redet selbst von einem Engel des Todes; und welcher Künstler sollte nicht lieber einen Engel als ein Gerippe bilden wollen? Nur die mißverstandene Religion kann uns von dem Schönen entfernen, und es ist ein Beweis für die wahre, für die richtig verstandene wahre Religion, wenn sie uns überall auf das Schöne zurückbringt.

Lessing unterschied zwischen dem Skelett als personifizierender Allegorie des Todes und dem Skelett als grauenerregender Darstellung von Toten. Vom letzteren lenkt die ästhetische Rationalisierung ab durch eine Verschiebung auf die Ebene des allegorischen Paradigmenwechsels. Sie beschwört jedoch die Möglichkeit jederzeit der Wiederkehr und des Einbruchs dessen, was sie verdrängt. „So wäre denn", fragte Peter Horst Neumann in einem erhellenden Aufsatz über *Die Sinngebung des Todes als Begründungsproblem der Ästhetik,* „die antike Todesallegorie das Instrument einer folgenreichen *Verdrängung* gewesen? Vielleicht. Doch wenn es so war, dann war der Preis dieser *Verdrängung* zu hoch; und sie mußte mißlingen. Denn mochte durch diese Verdrängung die neue Ästhetik vielleicht überhaupt erst *möglich* werden, so lag doch von Anfang an in ihr eine Selbstgefährdung der deutschen Klassik beschlossen."

Auch Herder widmete sich der Frage, „wie die Alten den Tod gebildet" (1774). Das Gefuchtel mit dem Gerippe sei „Mißbrauch der Phantasie". Auch für ihn gibt es kein „inniger, natürlicher, tiefliegender Bild vom Tode als sein Brudergefährte, der Schlaf". Mit dem Unterschied freilich, daß die Deckkonzeption des Schlafs als Anästhesie explizit anerkannt, auf das Wahrnehmungsvermögen als lindernde Abdunkelung bezogen, nach innen projiziert und auf dem Weg bildlicher Übertragung ontologisch abgesichert wird im Kreislauf der Natur und der aufsteigenden Spiralbewegung der Geschichte:

So wird durch bloße Stellung unser Bild gleichsam eingeweihet zum Tode und kein Gedanke ist vielleicht wahrer, eben weil er so mechanisches Gefühl und Gedanke gleichsam nur unserer Fibern und Nerven ist, als der Ausspruch des vortrefflichen Philosophen Sancho Pansa ,der Schlaf breitet sich auf einen, wie ein warmer, gesunder, Leib und Leben umhüllender Mantel'! Täglicher Vorbote des letzten Schleiers 'der über uns ausgebreitet wird, zum *Nicht mehr denken* und *Verwesen! – (Zerstreute Blätter,* 1786)

Vogel-Strauß-Psychologie, Kopf unter die Decke. Totsein als Schlafkur. Thomas Macho (*Todesmetaphern,* 1987) hat deutlich gemacht, daß Tod und Schlaf auch „sachliche Beziehungen" unterhalten, „die keiner Ideologiekritik weichen". Die Reduktion des Sinnesvermögens, die Aristoteles, Kant, Hegel und auch Herder mit dem Schlaf in Zusammenhang bringen, sei zu verstehen nicht als „*Einschränkung* der schlafend/träumenden Subjektivität (vergleichbar mit Kurzsichtigkeit oder Schwerhörigkeit), sondern als Behinderung der Außenwelt, des sozialen Körpers, als Abbruch von Zugehörigkeit". Nicht anders als beim Tod. Damit im Kontinuum des inneren Ausblendens schließlich nicht doch noch ein „entsetzlicher Sprung fühlbar" wird, muß das Gleichnis des Wechsels von Tag und Nacht bei Herder einen „Übergang" als „Dämmerung" vorschützen, welche „die Seele unvermerkt" und „sanft" entführt:

So ist die *Dunkelheit* und das *Sternenheer* geschaffen, deinen Blick für alles Irdische zu verdämmern, die Fackel *deiner* Zeit- und Arbeitminuten auszulöschen, und wie andres hohes Gefühl des Unermeßlichen, der Ewigkeit, und unzähliger Lichtfunken zu geben, die eben dadurch, daß du nicht weißt, was und wo sie sind? So viel, viel Dunkles, Überirdisches sagen! (...) es ist kein Volk noch Sprache, da man nicht diese Stimme der Unsterblichkeit gehöret und dunkel gekannt habe. Überall mußte als nach dem Wink Gottes im Kreislauf unserer Empfindungen und unsres Lebens *Schlaf ein Bruder des Todes* werden, und beide waren *Söhne der Nacht!*

Im Gegensatz zu solcher naturalisierender Entschärfung des Todes hat Matthias Claudius, auf christlichem Fundament immer noch, sich auf „etwas anders im Menschen" berufen, das „ja über die Natur" ist; es „disponiert", auch wenn sie sich „ihr Recht nicht nehmen" läßt, „über ihr Gesetz". So heißt es im *Wandsbecker Boten:*

Wir können (...) im Dunkeln so gut denken als bei Licht, und einige Leute machen die Augen zu, wenn sie nachdenken wollen im Regen so gut als bei Sonnenschein; wir können im Winter so gerecht sein als im Sommer, im Sturm das Gute so lieb haben als bei stillem Wetter. Wenn also die Natur keine Wirkung auf uns hat – denn das andre Etwas sind eigentlich *wir,* und das übrige von uns ist nur unser Gehäuse – wenn sie also keine unmittelbare Wirkung auf uns hat, so haben wir von ihr nichts zu fürchten.

Die Aufspaltung in eine doppelte Natur des Menschseins läßt Claudius dabei bleiben, den Tod in seiner personifizierten Gestalt als Knochenmann freundschaftlich zu akzeptieren. Ihm, als dem „Freund Hain", wie er auf dem Titelkupfer des *Wandsbecker Boten* erscheint, wird das Buch gewidmet: „Er soll als Schutzheiliger und Hausgott vorn an der Haustür des Buchs stehen."
    Im Gegenzug zu Lessing heißt es einleitend:

's soll Leute geben, heißen starke Geister, die sich in ihrem Leben den Hain nichts anfechten lassen, und hinter seinem Rücken wohl gar über ihn und seine dünnen Beine spotten. Bin nicht starker Geist; 's läuft mir, die Wahrheit zu sagen, jedesmal kalt über'n Rücken, wenn ich Sie ansehe. Und doch will ich glauben, daß Sie 'n guter Mann sind, wenn man Sie genug kennt; und doch ist's mir, als hätt' ich eine Art Heimweh und Mut zu Dir, Du alter Ruprecht Pförtner! daß du auch einmal kommen wirst, meinen Schmachtriemen aufzulösen und mich auf bess're Zeiten sicher an Ort und Stelle zur Ruhe hinzulegen.

Die Schraube der ästhetisierenden Sublimierung des Todes wird vom klassischen Schiller im Gedicht *Nänie* noch um eine Windung weitergedreht und damit überdreht: Nicht nur – das wäre noch guter alter Horaz – „muß im Leben untergehn", wie es in dem philosophischen Erguß *Die Götter Griechenlands* heißt, „was unsterblich im Gesang soll leben", sondern „auch das Schöne muß sterben!" Mögen die „Götter" weinen und „die Göttinnen alle", „daß das Schöne vergeht, daß das Vollkommene stirbt", als „Klagelied" und Schwanengesang ist es ein Siegesbeweis, „denn das Gemeine geht klanglos zum Orkus hinab". Allein: Sterben, en beauté, gelingt nur poetisch. Daß es beim schönen Sterben nicht mehr um den Verlust des Lebens geht, sondern um den erhebenden Schein, jenes los zu sein, ruft das folgende Distichon unmißverständlich in Erinnerung:

Lieblich sieht er zwar aus mit seiner erloschenen Fackel. Aber, ihr Herren, der Tod ist so ästhetisch doch nicht.

V

Moderne

Jean Paul

Fragwürdiges Jenseits:
Die Rede vom toten Christus

Wenn man in der Kindheit erzählen hört, daß die Toten um Mitternacht, wo unser Schlaf nahe bis an die Seele reicht und selber die
Träume verfinstert, sich aus ihrem aufrichten, und daß sie in den
Kirchen den Gottesdienst der Lebendigen nachäffen: so schaudert
man der Toten wegen vor dem Tode; und wendet in der nächtlichen Einsamkeit den Blick von den langen Fenstern der stillen Kirche weg und fürchtet sich, ihrem Schillern nachzuforschen, ob es
wohl vom Monde niederfalle.

Die Kindheit, und noch mehr ihre Schrecken als ihre Entzük-
kungen, nehmen im Traume wieder Flügel und Schimmer an und
spielen wie Johanniswürmchen in der kleinen Nacht der Seele.
Zerdrückt uns diese flatternden Funken nicht! – Lasset uns sogar
die dunkeln peinlichen Träume als hebende Halbschatten der
Wirklichkeit! – Und womit will man uns *die* Träume ersetzen, die
uns aus dem untern Getöse des Wasserfalls wegtragen in die stille
Höhe der Kindheit, wo der Strom des Lebens noch in seiner kleinen Ebene schweigend und als ein Spiegel des Himmels seinen Ab-
gründen entgegenzog? –

Ich lag einmal an einem Sommerabende vor der Sonne auf einem
Berge und entschlief. Da träumte mir, ich erwachte auf dem Gottesacker. Die abrollenden Räder der Turmuhr, die elf Uhr schlug,
hatten mich erweckt. Ich suchte im ausgeleerten Nachthimmel die
Sonne, weil ich glaubte, eine Sonnenfinsternis verhülle sie mit dem
Mond. Alle Gräber waren aufgetan, und die eisernen Türen des
Gebeinhauses gingen unter unsichtbaren Händen auf und zu. An
den Mauern flogen Schatten, die niemand warf, und andere Schatten gingen aufrecht in der bloßen Luft. In den offenen Särgen
schlief nichts mehr als die Kinder. Am Himmel hing in großen Fal-
ten bloß ein grauer schwüler Nebel, den ein Riesenschatte wie ein
Netz immer näher, enger und heißer herein zog. Über mir hört‘
ich den fernen Fall der Lauwinen, unter mir den ersten Tritt eines
unermeßlichen Erdbebens. Die Kirche schwankte auf und nieder
von zwei unaufhörlichen Mißtönen, die in ihr miteinander kämpften und vergeblich zu einem Wohllaut zusammenfließen wollten.

Zuweilen hüpfte an ihren Fenstern ein grauer Schimmer hinan, und unter dem Schimmer lief das Blei und Eisen zerschmolzen nieder. Das Netz des Nebels und die schwankende Erde rückten mich in den Tempel, vor dessen Tore in zwei Gift-Hecken zwei Basilisken funkelnd brüteten. Ich ging durch unbekannte Schatten, denen alte Jahrhunderte aufgedrückt waren. – Alle Schatten standen um den Altar, und allen zitterte und schlug statt des Herzens die Brust. Nur ein Toter, der erst in die Kirche begraben worden, lag noch auf seinen Kissen ohne eine zitternde Brust, und auf seinem lächelnden Angesicht stand ein glücklicher Traum. Aber da ein Lebendiger hineintrat, erwachte er und lächelte nicht mehr, er schlug mühsam ziehend das schwere Augenlid auf, aber innen lag kein Auge, und in der schlagenden Brust war statt des Herzens eine Wunde. Er hob die Hände empor und faltete sie zu einem Gebete; aber die Arme verlängerten sich und löseten sich ab, und die Hände fielen gefaltet hinweg. Oben am Kirchengewölbe stand das Zifferblatt der *Ewigkeit*, auf dem keine Zahl erschien und das sein eigner Zeiger war; nur ein schwarzer Finger zeigte darauf, und die Toten wollten die *Zeit* darauf sehen.

Jetzo sank eine hohe edle Gestalt mit einem unvergänglichen Schmerz aus der Höhe auf den Altar hernieder, und alle Toten riefen: „Christus! ist kein Gott?"

Er antwortete: „Es ist keiner."

Der ganze Schatten jedes Toten erbebte, nicht bloß die Brust allein, und einer um den andern wurde durch das Zittern zertrennt.

Christus fuhr fort: „Ich ging durch die Welten, ich stieg in die Sonnen und flog mit den Milchstraßen durch die Wüsten des Himmels; aber es ist kein Gott. Ich stieg herab, soweit das Sein seine Schatten wirft, und schauete in den Abgrund und rief: ‚Vater, wo bist du?' aber ich hörte nur den ewigen Sturm, den niemand regiert, und der schimmernde Regenbogen aus Wesen stand ohne eine Sonne, die ihn schuf, über dem Abgrunde und tropfte hinunter. Und als ich aufblickte zur unermeßlichen Welt nach dem göttlichen *Auge*, starrte sie mich mit einer leeren bodenlosen *Augenhöhle* an; und die Ewigkeit lag auf dem Chaos und zernagte es und wiederkäuete sich. – Schreiet fort, Mißtöne, zerschreiet die Schatten; denn Er ist nicht!"

Die entfärbten Schatten zerflatterten, wie weißer Dunst, den der Frost gestaltet, im warmen Hauche zerrinnt; und alles wurde leer. Da kamen, schrecklich für das Herz, die gestorbenen Kinder, die im Gottesacker erwacht waren, in den Tempel und warfen sich vor die hohe Gestalt am Altare und sagten: „Jesus! haben wir keinen Vater?" – Und er antwortete mit strömenden Tränen: „Wir sind alle Waisen, ich und ihr, wir sind ohne Vater."

Da kreischten die Mißtöne heftiger – die zitternden Tempelmauern rückten auseinander – und der Tempel und die Kinder sanken unter – und die ganze Erde und die Sonne sanken nach – und das ganze Weltgebäude sank mit seiner Unermeßlichkeit vor uns vorbei – und oben am Gipfel der unermeßlichen Natur stand Christus und schauete in das mit tausend Sonnen durchbrochne Weltgebäude herab, gleichsam in das in die ewige Nacht gewühlte Bergwerk, in dem die Sonnen wie Grubenlichter und die Milchstraßen wie Silberadern gehen.

Und als Christus das reibende Gedränge der Welten, den Fackeltanz der himmlischen Irrlichter und die Korallenbänke schlagender Herzen sah, und als er sah, wie eine Weltkugel um die andere ihre glimmenden Seelen auf das Totenmeer ausschüttete, wie eine Wasserkugel schwimmende Lichter auf die Wellen streuet: so hob er groß wie der höchste Endliche die Augen empor gegen das Nichts und gegen die leere Unermeßlichkeit und sagte: „Starres, stummes Nichts! Kalte, ewige Notwendigkeit! Wahnsinniger Zufall! Kennt ihr das unter euch? Wann zerschlagt ihr das Gebäude und mich? – Zufall, weißt du selber, wenn du mit Orkanen durch das Sternen-Schneegestöber schreitest und eine Sonne um die andere auswehest, und wenn der funkelnde Tau der Gestirne ausblinkt, indem du vorübergehest? – Wie ist jeder so allein in der weiten Leichengruft des Alles! Ich bin nur neben mir – O Vater! o Vater! wo ist deine unendliche Brust, daß ich an ihr ruhe? – Ach wenn jedes Ich sein eigner Vater und Schöpfer ist, warum kann es nicht auch sein eigner Würgengel sein? ...

Ist das neben mir noch ein Mensch? Du Armer! Euer kleines Leben ist der Seufzer der Natur oder nur sein Echo – ein Hohlspiegel wirft seine Strahlen in die Staubwolken aus Totenasche auf euere Erde hinab, und dann entsteht ihr bewölkten, wankenden Bilder. – Schaue hinunter in den Abgrund, über welchen Aschenwolken ziehen – Nebel voll Welten steigen aus dem Totenmeer, die Zukunft ist ein steigender Nebel, und die Gegenwart ist der fallende. – Erkennst du deine Erde?"

Hier schauete Christus hinab, und sein Auge wurde voll Tränen, und er sagte: „Ach, ich war sonst auf ihr: da war ich noch glücklich, da hatt' ich noch meinen unendlichen Vater und blickte noch froh von den Bergen in den unermeßlichen Himmel und drückte die durchstochne Brust an sein linderndes Bild und sagte noch im herben Tode: ‚Vater, ziehe deinen Sohn aus der blutenden Hülle und heb ihn an dein Herz!‘ ... Ach ihr überglücklichen Erdenbewohner, ihr glaubt *Ihn* noch. Vielleicht gehet jetzt euere Sonne unter, und ihr fallet unter Blüten, Glanz und Tränen auf die Knie und hebet die seligen Hände empor und rufet unter tausend Freudentränen zum aufgeschlossenen Himmel hinauf: ‚auch mich kennst du, Unendlicher, und alle meine Wunden, und nach dem Tode empfängst du mich und schließest sie alle.‘ ... Ihr Unglücklichen, nach dem Tode werden sie nicht geschlossen. Wenn der Jammervolle sich mit wundem Rücken in die Erde legt, um einem schönern Morgen voll Wahrheit, voll Tugend und Freude entgegenzuschlummern: so erwacht er im stürmischen Chaos, in der ewigen Mitternacht – und es kommt kein Morgen und keine heilende Hand und kein unendlicher Vater! – Sterblicher neben mir, wenn du noch lebest, so bete Ihn an: sonst hast du Ihn auf ewig verloren.‘‘

Und als ich niederfiel und ins leuchtende Weltgebäude blickte: sah ich die emporgehobenen Ringe der Riesenschlange der Ewigkeit, die sich um das Welten-All gelagert hatte – und die Ringe fielen nieder, und sie umfaßte das All doppelt – dann wand sie sich tausendfach um die Natur – und quetschte die Welten aneinander – und drückte zermalmend den unendlichen Tempel zu einer Gottesacker-Kirche zusammen – und alles wurde eng, düster, bang – und ein unermeßlich ausgedehnter Glockenhammer sollte die letzte Stunde der Zeit schlagen und das Weltgebäude zersplittern ... als ich erwachte.

Meine Seele weinte vor Freude, daß sie wieder Gott anbeten konnte – und die Freude und das Weinen und der Glaube an ihn waren das Gebet. Und als ich aufstand, glimmte die Sonne tief hinter den vollen purpurnen Kornähren und warf friedlich den Widerschein ihres Abendrotes dem kleinen Monde zu, der ohne eine Aurora im Morgen aufstieg; und zwischen dem Himmel und der Erde streckte eine frohe vergängliche Welt ihre kurzen Flügel aus und lebte, wie ich, vor dem unendlichen Vater; und von der ganzen Natur um mich flossen friedliche Töne aus, wie von fernen Abendglocken.

Gerhard Schulz

Liebe und Tod – „Penthesilea"

War Kleists *Amphitryon* dazu angetan, das zeitgenössische Publikum zu befremden, so bot das Trauerspiel *Penthesilea* hinreichend Stoff, es zu schockieren. [...]

In den Tagen, da ein „organisches Fragment" aus der *Penthesilea* im Januar 1808 den *Phöbus* [ein „Journal für die Kunst"] eröffnete – das gesamte Drama erschien im Herbst 1808 –, ließ Goethe gerade Zacharias Werners Sarmatenkönigin Wanda auf der Weimarer Bühne kämpfen und in Verklärung sterben. Mit dem Amazonenstück hingegen konnte sich der Verfasser einer *Iphigenie auf Tauris* „nicht befreunden", wie er dem Verfasser der *Penthesilea* mitteilte (1.2.1808).

Kleists *Penthesilea* ist ein Stück über Liebe und Tod, aber das war allerdings in der dargebotenen Gestalt nicht leicht zu akzeptieren und auf andere Variationen dieses Themas zu beziehen. Goethe hätte am wenigsten Grund gehabt, sich befremdet zu fühlen. Immerhin war gerade er es gewesen, der zum erstenmal in der deutschen Literatur eine Identifikation von Liebe und Tod vollzogen hatte in dem *Prometheus*-Fragment von 1773, das zu diesem Zeitpunkt jedoch nur er selbst und einige seiner Freunde kannten. Aber den Liebestod hatte er erst jüngst in den Balladen „Der Gott und die Bajadere" und „Die Braut von Korinth" gefeiert, wobei er durchaus dem Makabren nicht ausgewichen war. Nur ging bei Kleist der Weg in Tod und unsichere Verklärung durch die ganze grausame irdische Realität des Sterbens hindurch. [...]

Penthesileas Konflikt entsteht aus der Kollision der Liebe mit dem Gesetz des Amazonenstaates, das die Männer nur als Instrumente zur Fortpflanzung betrachtet, die erobert und nach vollendeter Pflicht wieder heimgesandt werden müssen. Für Liebe ist kein Platz im Gesetz vorgesehen, denn sie ist – und darin eben entwickelt sich Kleists tragische Psychologie – eine Sache der einzelnen, eines Ich und eines Du jenseits gesellschaftlicher Ordnung und zeitlicher Begrenzung. Es gehört zur Dialektik der Emanzipation des Individuums, daß ihm die Liebe, ursprünglich nur ein Mittel der Natur zu prokreativem Zweck, den ganzen Genuß seiner Individualität verschafft und es damit auch über jedes ordnende Gesetz hinaushebt ins Absolute, dessen Repräsentation durch Gott es wiederum mit seiner eigenen Emanzipation in Frage gestellt hatte. Das einzige Absolute aber außer Gott ist der Tod. Alles wirkliche Leben hingegen, auch das freieste, emanzipierteste, fordert Einschränkung für den einzelnen. [...]

Es verrät Kleists feines Gespür für Tendenzen seiner Zeit, wenn er den Konflikt zwischen Liebe und Gesetz von einer zum Bewußtsein ihrer Freiheit und Selbständigkeit gekommenen Frau ausgehen läßt. In der überlieferten Sage von der Amazonenkönigin ist Penthesilea es, die im Kampf getötet wird, und es sind die Griechen, die beschließen, „die, weil sie mehr gethan, als ihrem Geschlechte anstehe, annoch lebendig in den Fluß Skamander zu werfen, oder für die Hunde so liegen zu lassen". Das konnte Kleist in dem mythologischen Lexikon lesen, das er benutzte. Er dagegen ließ es die Amazonenkönigin sein, die den geliebten Achill in Verkennung von dessen wirklichen Absichten tötet und sich dann mit ihren Hunden auf die Leiche stürzt, um sie zu zerfleischen.

Wie ein Heer bewaffneter Feministinnen, wenn auch ohne deren Ideologie, brechen Kleists Amazonen in den patriarchalischen Kampf der Männerheere vor den Toren Trojas ein, so daß „Griech' und Trojer", „dem Raub der Helena zum Trotz", sich fast vereinen müssen, „um dem gemeinen Feinde zu begegnen". Die Liebe zwischen Penthesilea und Achill jedoch negiert gerade die neuen Fronten: Sie ereignet sich im Niemandsland zwischen den Heeren der Frauen und Männer, und sie ereignet sich allerdings zunächst auch, der Situation angemessen, im Zeichen des Hassens und des Tötens. Beides ist psychologisch begreifbar, besonders wenn man akzeptiert, was Kleist in seinem Verständnis vom Menschen voraussetzt: Hassen und Lieben sind als extreme Äußerungen der Leidenschaft für die verwirrten Menschen zunächst ununterscheidbar, und der Tod ist in beiden Fällen der einzige absolute Ort, an dem diese Leidenschaften Erfüllung finden können. Die Tragödie der Liebe aber entfaltet sich, weil diese Liebe im Niemandsland allen Gesetzen menschlicher Lebensformen entgegensteht, den patriarchalischen wie den matriarchalischen. [...]

In den Wirrnissen dieser Liebe versucht Penthesilea, Göttliches in Menschliches einzubringen, und zwar gerade in der Grausamkeit. Sie tut es dadurch, daß sie sich in ihrem Gefühl ebenso wie schließlich in ihrem Handeln selbst zur Göttin macht, zu Diana, die mit Köchern, Pfeilen und Hunden gerüstet ist, um Aktäon, den zum Hirsch verwandelten Mann, der sie der Mythe nach einst nackt gesehen hatte, zu töten und ihn zerreißen zu lassen:

> Inzwischen schritt die Königin heran,
> Die Doggen hinter ihr, Gebirg und Wald
> Hochher, gleich einem Jäger, überschauend;
> Und da er eben, die Gezweige öffnend,
> Zu ihren Füßen niedersinken will:
> Ha! sein Geweih verrät den Hirsch, ruft sie,
> Und spannt mit Kraft der Rasenden, sogleich
> Den Bogen an, daß sich die Enden küssen,
> Und hebt den Bogen auf und zielt und schießt,
> Und jagt den Pfeil ihm durch den Hals.

So schildert eine der Amazonen den Tod des Achill durch die Hand Penthesileas. Mit ihren Hunden zerreißt und zerstört sie die äußere Gestalt des Menschen, der sie zur Liebe gebracht, sie von allen äußeren Bindungen entblößt, sie „nackt" gesehen hat und eignet sich ihn buchstäblich an, indem sie ihn „ißt". [...] Aber da sie keine Göttin ist, hat sie zurückzukehren in das Leben aus dem Niemandsland der absoluten Liebe, in ein Leben, aus dem sie sich jedoch mit ihrem Handeln für immer entfernt hat. So stirbt sie am Ende in letzter Konsequenz durch sich selbst. Kleist hat dafür Sprache zur Wirklichkeit werden lassen, denn der Dolch, mit dem sich Penthesilea tötet, ist kein metallener mehr, sondern ein „Gefühl", ein Begriff also, der die Schärfe des Stahls annimmt:

> Denn jetzt steig ich in meinen Busen nieder,
> Gleich einem Schacht, und grabe, kalt wie Erz,
> Mir ein vernichtendes Gefühl hervor.
> Dies Erz, dies läutr' ich in der Glut des Jammers
> Hart mir zu Stahl; trank es mit Gift sodann,
> Heißätzendem, der Reue, durch und durch;
> Trag es der Hoffnung ewgem Amboß zu,
> Und schärf und spitz es mir zu einem Dolch;
> Und diesem Dolch jetzt reich ich meine Brust:
> So! So! So! So! Und wieder! – Nun ists gut.

Es ist ein Liebestod allein aus freiem Willensentschluß, wie ihn Novalis spekulativ erwogen hatte und wie ihn nach Kleist dann Wagners Isolde, in Musik gehüllt, erneut zelebriert hat. Solch psychogener Selbstmord erscheint als die äußerste Erfüllung des freien Ichs, das sich damit seine Herrschaft über Leben und Tod bestätigt.

Manfred Vasold
Die Mortalität in den großen Städten

„Kain wohnte seinem Weibe bei; da ward sie schwanger und gebar den Henoch. Und er ward Erbauer einer Stadt." Nach dem Buch Genesis war der erste namentlich erwähnte Stadtgründer ein Sohn Kains. Das hatte, möglicherweise, für die Menschen in der Vergangenheit eine Bedeutung – auf alle Fälle mißtrauten die Landmenschen den Stadtbewohnern. „Omne malum ab urbe" – die Stadt war für sie die Wurzel allen Übels.

203

Man mißtraute der Stadt auch in medizinischer Hinsicht, und dies nicht zu Unrecht. „Eines der größten Verkürzungsmittel des menschlichen Lebens ist: *das Zusammenwohnen der Menschen in großen Städten*", schrieb der große Arzt Christoph Wilhelm Hufeland kurz vor dem Jahr 1800. „Fürchterlich ist das Übergewicht, das die Mortalität derselben in den Totenlisten hat. In Wien, Paris, London und Amsterdam stirbt der 20. bis 23. Mensch, während das rund herum, auf dem Lande, nur der 30. oder 40. stirbt. *Rousseau* hat vollkommen recht, wenn er sagt: der Mensch ist unter allen Tieren am wenigsten dazu gemacht, in großen Haufen zusammen zu leben."

Tatsächlich war das Leben auf dem Lande gesünder – soll heißen: länger – als in den Städten, und je größer die Stadt, desto kürzer in ihr das Leben. „Das Leben auf dem Lande und in kleinen Städten ist dem langen Leben günstig", schreibt Hufeland weiter, „in großen Städten ungünstig. In großen Städten stirbt gewöhnlich jährlich der 25. bis 30., auf dem Lande der 40., 50." Das würde eine ländliche Sterblichkeit von 20 bis 25 Promille bedeuten, eine städtische von 33 bis 40 Promille; vermutlich ist die ländliche etwas geschönt.

Die Zahlen, die Johann Peter Süßmilch diesbezüglich nennt, gehen noch mehr ins einzelne: Süßmilch setzte – Jahrzehnte früher als Hufeland – „die allgemeine Sterblichkeit auf 1/36 fest", also auf knapp 3 Prozent, was wohl eher zu niedrig gegriffen ist. Er nennt für Dörfer eine Sterblichkeit von 1:40, also 2,5 Prozent, für Kleinstädte von 1:32, entspricht 3,12 Prozent, für sehr große Städte in der Größenordnung von Berlin von 1:28, das entspricht 3,457 Prozent, und für riesengroße Städte wie Rom oder London gar von 1:24 oder 1:25, also von rund 4 Prozent.

In Deutschland konnten die größeren Städte noch im 18. und selbst zu Beginn des 19. Jahrhunderts ihre Substanz nicht halten; sie waren auf den Zuzug von außen angewiesen, wenn sie nicht schrumpfen wollten. England war diesbezüglich Deutschland voraus: London hatte bereits gegen

1790 jährlich mehr Geburten als Todesfälle. In Deutschland lag es diesbezüglich noch immer umgekehrt, in den größeren Städten war die Sterblichkeit durchwegs höher als auf dem Lande. In Berlin zum Beispiel wurden zwischen 1749 und 1795 in 30 von diesen 46 Jahren weniger Menschen geboren, als die Stadt an Toten zu beklagen hatte.

Deutschland hatte gegenüber seinen Nachbarn den Vorteil, daß es nicht übermäßig verstädtert war, und seine Städte waren auch nicht riesengroß. Die größten Städte Europas waren Paris, London, Rom. Um 1800 gab es in Deutschland nur drei Städte mit mehr als 100 000 Einwohnern, das war Wien mit 247 000, Berlin mit 172 000 und Hamburg mit 130 000. Dresden, Breslau und Königsberg hatten 50 000 bis 60 000 Einwohner, darunter gab es eine Vielzahl mittlerer bis ganz kleiner Städte. Süßmilch schätzt die städtische Bevölkerung auf ein Drittel, aber das ist für das späte 18. Jahrhundert viel zu hochgegriffen: in Wahrheit betrug sie nur ein Fünftel oder allenfalls ein Viertel damals; im Jahr 1816 lebten in Preußen erst 27,9 Prozent der Bewohner in Städten, und von den rund 40 Millionen Einwohnern des neugegründeten Deutschen Bundes hauste damals nur knapp eine Million, 2,4 Prozent, in einer Stadt mit mehr als 4000 Einwohnern.

Warum war die Sterblichkeit in den Städten höher? Süßmilch macht dafür „Müßiggang, Faulheit, Überfluß in Essen und Trinken, Ausschweifungen der Lüste, der Leidenschaften und Laster" verantwortlich; aber das war bestimmt nur die halbe Wahrheit. Die Sterblichkeit war höher in den Städten, weil zum einen sich die Elendesten aus der Landbevölkerung dorthin flüchteten; sie war höher, weil es in der Stadt um die Hygiene kaum besser bestellt war und zugleich das enge Zusammenleben die Ausbreitung von Infektionen begünstigte. Da gab es außerdem bauliche Traditionen, die sich nicht über Nacht ändern ließen, in der Gestalt von Stadtmauern beispielsweise, außerhalb derer man sich nicht ansiedeln mochte, also blieb man innerhalb der Mauern, im

Schutz der Stadt, und drängte sich lieber in der Enge des Schmutzes und der Übervölkerung zusammen. Die meisten deutschen Städte veränderten zwischen 1350 und 1800 ihr Weichbild so gut wie überhaupt nicht.

Städte, die an Flüssen gelegen waren, hatten ihre eigenen Probleme. Nehmen wir Hamburg und seine Nachbarstadt Altona, das seinerzeit noch nicht zu Hamburg gehörte. Altona war nach dem sogenannten Schwedenbrand von 1713 planmäßig wiederaufgebaut worden, als eine offene Stadt, ohne Befestigung; es hatte seine bauliche Tradition abgestreift und war als eine neue Stadt entstanden. Wenn Zuzug von außen kam, Altona hatte Platz. Nicht hingegen das benachbarte Hamburg, wo man immer dichter zusammenlebte und wo man nach unten ging statt nach außen, in Lagerräume und feuchte unterirdische Gemäuer – in Keller, von denen es hieß, man könne dort Elbbutt und Schellfisch fangen. Diese Keller waren zugleich Brutstätten für Typhus und andere Darmkrankheiten.

Zwischen den Hamburger Straßen und Häuserzeilen verliefen die Kanäle, die man in Hamburg als Fleete bezeichnet. Rambach schrieb über sie in seinem *Versuch einer physisch-medizinischen Beschreibung von Hamburg:* „Die Fleete nehmen aus Gassen und Häusern eine Menge Unreinlichkeiten auf [...] Wer an einem Fleete wohnt, darf es ungescheut zum Rezipienten seiner tierischen Ausleerungen machen; und das thut auch ein jeder." Die erkerartigen Aborte der Hamburger richteten sich geradewegs in die Fleete, aus der man sein Wasser nahm. Was Wunder, daß Typhus und andere Darmkrankheiten kursierten. Und man brauchte, um die Erreger aufzunehmen, keineswegs das Trinkwasser aus verschmutzten Flüssen zu schöpfen – es genügte das Wasser aus den öffentlichen Brunnen. Über die Aborte beziehungsweise die Senkgruben von Paris schreibt Mercier: „Die nächtliche Leerung verbreitet den scheußlichen Geruch im ganzen Viertel und kostet manchem der Unglücklichen das Leben, deren Elend man an der gefährlichen und widerlichen Tätigkeit ermessen kann, der sie nachgehen. Diese Senkgruben sind oft so schlecht angelegt, daß ihr Inhalt sich in die benachbarten Brunnen vergißt. Die Bäcker, die sich für gewöhnlich des Brunnenwassers bedienen, verzichten deswegen nicht darauf; und das alltäglichste Nahrungsmittel wird unweigerlich durchtränkt mit diesen mefitischen und bösartigen Bestandteilen." In vielen großen Städten gab es daher Wasserträger, die sauberes Wasser, oder was sie dafür hielten, gegen ein kleines Entgelt ins Haus brachten.

Diese Form der Unsauberkeit brachte vor allem Kleinkinder ums Leben. Die Säuglings- und Kindersterblichkeit war in den Städten hoch, viel höher als auf dem Lande. „Die erste Ursache, welche die Sterblichkeit in Städten vergrößert, liegt in der größeren Hinfälligkeit der Kinder in Städten", schrieb Süßmilch. „Es wird gezeigt werden", schrieb er weiter, „daß von volkreichen Städten gemeiniglich unter 10 000 Gestorbenen allein 3000 Kinder im ersten Jahre des Alters gestorbene Kinder sind." Süßmilch beobachtete die Sterblichkeit in einigen Großstädten über einen längeren Zeitraum – er war sich der Bedeutung des Gesetzes der großen Zahl bewußt – und stellte fest, daß von 1000 Verstorbenen in Berlin fast die Hälfte, nämlich 491, Kinder unter fünf Jahren waren. In Wien waren es 466, in Breslau 457. In der Provinz Pommern hingegen war die Kindersterblichkeit weitaus niedriger, weil es dort weniger Städte gab. Ludwig Formey, ein bedeutender Berliner Arzt, schätzte, daß zwischen 1779 und 1794 mehr als die Hälfte der Neugeborenen – 52,4 Prozent – „in den ersten Jahren ihres Lebens wieder zu Grabe getragen werden".

Woran starben die Kinder in den Städten? Sie starben teils an den „Kinderkrankheiten", wie man später sagte, also an Pocken, Masern, Mumps, Scharlach, Diphtherie. Die Todesursachen wurden im 18. Jahrhundert und noch später mit laienhaften Bezeichnungen geschildert; sehr oft ist in den Aufzeichnungen von „convulsivischen Krankheiten", von „Fraisen" oder „Krämpfen" die Rede. Diese „Krämpfe" waren zumeist auf akute Darminfektionen zurückzuführen, welche häufig durch verdorbene Speisen verursacht wurden – indem man beispielsweise verdorbenes Flußwasser aus der Spree oder der Elbe für die Herstellung des Kinderbreis verwendet hatte. Aus diesem Grund sprachen sich die Ärzte und Pädagogen dieses Zeitalters der Aufklärung immer wieder dafür aus, die Säuglinge an der mütterlichen Brust zu stillen oder sie wenigstens einer zuverlässigen, gesunden Amme zum Stillen zu übergeben. Jean-Jacques Rousseau hat in seinem Roman *Emile* (1762) den Müttern geraten, ihre Kinder selbst zu stillen. [...]

Schließlich noch ein Wort zur Sterblichkeit in den Städten am Ende des 18. Jahrhunderts, am Ende der frühen Neuzeit, die zugleich eine Epochengrenze darstellt, denn im 19. Jahrhundert setzen machtvoll Industrialisierung und eine neue Urbanisierung ein. Die Sterblichkeit war in den deutschen Städten noch immer hoch; aber sie war – im Vergleich zum 16. oder 17. Jahrhundert, als noch die Pest umging – doch deutlich gefallen, und die Ausschläge nach oben waren längst nicht mehr so gewaltig wie zuvor. Für Straßburg nahm man für die Jahre 1577 bis 1633 eine Sterblichkeit von mehr als 55 Promille an, für 1684 bis 1691 nur noch von 41 Promille. Für Frankfurt am Main wird die Sterblichkeit zwischen 1533 und 1700 auf 45 bis 48 Promille geschätzt. In Königsberg stand die Sterblichkeit zwischen 1769 und 1786 bei 33,6 Promille, zwischen 1787 und 1803 bei 31,9 Promille. In Berlin betrug die Sterblichkeit in dem Zeitraum 1720 bis 1800 fast 39 Promille, wobei von Jahr zu Jahr und von Jahrzehnt zu Jahrzehnt beträchtliche Schwankungen auftraten: in den 1730er Jahren lag sie beispielsweise bei 44,5 Promille, und im Hungerjahr 1772 erreichte sie 67,5 Promille, 1795 stand sie bei 49,2 Promille und 1801 bei 42,8 Promille.

Nach dem Jahr 1800 fiel sie deutlich ab, und je weiter das 19. Jahrhundert vorrückt, desto mehr. Sie lag im gesamten 19. Jahrhundert – mit 29,96 Promille – fast um ein Viertel niedriger als in den achtzig Jahren vor 1800. Und im Jahr 1894 fiel die Sterblichkeit in Berlin erstmals unter die 20-Promille-Schwelle. Etwas niedriger als in Berlin lag sie stets in Leipzig; dort stieg sie aber im Krisenjahr 1800 auf 52,7 Promille. In Stuttgart lag die Sterblichkeit zwischen 1770 und 1812 bei 33,3 Promille.

Wem war diese Besserung zuzuschreiben? Der medizinischen Grundversorgung? Das ist nicht anzunehmen, denn die Medizin als praktische Wissenschaft war noch immer in einem trostlosen Zustand, und die Ärzte waren dünn gestreut. Im Jahr 1795, als Berlin 156000 Einwohner zählte, praktizierten nur 40 bis 50 Ärzte in dieser Stadt, einer für mehr als 3000 Einwohner; darüber hinaus gab es freilich noch eine Vielzahl von Wundärzten. „Es werden in den Städten, doch nur in den großen, Ärzte für Arme gehalten. Aber was ist einer für einen Ort, der 50, 100 und mehr tausend Einwohner hat"? fragte Süßmilch mit Recht.

Michel Vovelle

Wandel der Friedhöfe und neues Familiengefühl

Aus den archäologischen Funden, aber vor allem aus den Buchmalereien in den Gebetsbüchern kann man ersehen, daß am Ende des Mittelalters die Friedhöfe übersät sind mit Kreuzen. Sie reichen von einfachen Kreuzen aus zwei ungehobelten Planken bis zu gravierten Kreuzen auf den Grabsteinen der Reichen. Daraus sollte man jedoch nicht schließen, daß der Friedhof ein zivilisierter Ort ist: Er ist schmutzig, vernachlässigt, Tiere und Menschen laufen überall herum. Aber man hat sehr wohl den Eindruck, daß die Christianisierung dieses Ortes der Toten eine wichtige Etappe erreicht hat.

Im 16. Jahrhundert wird die Reformation zu einem großen Störfaktor in dieser Entwicklung. Sie verbannt die von ihr abgelehnten Formen des Totenkults. Die reformierten Kirchen wollen aus dem Friedhof einen Ort der „Ruhe und des Schlafes" machen. Manchmal schon wünscht man, ihn vor die Mauern der Stadt zu verlegen. Luther selbst unterstützt dieses Vorhaben, aber auf dem Dorf zeigt man sich reserviert. Die Lutheraner dulden das Kreuz, aber die Calvinisten lehnen diese Erinnerung an „abergläubische" Praktiken ab und ersetzen das Kreuz durch schlichte Grabplatten. Dies allerdings bedeutet, einen Kampf mit ungewissem Ausgang nicht allein gegen die Erinnerungen an den Katholizismus zu unternehmen, sondern auch gegen die Volksreligion. Und überall werden die Beinhäuser zerstört.

Sollte es also in Zukunft zwei Europa der Friedhöfe geben: ein reformiertes und ein katholisches? Die Bilanz ist komplexer, und in letzter Zeit hat man die konvergierenden Formen zwischen den „beiden Reformen", der protestantischen und der katholischen, stärker hervorgehoben. Im katholischen Europa zur Zeit des Konzils von Trient, wo als Antwort auf die Reformierten die Bedeutung des Fegefeuers als dritter Ort, als Ort der zeitweiligen Buße, betont wurde, setzen sich Kreuz und Beinhäuser durch, sie stellen den Unterschied heraus. Aber vor allem äußert sich die extreme Pastoraltheologie der Prälaten und der religiösen Orden durch die Bemühung um eine Bestattung *ad sanctos* in den Kirchen oder in den Kapellen der Klöster, an jenen Orten, an denen sich die Altäre befinden, von denen Ablässe ergingen. Das charakteristische Merkmal dieser Epoche ist ein wahres Überwuchern der Kirchen mit Gräbern, und dies sowohl in den Städten als auch in den kleinsten Marktflecken. Die Bestattung in der Kirche ist nun nicht mehr das Privileg der Geistlichen und der Adligen: Eine wahre Demokratisierung findet statt, und der Boden der Orte, an denen der Gottesdienst gefeiert wird, wird mit Grabplatten bedeckt, die Mauern mit Einzelgrabmälern. Vor allem die Halbinseln am Mittelmeer sind von dieser Invasion betroffen, und die spanischen Prälaten der Klassik zeigen sich besorgt über diese Entwicklung. In der Kirche von Bonifacio, auf einem Felsen im Süden von Korsika, sind 80% der Gräber konzentriert. Das Gleichgewicht zwischen Kirche und Friedhof ist aus dem Lot gekommen, zumindest in den Städten, wo der Friedhof zum Ort der Armen wird.

Das Paradoxe ist, daß diese Entwicklung, die sowohl soziale als auch religiöse Gründe hat, auch das reformierte Europa nicht verschont. [...]

Hat sich der Friedhof, dieser Ort der Unordnung, später verändert? Vom 17. bis zum 18. Jahrhundert ist der Friedhof sauberer, besser umfriedet. Die Praxis der Sargbestattung hat sich verbreitet: wie es scheint, ausgehend von Nordeuropa. Schöne Gräber werden errichtet – wir kennen sie, weil sie in größerer Anzahl erhalten geblieben sind. So in England (ebenso wie in den amerikanischen Kolonien), wo neben den vertikal angeordneten, aufrechtstehenden Grabplatten, die mit einer Abbildung des Kopfes des Toten, manchmal mit einem Engel geschmückt sind, im Laufe des 18. Jahrhunderts auch schöne, in Stein gehauene Denkmäler zu finden sind. Eine neue Grabikonographie sucht und findet ihre Themen, seien es nun konkrete oder aber allegorische, wie Urne oder Trauerweide.

Nun ist ein weiterer Wendepunkt erreicht mit diesem Zeitalter der Aufklärung, in dem man mit einer anderen, fundamentalen Veränderung der Haltung und der Sensibilität gegenüber den Toten konfrontiert wird. Am Ende des 18. Jahrhunderts lösen sich die Strukturen des Systems und der Gleichgewichte der Klassik auf. Was ist geschehen? An manchen Orten ist teilweise eine gesellschaftliche und demographische Entwicklung verantwortlich für dieses Phänomen: London weiß schon nicht mehr, wohin mit seinen Toten, und man beginnt dort, private Friedhöfe anzulegen, die sich im folgenden Jahrhundert weiterentwickeln. Aber allerorten, oder fast allerorten, entsteht eine plötzliche Bewegung in der Sensibilität der Gemeinschaft, und man betrachtet die Toten, mit denen das gewohnte Nebeneinander beschwerlich geworden ist, unter einem veränderten Blickwinkel. Ein neuer Diskurs entwickelt sich. Die Prälaten, die sich über die Invasion der Toten in den Kirchen beschwert hatten, haben dies sehr wohl bemerkt, und andere folgen: die Männer der Aufklärung, Administratoren, Essayisten, Mediziner. Sie prangern die negativen Begleiterscheinungen der städtischen Begräbnisstätten sowohl auf dem Friedhof als auch in den Kirchen an, und zwar im Namen einer neuen, auf hygienischen und städtebaulichen Argumenten beruhenden Sicht. So verbannt man die Toten in ausgelagerte, außerhalb der Stadt liegende Nekropolen. Man plant diese Totenstädte als Gärten der Erinnerung, als ländliche Orte, an denen die Grabmäler derjenigen, die ein Verdienst errungen haben, ihrerseits die staatsbürgerliche Gesinnung fördern und in die kollektive Erinnerung eingehen: Und die visionären Architekten am Ende jenes Jahrhunderts arbeiten dafür die Pläne aus.

Schließlich geht man zur Tat über: Im Jahre 1776 verbietet ein königlicher Erlaß von nun an die Bestattung in den Kirchen. Das Europa der Aufklärung folgt: Kaiser Joseph II. in seinen Staaten, der König von Schweden, die aufgeklärten Prinzen der italienischen Staaten, selbst Spanien schließen sich in den 80er Jahren dieser Politik an. Aber es regt sich auch Widerstand: Im Jahre 1789, kurz vor der Revolution, wird nächtens das Beinhaus des Friedhofs *Les Innocents* verlagert, in Französisch-Flandern ebenso wie in Österreich entstehen Volksbewegungen gegen die Reformen, und selbst überall auf der spanischen Halbinsel. Trotz manchmal erstaunlicher zeitlicher Verzögerungen – in England zum Beispiel wird erst in der Mitte des folgenden Jahrhunderts durch den *Interment Act* die Bestattung in den Kirchen verboten – setzt sich die Bewegung, die durch die Auswirkungen der Französischen Revolution in einem Teil Europas mit Nachdruck durchgesetzt wird, um 1800 eigentlich überall durch: In Paris werden die drei Großfriedhöfe Montparnasse, Montmartre und Père Lachaise angelegt, in Wien sowie in Stockholm die Zentralfriedhöfe dieser Städte. Zwischen 1800 und 1840 entstehen mithin jene sowohl alten als auch neuen Friedhöfe, die wir bis heute vor Augen haben.

Ohne allzu große Verallgemeinerung kann man nun für den ländlichen Bereich von drei europäischen Friedhofstypen sprechen: ein nord-west-europäischer Typ, wo die Landschaft des *churchyard* nach englischer Version dominiert, ein Rasenplatz am Fuße der Kirche, übersät mit Gräbern mit vertikalen Grabplatten, im allgemeinen einfach gehalten, auf denen aber im Laufe des Jahrhunderts auch einige prunkvolle Steinsärge oder Grabmäler ihren Platz finden. Am anderen Ende Europas, im Mittelmeerraum, überwiegt der Stein, der Campo Santo in klein ist in einem großen Teil Italiens wiederzufinden, in Spanien und in Portugal findet man zellenartig übereinander angeordnete, oft in einem um den Friedhof herumlaufenden Gang angelegte vertikale Gräber, während im Zentrum des Friedhofs neben bescheidenen Gräbern die „Grab-Pantheons" der Adligen und der religiösen Laien-Bruderschaften gebaut wurden. Zwischen diesen beiden Räumen, vom größten Teil Frankreichs (die Bretagne erinnert an England, die Provence an Italien) bis zum deutschen Raum, überwiegt ein Zwischentyp; hier dominiert der Stein, aber nicht die vertikalen Strukturen. Es gibt viele Familiengräber, Grabgewölbe, auf denen zumeist ein Kreuz thront, manchmal Urnengräber oder Statuen, durch die sich eine beginnende Laizisierung zeigt. Aber auch hier ist das Massengrab weiterhin das Los der Armen.

Die städtischen Friedhöfe der großen Städte, die in immer größerem Maße entstehen, spiegeln zum Teil diese geographischen Kontraste wider – Landschaftsfriedhöfe in Oslo, Steinlandschaften in Genua oder in Barcelona. Aber man kann sagen, daß sich zwischen 1830 und 1880 ein internationaler Stil durchsetzt, und man kann diese Zeit als das goldene Zeitalter des romantischen und post-romantischen

Friedhofs definieren. Es gibt Modelle – insbesondere der Friedhof Père Lachaise in Paris –, aber auch Einflüsse, die manchmal sogar von Übersee kommen – Philadelphia ist ein Beispiel für den in der angelsächsischen Welt so hochgeschätzten Landschaftsfriedhof, schließlich auch ererbte Einflüsse, wie zum Beispiel jene, die vom Campo Santo in Italien ausgingen.

Die Stellung der Toten wird institutionalisiert: In Frankreich und in den Ländern, die von Frankreich beeinflußt wurden, liegt die Verwaltung der Friedhöfe in den Händen der Gemeinde, während England im Laufe des Jahrhunderts die Problematik des begrenzten Platzes auf dem Friedhof durch verstärkte private Initiativen löst. Aber allerorten zeichnet sich eine Hierarchie ab, die vom Massengrab für die Armen über die vagen, über 10 bis 30 Jahre laufenden Konzessionen für die Mittelschicht bis zu den unbegrenzten Konzessionen reicht, durch die die Bourgeoisie ihren Traum von der Unsterblichkeit der Familie zur Realität machen will. Unter diesem Druck verdichtet sich die Friedhofslandschaft: Der Friedhof wird zur Stadt der Toten mit seinen Hierarchien, seinen Abschnitten, die von den Anlagen mit einfachsten Gräbern bis zu jenen reichen, in denen mit mächtigen Bauten geprahlt wird. Die großen italienischen Nekropolen – in Mailand und mehr noch in Genua-Staglieno – verdeutlichen ebenso wie Père Lachaise oder der Zentralfriedhof von Wien den neuen Rang des Friedhofs in der Gesellschaft des 19. Jahrhunderts.

Mit Macht setzt sich ein neues Familiengefühl durch: Die Familie soll bis über den Tod hinaus vereint sein. Statuen zeigen den Vater als Patriarchen, umgeben von seiner Familie, eine neue Sensibilität gegenüber dem Kind wird wach, und vor allem das Grabmal der Frau – des unvergeßlichen, geliebten Wesens – wird ausgestattet. Sie wird hinweggeführt von einem Engel oder vom Tod in Darstellungen, bei denen Eros und Thanatos sich begegnen. Dies ist die Zeit der langen, expliziten Grabinschriften und auch die Zeit, in

der das begründet wird, was man den neuen „Totenkult"
nennen könnte. Der Friedhof wird zum Ort von Besuchen
(Thomas Mann gibt einer seiner Novellen den Titel: ‚Der
Besuch auf dem Friedhof‘), er wird mit Blumen geschmückt. In Toulouse wird am Ende des Jahrhunderts die
bis heute geltende Mode der Chrysanthemen kreiert. Zu Al-
lerheiligen oder zum Palmsonntag trifft die Familie wieder
mit ihren Toten zusammen, und die Religionssoziologen
sprechen in Frankreich von entchristianisierten Regionen,
wo die Messe am Palmsonntag stärker besucht ist als zu
Ostern: Der Totenkult übertrifft die Auferstehung.

Claudine Herzlich / Janine Pierret
Die romantische Krankheit

Nach der Zeit der Epidemie [die im 18. Jahrhundert zu Ende ging] war eine andere Krankheit mehr als ein Jahrhundert lang Sinnbild des Leidens und hat neue Vorstellungen
von der Krankheit geschaffen: die Tuberkulose, vor allem
die Lungentuberkulose. Sie gab in der Öffentlichkeit lange
Zeit Anlaß zu grenzenloser Angst und bildete zugleich
über mehrere Jahrzehnte hinweg die Hauptsorge der Ärzte.
Im ‚Grand Larousse‘ des 19. Jahrhunderts steht verzeich-
net: „In keiner Epoche der Geschichte hat jemals ein Thema die medizinische Welt so beschäftigt wie dieses und in
so kurzer Zeit so viele Forschungen, Experimente und Diskussionen ausgelöst. Es handelt sich in der Tat um die wei-
testverbreitete Krankheit, die zudem die meisten Opfer fordert."
    Zu Beginn des 19. Jahrhunderts, als die Krankheit, zuerst
in England, einige Jahrzehnte später in Frankreich und auf
dem übrigen Kontinent ihren epidemiologischen Höhepunkt erreichte, vereinnahmte die Phantasie der Allgemein-

heit die Tuberkulose und ließ ein Bild der Krankheit entstehen, das von der damals vorherrschenden Romantik durchdrungen war. Sicher lassen auch altgriechische, römische oder asiatische Texte auf das Vorkommen der Tuberkulose schließen. Man hat die Spuren der Krankheit sogar an prähistorischen Gebeinen nachweisen können: an Wirbelsäulen, die beispielsweise von der Pottschen Krankheit gezeichnet sind. Dennoch war das 19. Jahrhundert das eigentliche Zeitalter der Schwindsucht. In England wurden seit 1850 recht genaue Statistiken erstellt; in Frankreich erst gegen Ende des Jahrhunderts, aber man weiß, daß die Tuberkulose bereits zur Zeit Laennecs [bekannter frz. Mediziner; 1781–1826], also im ersten Viertel des Jahrhunderts, für 20 Prozent aller Todesfälle verantwortlich war. Um 1850 lassen die vorhandenen Statistiken eine beträchtliche Sterblichkeitsziffer in den Großstädten erkennen.

Man hielt die Schwindsucht damals für eine Erbkrankheit; sie befiel vornehmlich Reiche, junge Frauen, zerbrechliche Geschöpfe, die von den „traurigen Leidenschaften" verzehrt wurden, von denen Laennec spricht. Sie war ein Leiden, das mit Lebensüberdruß, mit einer existentiellen Verwundung zusammenhing. Die Krankheit war nur Ausdruck der tiefsten inneren Wahrheit des Schwindsüchtigen, eine „Ausnahmeerscheinung" zu sein, ein Wesen, das gefährdet, dadurch aber nur um so auserlesener ist. Man rühmte seine ätherische Schönheit, die sehr zart, blaß und durchsichtig war. Aber man war auch fasziniert von der Leidenschaft, die ihn verzehrte. Diese Leidenschaft äußerte sich in der Glut der Liebe, aber auch in einem besonderen künstlerischen Empfinden, im Sinn für alles Schöne, Schöpferische – das ganze Jahrhundert lang bestand eine besondere Beziehung zwischen Tuberkulose, Kunst und literarischem Schaffen. Das Fieber, die Auszehrung waren daher nur der körperliche Ausdruck eines Feuers, das bald die Glut der Sehnsucht, bald des Genies war, und die Blässe des Kranken belebte. Die glänzenden Augen, die roten Wangen waren Ausdruck eines selbstzerstörerischen Seelenfeuers: die Tage des Tuberkulosekranken verglühten.

Übrigens vertändelte er sie, zumindest wenn er reich war, in komfortablen Verhältnissen. Für ihn war die Tuberkulose auch eine Lebensform in Luxus und Müßiggang. „Es ist viel Süßigkeit darin", schreibt Kafka gegen 1920 an Milena. Bei den Bürgern am Anfang des 19. Jahrhunderts durchlebte man die Krankheit vor allem zu Hause, eingeschlossen in die Behaglichkeit des Zimmers, geheimgehalten durch eine Familie, die sich die Möglichkeit vorteilhafter gesellschaftlicher Verbindungen bewahren wollte. Aber dann zeichnete sich andererseits die Utopie der Heilung versprechenden Reise ab: die Reise in den Süden, die scheinbar Höhepunkt des Lebens und ein Abenteuer war, die man aber auch als das Privileg eines unheilbaren Kranken ansah. Dann hatte die Krankheit einen eigenen Bereich: das Sanatorium. Die ersten Sanatorien wurden zwischen 1854 und 1859 in Schlesien erbaut, und Thomas Mann hat 1924 mit dem Berghof im ‚Zauberberg' den unübertreffbaren Archetypus beschrieben. Der reiche Kranke führt dort ein genußreiches, verfeinertes Leben. Der Tod – ebenso wie die unangenehmen äußerlichen Aspekte der Krankheit, der Spucknapf zum Beispiel – ist dort zugleich allgegenwärtig und verborgen. Man spielt dort Leben und Gesundheit, während man sie gleichzeitig zur Illusion erklärt. Man ist von der Welt abgeschlossen, aber der „Magnetismus der Sanatoriumswelt" läßt den Kranken zur gleichen Zeit glauben, hier sei das wahre Leben, und er selbst habe entschieden, „hier oben" zu bleiben.

Johann Friedrich Dieffenbach*

Äther – „der Tod hat nur noch sein halbes Grauen"

Der schöne Traum, daß der Schmerz von uns genommen, ist zur Wirklichkeit geworden. Der Schmerz, dies höchste Bewußtwerden unserer irdischen Existenz, diese deutlichste Empfindung der Unvollkommenheit unseres Körpers, hat sich beugen müssen vor der Macht des menschlichen Geistes, vor der Macht des Ätherdunstes. Wohin wird, oder wohin kann diese große Entdeckung noch führen? Durch sie ist die halbe Todesbahn zurückgelegt, der Tod hat nur noch sein halbes Grauen ...

An die Stelle des unerschütterlichen Vertrauens von Seiten des Kranken zu der Kunst des Arztes ist das Vertrauen zu der Ätherbetäubung getreten. Der Kranke fragt jetzt weniger danach, wer ihn operiert, ob gut oder minder gut, er ist gleichsam abwesend oder die dritte Person dabei. Der bisherige Standpunkt des Arztes ist dadurch verrückt.

Hatte er sonst einen Kranken vor sich, so hat er jetzt zwei. Einen, welchen er operieren will, und einen zweiten, welcher innerlich so krank zu sein scheint, daß er ihm nicht mit allerlei Arzneimitteln zu Hülfe kommen möchte. Er muß sich Gewalt antun, um sich zu überzeugen, daß er ihn selbst in diesen Zustand versetzt habe, und zwar zu des Kranken und seiner eigenen Erleichterung. Dies alles kann er nicht so schnell fassen.

Er steht allein in trauriger Isolierung da. Der Betäubte weiß bei der Operation nichts von seinem Arzte, der Arzt nichts von seinem Kranken. Das Band der wechselseitigen Mitteilung ist zerrissen, der ihn selbst hebende, milde Zuspruch wird nicht vernommen, die Frage nicht beantwortet, es herrscht eine grausige Einsamkeit ...

Er fühlt sich unheimlich mächtig über den, der sich im Leben dem Äther, im Scheintode ihm ergeben hat, nicht wie früher aus freier Wahl, sondern aus banger Furcht vor dem Schmerz. Laut- und empfindungslos liegt der freiwillig aus dem Kreis der Lebenden, Empfindungen, Denkenden Herausgetretene mit geschlossenen Augen wie ein sanft Schlummernder da, und in beängstigender Einsamkeit vollendet der Arzt sein Werk.

---

* [1792–1847; Berliner Chirurg, der als erster die Äther-Narkose anwandte]

Arthur Schopenhauer

„Kurze Vergangenheit" – über das Alter

Die Heiterkeit und der Lebensmuth unserer Jugend beruht zum Theil darauf, daß wir, bergauf gehend, den Tod nicht sehn; weil er am Fuß der andern Seite des Berges liegt. Haben wir aber den Gipfel überschritten, dann werden wir den Tod, welchen wir bis dahin nur von Hörensagen kannten, wirklich ansichtig, wodurch da zu derselben Zeit die Lebenskraft zu ebben beginnt, auch der Lebensmuth sinkt; so daß jetzt ein trüber Ernst den jugendlichen Übermuth verdrängt und auch dem Gesichte sich aufdrückt. So lange wir jung sind, man mag uns sagen, was man will, halten wir das Leben für endlos und gehn danach mit der Zeit um. Je älter wir werden, desto mehr ökonomisiren wir unsere Zeit. Denn im späteren Alter erregt jeder verlebte Tag eine Empfindung, welche der verwandt ist, die bei jedem Schritt ein zum Hochgericht geführter Delinquent hat.

Vom Standpunkte der Jugend aus gesehn, ist das Leben eine unendlich lange Zukunft; vom Standpunkte des Alters aus, eine sehr kurze Vergangenheit; so daß es Anfangs sich uns darstellt wie die Dinge, wann wir das Objektivglas des Opernkuckers ans Auge legen, zuletzt aber wie wann das Okular. Man muß alt geworden seyn, also lange gelebt haben, um zu erkennen, wie kurz das Leben ist. – Je älter man wird, desto kleiner erscheinen die menschlichen Dinge sammt und sonders: das Leben, welches in der Jugend als fest und stabil vor uns stand, zeigt sich uns jetzt als die rasche Flucht ephemerer Erscheinungen: die Nichtigkeit des Ganzen tritt hervor. – Die Zeit selbst hat in unserer Jugend einen viel langsameren Schritt; daher das erste Viertel unseres Lebens nicht nur das glücklichste, sondern auch das längste ist, so daß es viel mehr Erinnerungen zurückläßt, und Jeder, wenn es darauf ankäme, aus demselben mehr zu erzählen wissen würde, als aus zweien der folgenden. Sogar werden, wie im Frühling des Jahres, so auch in dem des Lebens, die Tage zuletzt von einer lästigen Länge. Im Herbste Beider werden sie kurz, aber heiterer und beständiger.

Manfred Vasold

Erfolge in der Seuchenbekämpfung

Nach der Jahrhundertmitte wurden – nicht zuletzt dank der Verbesserungen in der optischen Industrie – immer mehr Mikroorganismen als Krankheitserreger entdeckt, zuerst naturgemäß die größeren unter ihnen. So sah Heinrich Meckel von Hemsbach, der in Berlin Pathologische Anatomie unterrichtete, schon in den 1840er Jahren das Malariaplasmodium und brachte es als erster mit den klinischen Symptomen des Wechselfiebers in Beziehung; die Bedeutung seiner Entdeckung scheint er allerdings nicht erkannt zu haben. 1855 beschrieb der praktische Arzt Alois Pollender erstmals den Erreger des Milzbrandes, der später von Robert Koch in dieser Eigenschaft identifiziert wurde; zugleich wurde dieser Erreger auch von französischen Gelehrten entdeckt. Ein paar Jahre später entdeckten der Erlanger Pathologe Friedrich Albert Zenker und Rudolf Virchow die Trichine als Ursache einer Infektionskrankheit, der Trichinose; die Trichinenkapsel war schon einige Jahrzehnte zuvor von englischen Anatomen entdeckt worden. Virchow war es auch, der 1856 vorschlug, alle durch Schimmelpilz verursachten Krankheiten unter dem Namen Mykose zusammenzufassen; von ihm stammt auch der Begriff Infektionskrankheiten.

Die bedeutendsten Entdeckungen der Bakteriologie kamen etwas später, in den späten 1870er und 1880er Jahren. Gelegentlich ließen sich die Forscher im Labor auch täuschen: Sie sahen seltsame Stäbchen unter ihren Mikroskopen, wenn sie das Blut von Kranken untersuchten, und hielten diese Gebilde für Kristalle, die sich infolge einer Erkrankung gebildet hatten – in Wirklichkeit waren dies die Erreger. So erging es Pasteur und Virchow. Noch war die Bakteriologie eine „noch wenig ausgebaute Provinz der medizinischen Botanik" (R. Virchow). Das wurde bald anders:

1868 erkannte Otto Obermeier ein spiralenförmig gewundenes Kleinstlebewesen als Verursacher des Recurrensfiebers, er erhärtete 1873 diesen Befund. Im gleichen Jahr sah der in Würzburg tätige Bakteriologe und Pathologe Edwin Klebs den Erreger der Diphtherie, den Friedrich Löffler weitere zehn Jahre später als solchen identifizierte. Löffler bemerkte auch, daß nicht die Anwesenheit des Erregers die Krankheit verursachte, sondern daß dessen Stoffwechselprodukt für den menschlichen Organismus giftig war. 1876 gelang es Robert Koch, viele bislang unbekannte Phasen aus dem Leben des Milzbranderregers zu deuten; den Erreger selber soll bereits einige Jahrzehnte zuvor ein Italiener namens Filippi Pacini entdeckt haben, aber man schenkte ihm keinen Glauben. Koch entwickelte neue Nährböden und neue Färbe- und Fixiermethoden. Koch war bereits Leiter des neugeschaffenen Reichsgesundheitsamtes, als er 1882 den Erreger der Tuberkulose entdeckte, im Jahr darauf den Erreger der Cholera. Daß die Tuberkulose eine Infektionskrankheit war, dies war spätestens 1865 klargeworden, als ein französischer Arzt, Jean-Antoine Villemin, die Tuberkulose von einem Menschen auf ein Tier übertrug. Koch fand nach monatelanger Arbeit den Erreger: „längliche, gekrümmte Stäbchen, jedes davon etwa den fünfhundertsten Teil eines Millimeters groß."

Inzwischen hatte die Bakteriologie weitere Entdeckungen gemacht. 1875 fand man die Amöbe, welche die Amöbenruhr hervorruft. 1879 entdeckte Albert Neisser, ein junger Bakteriologe aus Breslau, den Erreger der Gonorrhoe. In diesen Jahren fanden er und zugleich Gerhard Armauer Hansen das Bakterium, welches die Lepra hervorruft, 1880 beschrieb Carl Joseph Eberth das Bacterium typhi; Georg Th. August Gaffky legte von der Salmonella typhi Kulturen an und konnte diese Bakterien als Erreger des Typhus abdominalis identifizieren, was nur dank eines verwickelten Anfärbeverfahrens gelang. In den folgenden Jahren wurde eine Vielzahl weiterer Erreger entdeckt: der des Tetanus und der

Pest, der Bazillenruhr und der Syphilis, der Erreger des Wundbettfiebers und der Keim, welcher den Keuchhusten hervorruft.

Der Übertragungsmodus von Infektionskrankheiten, die nicht unmittelbar von einem Menschen zum andern überspringen, wurde in der Regel erst erkannt, nachdem die Erreger dieser Krankheiten aufgefunden waren. Drei Jahre nach der Entdeckung des Pesterregers erkannte ein französischer Arzt namens Simond, daß ein Floh die Pest von pestinfizierten Ratten auf den Menschen übertragen konnte. Im gleichen Jahr erkannte Sir Ronald Ross, daß die Anophelesfliege den Malariaerreger von Mensch zu Mensch trug; er erhielt dafür 1902 den Nobelpreis für Medizin und Physiologie. Für die Entdeckung der Übertragungsweise des Fleckfiebers bekam Charles Nicolle im Jahr 1928 diesen Preis verliehen.

Die Krankheiten waren in der Regel schon lange bekannt, sie waren in ihren klinischen Symptomen und ihren pathologisch-anatomischen Veränderungen beschrieben, bevor endlich ihre Erreger entdeckt wurden. Die moderne Bakteriologie entstand erst im letzten Drittel des 19. Jahrhunderts; sie gewährte der Medizin einen klaren Einblick in das Wesen der Seuchen; erst seither ist die Epidemiologie nicht eine spekulative, sondern eine experimentelle Wissenschaft. Freilich waren die Erreger vieler weiterer epidemisch auftretender Infektionskrankheiten auch noch weiterhin unbekannt – die verschiedenen Grippeviren und das Pockenvirus beispielsweise. Es bedurfte weiterer Fortschritte im Bereich der optischen Industrie, ehe man diese noch viel kleineren Krankheitserreger sehen konnte.

Die Erkenntnisse der modernen Bakteriologie und der Serologie legten die Grundlagen für weitergehende Maßnahmen der Vorbeugung und der Bekämpfung der Infektionskrankheiten. Sie lieferten auch dem Gesetzgeber Möglichkeiten, die Ausbreitung solcher Krankheiten durch Gesetze einzudämmen: am 30. Juli 1900 wurde ein Reichsseuchengesetz verabschiedet, fünf Jahre später folgte ein preußisches Seuchengesetz. Im Januar 1907 wurde eine eigene Kriegssanitätsordnung erlassen; sie gab jedem Armeecorps einen Hygieniker mit ins Feld. Infolge dieser gesetzlichen Bestimmungen umgab sich Deutschland in diesen Jahren mit einem Netz von Untersuchungsanstalten. Die Erfolge der Vorbeugung waren überwältigend: So ging zum Beispiel in Preußen die Tuberkulose zurück, *bevor* Robert Koch den Tuberkuloseerreger gefunden hatte und lange bevor wirksame Heilmittel auf den Markt kamen.

Inzwischen gab es aber auch Heilerfolge, teils durch Impfung, teils durch Medikamente, und gerade sie nahmen in der Folgezeit erheblich zu. Noch vor der Jahrhundertwende gelang es Emil Behring und Paul Ehrlich, ein Serum gegen die Diphtherie zu entwickeln; 1901 bekam Behring für diese Entdeckung den ersten Nobelpreis für Medizin und Physiologie, der je verliehen wurde; ein weiterer Nobelpreis ging 1905 an Robert Koch und 1908 an Paul Ehrlich. Damals arbeitete Ehrlich gerade an einem Mittel gegen die Syphilis. Er fand zwei Jahre später, bei seinem berühmten 606. Versuch, ein Arsenpräparat, das zu einem „heilenden Arsen" wurde, dem Salvarsan. Mit diesem Medikament gelang es bald, die Syphilis zurückzudrängen. Die Entdeckung dieses auf rein chemischer Basis erarbeiteten Heilmittels läutete die Geburtsstunde der Chemotherapie ein. Und da inzwischen die Erreger so vieler Krankheiten gefunden waren und man jetzt die Reaktionsweisen des Körpers sehr viel besser verstand, gelang es bald auch, Impfseren gegen weitere Infektionskrankheiten – wie Tetanus, Pest, Cholera und viele andere – zu entwickeln.

Wilhelm Busch
Der frommen Helene Versuchung und Ende

Es ist ein Brauch von alters her:
Wer Sorgen hat, hat auch Likör!

„Nein!" — ruft Helene — „Aber nun
Will ich's auch ganz — und ganz — und ganz —
    und ganz gewiß nicht wieder tun!"

Sie kniet von ferne fromm und frisch.
Die Flasche steht auf dem Tisch.

Es läßt sich knien auch ohne Pult.
Die Flasche wartet mit Geduld.

Man kniet nicht gerne weit vom Licht.
Die Flasche glänzt und rührt sich nicht.

Oft liest man mehr als wie genug.
Die Flasche ist kein Liederbuch.

Gefährlich ist des Freundes Nähe.
O Lene, Lene! Wehe, Wehe!

O sieh! — Im sel'gen Nachtgewande
Erscheint die jüngstverstorb'ne Tante.

Mit geisterhaftem Schmerzgetöne —
„Helene!" — ruft sie — „Oh, Helene!!!"

Umsonst! — Es fällt die Lampe um,
Gefüllt mit dem Petroleum.

Und hilflos und mit Angstgewimmer
Verkohlt dies fromme Frauenzimmer.

Hier sieht man ihre Trümmer rauchen.
Der Rest ist nicht mehr zu gebrauchen.

Reinhart Koselleck

Das Kriegerdenkmal

Daß jedem Soldat ein eigenes Grab und ein eigener Grabstein gebühre, haben erstmals im amerikanischen Bürgerkrieg die Nordstaaten gesetzlich festgesetzt, wenn auch die Angehörigen der Südstaaten von den Gedenkfeiern zunächst aussgeschlossen blieben. Diese demokratische Norm wurde dann im Ersten Weltkrieg von den Westmächten und von den Mittelmächten allgemein eingeführt und befolgt. Das individuelle ‚Ruherecht' ist inzwischen eine völkerrechtliche Norm geworden. [...]

Im gleichen Moment freilich, da die demokratische Regel aufgestellt wurde, jedes Soldaten individuell zu erinnern, konnte sie nicht mehr eingehalten werden. Denn die Toten, denen ein je eigenes Grab zugedacht war, wurden oft nicht mehr gefunden, oder sie konnten nicht mehr identifiziert werden. In der Sommeschlacht 1916 blieben auf deutscher Seite von den Gefallenen 72 000 identifizierbar, 86 000 werden vermißt oder konnten – als Leiche – nicht wiedererkannt werden. Ähnlich sind die Relationen in Flandern oder bei Verdun, und zwar auf beiden Seiten der Front. Die technischen Vernichtungsmittel waren so sehr perfektioniert worden, daß den Toten zu finden oder beizusetzen, wie das Gesetz es vorschrieb, nicht mehr möglich war. Die Individuen wurden im Massentod verschluckt. Dieser Befund [... führte zu] zwei Antworten, die sich in den Erinnerungsmalen ausdrücken.

Erstens wurden die Stätten des Todes schlicht in Gedenkstätten selber verwandelt, indem sie so belassen wurden, wie sie beim Waffenstillstand vorgefunden wurden. Die Höhe 60 bei Ypern ist als Schlachtfeld zum Friedhof erklärt worden, weil die rund 8000 Gegner auf wenigen Morgen Land physisch vernichtet und nicht mehr aufgefunden wurden. Damit ist in ironischer Umkehr ein Postulat von Giraud aus der Französischen Revolution erfüllt worden. Giraud plante für Paris einen Friedhofsbetrieb, der die kalzinierten Knochen der Verstorbenen in Medaillons oder in Säulen umzuprägen vorsah, so daß der Tote im Ergebnis mit seinem Erinnerungsmal identisch wurde. Dieses rein innerweltliche, auf eine diesseitige Verewigung zielende Postulat, die Identität von Leichnam und Grabmal, [...] wurde im Ersten Weltkrieg verwirklicht. Im Fort Douaumont sind rund 700 deutsche Soldaten erstickt und eingemauert worden: die Mauer ist ihr Grabmal – ein Vorgang, der sich im Bombenkrieg 1939–1945, der jedermann unbeschadet von Alter und Geschlecht traf, wiederholen sollte.

Zweitens wurden gewaltige Monumente errichtet, wie in Ypern, Vimy, Thiepval oder Navarin, um nur einige zu nennen. In diese Monumente wurden die Namen aller Gefallenen eingetragen, die kein Grab mehr finden konnten, deren Name aber nie vergessen werden sollte. „Their name liveth for evermore", wie der Spruch Kiplings lautet, der auf allen Altartischen aller britischen Friedhöfe irdische Unsterblichkeit verheißt.

Somit wurde der Typus des monumentalen Siegermals aus dem vorangegangenen Jahrhundert zum unmittelbaren Totenmal. Das Staatsvolk, das sich zuvor im Siegesmal seiner Identität versicherte, gedachte jetzt aller Toten einzeln, um – in Rousseaus Bild – aus der volonté de tous eine volonté générale erstehen zu lassen. [...]

Vielleicht darf das Urteil gewagt werden, daß sich fast alle Denkmäler des Ersten Weltkrieges dadurch auszeichnen, Hilflosigkeit durch Pathos zu kompensieren. Der Tod von Hunderttausenden auf wenigen Quadratkilometern Erde, die umkämpft wurden, hinterließ einen Begründungszwang, der mit überkommenen Bildern und Begriffen schwer einzulösen war. Der Wunsch, Kontinuitäten oder Identitäten zu retten, die allenthalben – durch den Tod – zerrissen waren, stieß allzuleicht ins Leere. In Großbritannien befinden sich einige Denkmale, die die alte Todessymbolik aufge-

227

nommen haben, eine Uhr – sei es eine Sonnenuhr oder eine elektrische Uhr –, um mit dem Tod der Soldaten an den Tod schlechthin zu erinnern. In dieser Zurücknahme wird gleichwohl versucht, eine neue Identität zu evozieren, wenn etwa der Spruch – wie in Hinderwell – hinzugefügt wird: „Pass not this stone in sorrow but in pride / And live your lives as nobly as they died".

Der Zweite Weltkrieg brachte eine Veränderung in der ikonographischen Landschaft der Denkmäler mit sich, die auch die politische Sinnlichkeit umstimmte. Noch in frischer Tradition steht die schlichte Erweiterung der Denkmäler durch Hinzufügung von Totentafeln für die Jahre 1939–1945, die allgemein üblich, in Frankreich staatlich geboten wurde, um den Neubeginn allein durch Widerstandsdenkmäler zu markieren. Aber auch die Stillage des heroischen Realismus, in der die meisten Denkmäler der Russen oder für die Résistance in Frankreich oder Belgien errichtet wurden, ist formal von der offiziellen Kunst der Nationalsozialisten oft kaum zu unterscheiden. Darüber hinaus aber sind Neuerungen zu erkennen, die auf einen sichtbaren Appell zur politischen oder sozialen Identifikation mit dem Sinn des vergangenen Sterbens verzichten.

Die Vernichtung nicht nur von Lebenden, sondern auch der Leichname, durch den Luftkrieg, aber mehr noch in den deutschen Konzentrationslagern, führte dahin, das alte Formenarsenal der Krieger- und Siegermale aufzugeben. Opfer, die zur Sinnlosigkeit verdammt wurden, erheischten, wenn überhaupt, eine Art negatives Mahnmal. […]

Schließlich hat Kienholz, während des Vietnamkrieges, das Antidenkmal geschaffen, eine Parodie zum Siegesmal von Arlington. Er baut eine Alltagsszenerie auf, in die ein tragbares Kriegerdenkmal hineingestellt ist. Daneben steht eine Tafel, auf der – je nach neuem Kriegsbeginn – die Toten mit Kreide nachgetragen werden sollen, mit Kreide, um die Vergessenheit des Todes nicht dem Denkmal anzulasten, sondern den Menschen, die sich seiner Erinnerung entziehen. So hat sich in der westlichen Welt, wenn auch nicht überall und durchgängig, eine Tendenz verstärkt, den Tod in Krieg oder Bürgerkrieg nur noch als Frage, nicht mehr als Antwort, nur noch als sinnfordernd, nicht mehr als sinnstiftend darzustellen. Es bleibt die Identität der Toten mit sich selbst, deren Denkmalsfähigkeit sich der Formensprache einer politischen Sinnlichkeit entzieht.

Jorge Semprun
„Unter dem Lachen der SS-Männer"

Vielleicht habe ich aus Stolz bis jetzt noch niemand diese Geschichte von den jüdischen Kindern erzählt, die in der Kälte des kältesten Kriegswinters aus Polen kamen, um auf der breiten Straße, die zum Eingang des Lagers führte, unter den düsteren Blicken der Hitleradler zu sterben. Vielleicht aus Stolz. Als ginge diese Geschichte nicht jedermann an, und vor allem nicht jene Kinder, die heute sechzehn Jahre alt sind, als besäße ich das Recht, ja auch nur die Kraft, sie noch länger für mich zu behalten. Ich habe mir zwar vorgenommen zu vergessen. In Eisenach habe ich mir auch vorgenommen, nie zum Veteranen zu werden. Und ich habe wirklich vergessen, ich habe alles vergessen, alles ist nur noch Erinnerung für mich. Ich kann diese Geschichte der jüdischen Kinder aus Polen jetzt erzählen, nicht wie eine Geschichte, die mir ganz persönlich zugestoßen ist, sondern die vor allem diesen jüdischen Kindern aus Polen zugestoßen ist. Mehr noch, es ist mir nach diesen langen Jahren freiwilligen Vergessens nicht nur möglich, sie zu erzählen, ich muß es tun. Ich muß sie nennen, nicht in meinem eigenen Namen, sondern im Namen der Dinge, die geschehen sind. Ich muß diese Geschichte der jüdischen Kinder im Namen der jüdischen Kinder selber erzählen. Ich muß diese Geschichte ihres Todes auf der großen Straße, die zum Eingang des Lagers führte, unter den steinernen Blicken der Naziadler, unter dem Lachen der SS-Männer erzählen, im Namen dieses Todes selber.

Die jüdischen Kinder kamen nicht wie wir mitten in der Nacht, sondern im grauen Licht des Nachmittags an.

Es war der letzte Winter dieses Krieges, der kälteste Winter dieses Krieges, dessen Ausgang sich in Kälte und Schnee entschied. Die Deutschen waren durch eine große russische Offensive, die durch ganz Polen brandete, zurückgeschlagen worden und evakuierten, soweit die Zeit reichte, die in den polnischen Lagern angesammelten Gefangenen. Tagelang, wochenlang sahen wir in der Nähe von Weimar, im Buchenwald oberhalb von Weimar, die Evakuiertentransporte ankommen. Auf den Bäumen lag Schnee, auf den Straßen häufte sich Schnee, und im Quarantänelager versank man bis an die Knie im Schnee. Die polnischen Juden waren tagelang, bis zu zweihundert in einem Güterwagen zusammengepfercht und ohne Essen und Trinken gelassen, in der Kälte des Winters, dem kältesten dieses Krieges, gereist. Wenn man im Lagerbahnhof die Schiebetüren öffnete, regte sich zunächst überhaupt nichts, die meisten Juden waren vor Kälte und Hunger stehend gestorben, man mußte die Wagen entladen, als bestünde ihre Fracht aus Holz, und die Leichen fielen stocksteif auf den Bahnsteig, man warf sie auf Haufen und fuhr sie lastwagenweise ins Krematorium. Und doch gab es noch Überlebende und Sterbende inmitten dieses Haufens zusammengefrorener Leichen in den Wagen. Eines Tages, als wir in einem dieser Wagen, in dem noch Überlebende waren, die Haufen zusammengefrorener Leichen auseinandergebrochen hatten, die mit ihren steifgefrorenen Kleidern oft fast unlösbar aneinanderhingen, entdeckten wir plötzlich eine Gruppe jüdischer Kinder. Da standen nun plötzlich auf dem Bahnsteig, im Schnee, unter den schneebeladenen Bäumen, etwa fünfzehn jüdische Kinder und blickten mit erstaunten Blicken um sich, blickten auf die Haufen übereinandergeworfener Leichen, die dalagen wie entrindete, transportfertige Baumstämme am Rand einer Straße, blickten auf die Bäume und den Schnee auf den Bäumen, blickten, wie Kinder blicken. Die SS-Männer machten zunächst etwas ratlose Gesichter, als wüßten sie nicht so recht, was sie mit den Kindern machen sollten, diesen etwa acht- bis zwölfjährigen Kindern, von denen manche freilich durch ihre entsetzlich mageren Körper und den Ausdruck ihrer Augen eher wie Greise erschienen. Auf alle Fälle wußten die SS-Männer zunächst offenbar nicht, was sie mit den Kindern anfangen sollten, sie trieben sie in eine Ecke, vielleicht um Zeit zu gewinnen und Weisungen einzuholen, und führten die paar Dutzend erwachsener Überlebender des Transports über die breite Straße zum Lager ab. Aber selbst von diesen Überlebenden sollte noch ein Teil Zeit haben zu sterben, ehe sie den Lagereingang erreichten; man sah sie zusammenbrechen, als erlösche ihr Lebenslicht plötzlich vollends, nachdem es schon in den zusammengefrorenen Leichenbergen der Wagen nur noch mühsam geflackert hatte, manche fielen wie vom Blitz getroffen der Länge nach in den schmutzigen, aufgeweichten Schnee der Straße mitten unter den großen, bebenden Buchen, auf denen unbefleckt der Schnee lag, andere brachen zuerst in die Knie und versuchten, sich wieder zu erheben, krochen auf allen vieren noch ein paar Meter weiter und blieben schließlich ausgestreckt liegen, die Arme nach vorn gestreckt, mit den skeletthaften Händen den Schnee aufkratzend, als versuchten sie mit letzter, verzweifelter Kraft, noch ein paar Zentimeter näher an das Lagertor zu gelangen, als bedeute das Lagertor das Ende des Schnees und des Winters und des Todes. Schließlich war niemand mehr auf dem Bahnsteig außer dieser Gruppe jüdischer Kinder. Die SS-Männer kamen mit Verstärkung zurück, sie mußten genaue Weisungen erhalten haben, vielleicht auch hatte man es ihnen freigestellt, vielleicht durften sie von sich aus bestimmen, wie diese jüdischen Kinder hingemordet werden sollten. Kurz, sie kamen

231

mit Verstärkung zurück, hatten Hunde bei sich, lachten schallend, riefen sich Witze zu und lachten noch lauter. Dann bildeten sie einen Halbkreis und stießen die jüdischen Kinder auf der breiten Straße vor sich her. Ich erinnere mich noch, wie die Kinder sich umblickten, sie blickten die SS-Männer an, sie glaubten am Anfang wohl, man wolle sie nur zum Lager begleiten, wie sie es soeben bei den Großen gesehen hatten. Aber die SS-Männer ließen die Hunde los und begannen, mit Knüppeln auf die Kinder einzuschlagen, damit sie liefen, das war der Auftakt zu der Treibjagd auf der breiten Straße, dieser Treibjagd, die sie erfunden hatten oder die man ihnen befohlen hatte, und die jüdischen Kinder fingen an, unter den Schlägen der Knüppel und dem Anstürmen der Hunde, die an ihnen hinaufsprangen und sie, ohne zu bellen, ohne zu knurren – es waren dressierte Hunde – in die Beine bissen, zu laufen, auf der breiten Straße, dem Lagertor zu. Vielleicht begriffen sie in diesem Augenblick noch nicht, was sie erwartete, vielleicht dachten sie, das sei nur eine letzte Schikane, ehe sie ins Lager eingelassen würden. Die Kinder liefen, ihre Mützen mit den langen Schirmen tief über die Ohren gezogen, ihre Beine bewegten sich ungeschickt, zugleich ruckweise und langsam wie im Kino, wenn ein alter Stummfilm gezeigt wird, wie in Alpträumen, wenn man aus Leibeskräften rennt, ohne einen Schritt voranzukommen, und das Etwas, das einen packen will, packt einen, und man wacht in kalten Schweiß gebadet auf, und dieses Etwas, diese Meute von SS-Hunden, hatte bald die schwächsten unter ihnen niedergerannt, diejenigen, die vielleicht nur acht Jahre alt waren, die bald nicht mehr die Kraft hatten, weiterzurennen, sie wurden zu Boden geschleudert, zermalmt, mit Knüppeln erschlagen, blieben an der Straße ausgestreckt liegen und bildeten mit ihren abgemagerten, ausgerenkten Körpern die Wegmarken der Treibjagd, der Meute, die über sie hinwegbrauste. Bald blieben nur noch zwei von ihnen übrig, ein großer und ein kleiner, sie hatten bei dem verzweifelten Lauf ihre Mützen verloren, ihre Au-

232

gen glänzten wie schimmerndes Eis in ihren grauen Gesichtern, und der kleinere begann zurückzubleiben, die SS-Männer brüllten hinter ihnen, auch die Hunde begannen zu brüllen, der Blutgeruch brachte sie außer sich, aber da hielt der größere der Jungen im Laufen inne und nahm die Hand des kleineren, der schon stolperte, und sie legten zusammen noch ein paar Meter zurück, die linke Hand des Jüngeren in der rechten des Älteren, bis die Knüppel auch sie niederstreckten und sie nebeneinander mit dem Gesicht zu Boden fielen, ihre Hände auf immer vereint. Die SS-Männer sammelten die Hunde, die unzufrieden knurrten, legten den Weg in umgekehrter Richtung noch einmal zurück und jagten jedem der Kinder, die da auf der breiten Straße unter dem leeren Blick der Hitleradler ausgestreckt lagen, eine Kugel durch den Kopf.

Annemarie Pieper

Camus' „Sisyphos" und das Absurde des Lebens

Das Absurde zeigt sich nach Camus in „jener hoffnungslosen Kluft zwischen der Frage des Menschen und dem Schweigen der Welt", die weder verstehbar noch erklärbar, d.h. auf Gründe oder Ursachen rückführbar ist. Sie ist pure Faktizität, Manifestation absoluter Sinnlosigkeit. Daher ist es per definitionem ausgeschlossen, das Faktum des Absurden zum Gegenstand erkenntnistheoretischer Überlegungen zu machen, denn hier ist „jede wirkliche Erkenntnis unmöglich". Nicht einmal in bezug auf die eigene Existenz gibt es für ein Individuum völlige Gewißheit.

Das Herz in mir kann ich fühlen, und ich schließe daraus, daß es existiert. Die Welt kann ich berühren, und auch daraus schließe ich, daß sie existiert. Damit aber hört mein ganzes Wissen auf; alles

233

andere ist Konstruktion. […] Selbst dieses Herz, das doch meines ist, wird mir immer unerklärbar bleiben. Die Kluft zwischen der Gewißheit meiner Existenz und dem Inhalt, den ich dieser Gewißheit zu geben suche, ist nie zu überbrücken. Ich werde mir selbst immer fremd bleiben. […]

Zwar weist das Absurde an sich selber keinerlei Folgerichtigkeit auf, wohl aber läßt sich zeigen, welche den Menschen und sein Handeln betreffenden Schlußfolgerungen mit der Voraussetzung des Absurden verträglich sind und welche nicht.

(Der Mensch) fühlt in sich sein Verlangen nach Glück und Vernunft. Das Absurde entsteht aus dieser Gegenüberstellung des Menschen, der fragt, und der Welt, die vernunftwidrig schweigt. Das dürfen wir nicht vergessen. Daran müssen wir uns klammern, weil die ganze Folgerichtigkeit eines Lebens daraus hervorgehen kann. Das Irrationale, das Heimweh des Menschen und das Absurde, das sich aus ihrem Zwiegespräch ergibt, sind die drei Figuren des Dramas, das notwendigerweise mit der ganzen Logik enden muß, deren eine Existenz fähig ist.

Die Logik des Absurden ist somit keine Gedankenspielerei, kein um seiner selbst willen durchgeführter Kalkül; vielmehr ist sie das einzige Instrument, vermittels dessen sich der Mensch des Sinns oder der Unsinnigkeit seines Daseins vergewissern kann. Sie entscheidet also über Leben und Tod, insofern aus der These, daß dem Leben keinerlei Sinn innewohnt, die Erlaubnis zu töten folgen würde.

Die Frage nach der Einheit und damit nach dem einem Menschen erreichbaren Sinn des Lebens läßt sich somit nur in der Konfrontation mit der Sinnlosigkeit des Todes zureichend behandeln. Die Argumente für und gegen den Tod, die die Logik des Absurden zu prüfen hat, finden sich in nahezu allen Werken, die Camus veröffentlicht hat. Der Tod von eigener Hand, der Selbstmord, steht im Mittelpunkt des „Mythos von Sisyphos" und des Stücks „Die Besessenen"; die Tötung eines anderen um des Geldes willen ist das Thema von „Der glückliche Tod" und „Das Mißverständnis"; um den Tyrannenmord geht es in „Caligula" und „Die Gerechten"; der im Vollzug eines Todesurteils vollstreckte Tod als Sühne für einen begangenen Mord wird in „Der Fremde" und ebenfalls in „Die Gerechten" behandelt; den vom Schicksal verhängten Tod stellen „Die Pest" und „Der Belagerungszustand" dar; der Massenmord schließlich wird in „Der Mensch in der Revolte" problematisiert. [...]

Wenn das Absurde unhintergehbare Voraussetzung, das schlechthinnige Apriori jedweden menschlichen Denkens und Tuns ist, wie kann der Mensch dann noch an seinem unbedingten Anspruch auf Einheit festhalten? [...] Sollte er nicht letztlich im Tod sein Heil suchen, um zu demonstrieren, daß das Leben sich nicht lohnt? [...]

Die zentrale Frage des „Mythos von Sisyphos" lautet: „gibt es eine Logik bis zum Tode?" Camus kennt insofern „nur ein wirklich ernstes philosophisches Problem: den Selbstmord". Vor dieser dringlichsten aller Fragen sinken alle wissenschaftlichen Fragen – „ob die Welt drei Dimensionen und der Geist neun oder zwölf Kategorien habe [...]. Ob die Erde sich um die Sonne dreht oder die Sonne um die Erde" – zur Bedeutungslosigkeit herab, da sie eigentlich erst interessieren, nachdem die Frage nach dem Sinn des Lebens beantwortet ist. Lassen sich Argumente finden, die – ausgehend von der Voraussetzung des Absurden, daß nichts in der Welt einen Sinn hat – es erlauben, den Selbstmord als eine eindeutige, unbezweifelbare Konsequenz aus dem Absurden abzuleiten? Camus erörtert diese Frage im Zusammenhang mit zwei Spielarten des Selbstmords: dem „logischen" (leiblichen) und dem „philosophischen" (geistigen) Selbstmord.

Die Beispiele für eine „tödliche Logik" zur Begründung der Legitimität des leiblichen Selbstmords entnimmt Camus der russischen Literatur. Im Tagebuch notiert er ein Zitat von Tolstoi:

Wenn alle irdischen Güter, für die wir leben, wenn alle Freuden,

235

die uns das Leben gewährt, Reichtum, Ruhm, Ehren, Macht, uns durch den Tod geraubt werden, haben diese Güter keinerlei Sinn. Wenn das Leben nicht unendlich ist, dann ist es ganz einfach absurd, ist es nicht wert, gelebt zu werden, und man muß sich seiner so schnell wie möglich durch Selbstmord entledigen.

Sinn kann nach diesem Zitat nur etwas zugesprochen werden, das nicht bloß während einer gewissen Zeitspanne gilt, sondern ewige Gültigkeit besitzt. Sofern weder die Menschen noch die Dinge, die von Menschen als ein Gut erstrebt werden, unsterblich sind, hat das (vergängliche) Leben weder aus sich selbst noch durch etwas anderes irgendeinen Wert. Von allem Wertlosen aber sollte man sich schleunigst befreien.

Ein anderes Beispiel stammt aus Dostojewskijs „Dämonen": Kirilow will sich umbringen, um Gott zu werden.

Die Überlegung hat eine klassische Wahrheit. Wenn Gott nicht existiert, ist Kirilow Gott. Wenn Gott nicht existiert, muß Kirilow sich umbringen. Kirilow muß sich also umbringen, um Gott zu sein.

Dieses Argument signalisiert die Sinnlosigkeit der Welt durch die Nichtexistenz eines Gottes in seiner traditionellen Rolle als Sinngarant. Damit die Welt einen Sinn bekommt, muß der Mensch an die Stelle Gottes treten. Der Mensch aber kann seine Göttlichkeit nur durch einen Akt absoluter Freiheit demonstrieren: dadurch, daß er selber seinem Leben ein Ende setzt.

Camus bezeichnet alle diese Argumentationsstrategien als „Muster unlogischer Logik". […]

Zum Beleg für das, was er den philosophischen Selbstmord nennt, rekurriert Camus auf die Existenzphilosophie, der er ebenso wie der russischen Literatur einen Sinn, ein tiefes Gespür für das Klima des Absurden zuerkennt.

Von Jaspers bis Heidegger, von Kierkegaard bis Schestow, von den Phänomenologen bis zu Scheler sind – auf dem Gebiet der Logik und auf dem Gebiet der Moral – alle Geister durch ihre Sehnsucht miteinander verwandt, wenngleich sie in ihren Methoden und in ihren Zielen einander widersprechen, und sie sind eifrig darum bemüht, die königliche Straße der Vernunft zu sperren und die echten Wege zur Wahrheit wiederzufinden.

Welche Konsequenzen zieht nun die Existenzphilosophie aus dem Faktum des Absurden? Camus unterscheidet zwei mögliche Schlußfolgerungen: zu fliehen oder auszuharren.

Im ersten Falle handelt es sich darum, zu wissen, wie man flieht, im zweiten, warum man bleibt. So definiere ich das Problem des Selbstmordes und das Interesse, das man den Schlußfolgerungen der Existenzphilosophie entgegenbringen kann.

Eine Flucht sieht Camus in allen Transzendenzbewegungen, sofern sie Ausdruck einer Hoffnung sind, der Hoffnung nämlich, das Absurde auf ein Jenseits hin überschreiten und aufheben zu können. Während die „logischen" Selbstmörder dieses Ziel durch Tötung des Leibes zu erreichen suchen, beschreiten die „philosophischen" Selbstmörder den anderen Weg, indem sie die Tötung des Geistes, der Vernunft im Menschen propagieren. „Der Begriff des Irrationalen, wie er von den Existenzphilosophen verstanden wird, ist die Vernunft, die sich zersetzt und sich durch Selbstverneinung befreit." […]

Um die absurde Zweiheit aufzugeben und sich wieder mit sich selbst zu versöhnen, verzichtet der Mensch auf die Vernunft; er gibt seinen Anspruch auf Klarheit und Rationalität preis und überläßt dem Irrationalen das Feld. Analog wie beim kosmischen Akt, in dem der Mensch ebenfalls durch Ausschaltung seines geistigen Wesens eine Angleichung an die Natur herbeizuführen sucht, mit der er sich zu vereinigen trachtet, versucht er sich nun dem Irrationalen anzupassen. Diese Anpassung ist existenzphilosophisch dann gerechtfertigt, wenn das Irrationale vergöttlicht wird, wenn der Mensch sich durch die Unterdrückung seines Verlangens nach Vernünftigkeit nicht der totalen Sinnlosigkeit ausliefert, sondern dem unbegreiflichen Willen eines Gottes unterwirft, der schon irgendwie für Sinn sorgen wird. „So gibt er (Kierkegaard) in qualvoller Flucht dem Irrationalen das Antlitz und seinem Gott die Eigenschaften des Absurden: ungerecht, inkonsequent und unbegreiflich."

Der Transzendenzbewegung des „Fliehens" stellt Camus – als eine andere Weise des philosophischen Selbstmords – die Immanenzbewegung des „Ausharrens" gegenüber. Hier hat die Geschichtsphilosophie ihren Ort. Sie leugnet einen jenseitigen Gott und verlagert das Ziel der Geschichte in eine ferne Zukunft. „Die Zukunft ist für Menschen ohne Gott das einzige Jenseits". Am Ende der Geschichte wird das Absurde aufgehoben sein – bis dahin gilt es, den Widerspruch zu ertragen und in ihm auszuharren, d.h. die Vernunft und ihren Unbedingtheitsanspruch auf ein entrücktes Später zu vertrösten.

Camus' Kritik an den verschiedenen Formen des Selbstmords läuft darauf hinaus, daß sie zwar allesamt vom evidenten Tatbestand des Absurden ausgehen, daraus aber falsche, der Logik des Absurden widersprechende Konsequenzen ziehen. [...]

Das Absurde läßt sich nur aufheben um den Preis des Selbstverlustes, und der Irrtum des Selbstmörders jeglicher Spielart besteht darin, daß er glaubt, durch Negation der einen oder der anderen Seite des absurden Verhältnisses – indem er also entweder seinen Körper oder seinen Geist loszuwerden versucht – zur Einheit mit sich selbst zu gelangen und ganz er selbst zu werden, sei es als reine Materie, sei es als reiner Geist. Genau das Gegenteil ist der Fall: sofern er sich des Absurden zu entledigen trachtet, entledigt er sich seiner selbst; er entmenschlicht sich, denn der Mensch kann sich nur im (Miß-)Verhältnis zur irrationalen Welt als Mensch realisieren, und das bedeutet, daß die andere Seite des Gegensatzes konstitutiv ist für seine Existenz. [...]

Wer das Leben verleugnet, verleugnet das Absurde; das Absurde verleugnen heißt sich selbst widersprechen; sich selbst widersprechen schließlich ist gleichbedeutend mit dem Sieg des Irrationalen über die Menschlichkeit. Die einzige Schlußfolgerung mithin, die die Logik des Absurden zuläßt, ist die Anerkennung des Lebens als eines notwendigen Gutes, „weil gerade es diese Kluft erzeugt, andernfalls der Spieleinsatz des Absurden keine Deckung hätte". [...] Jeder Selbstmord ist in irgendeinem Punkt unlogisch.

Roland Barthes
Vermißt?
Erwägungen über den Liebestod

VERMISST. Das liebende Subjekt sieht, wenn es sich seinen eigenen Tod vorstellt, das Leben des geliebten Wesens weitergehen, als sei nichts geschehen.

Werther

1. Werther überrascht Lotte und eine ihrer Freundinnen dabei, wie sie gedankenlos dahinplappern; sie sprechen ganz gleichgültig über einen Sterbenden: „Und doch – wenn du nun gingst, wenn du aus diesem Kreise schiedest? würden sie, wie lange würden sie die Lücke fühlen, die dein Verlust in ihr Schicksal reißt? wie lange? ..."
Nicht daß ich mich mir als Dahingegangenen vorstellte, dem keine Trauer gilt: der Nachruf ist gesichert: eher *sehe* ich – auch in und jenseits der eigentlichen Trauer, die ich nicht leugne – das Leben der anderen ohne Veränderungen sich fortsetzen: ich sehe sie weiter ihren Beschäftigungen, ihrem Zeitvertreib, ihren Problemen nachgehen, sehe sie dieselben Orte, dieselben Freunde aufsuchen; nichts änderte sich an ihrem Leben, wenn die Lücke ausgefüllt wäre. Aus der Liebe als wahnsinnigem Höhenflug der Abhängigkeit (ich habe ein *absolutes* Bedürfnis nach dem Anderen) erwächst

auf grausame Weise die entgegengesetzte Position: niemand hat ein wirkliches Bedürfnis nach mir.

J.-L. B. (Einzig und allein die Mutter kann vermissen: deprimiert sein, sagt man, heißt die Gestalt der Mutter in sich tragen, so wie ich mir vorstelle, daß sie mich auf ewig vermissen wird: regloses, totes, aus der *Nekyia* hervorgegangenes Bild; aber die anderen sind nicht die Mutter: ihnen bleibt die Trauer, mir die Depression.)

2. Werthers Panik steigert sich gerade dadurch, daß der Sterbende (in den er sich hineinprojiziert) zum Gegenstand des Klatsches wird: Lotte und ihre Freundin sind kleine „Weibchen", die ober-
Etymologie flächlich über den Tod plappern. So sehe auch ich mich von den Mäulern der anderen zerrissen, im Äther des Klatsches aufgelöst. Und der Klatsch wird sich fortsetzen, auch wenn ich schon lange nicht mehr sein Objekt bin: eine oberflächliche und unermüdliche Sprachenergie wird sogar mit meinem Andenken fertig werden.

WERTHER, 83.
J.-L. B.: Unterhaltung.
ETYMOLOGIE: *„papoter"* [plappern]: *pappa,* Brei, *pappare,* Lallwort für mit den Lippen schmatzen, pappen, essen.

Philippe Ariès

Der Beginn der Lüge
und das Verbot des Todes

Während des langen Zeitraums vom Hochmittelalter bis zur Mitte des 19. Jahrhunderts hat sich die Einstellung zum Tode zwar verändert, aber derart langsam, daß die Zeitgenossen diese Veränderung nicht wahrgenommen haben. Seit mehr als dreißig Jahren werden wir jedoch Zeugen einer brutalen Revolution der traditionellen Gefühle und Vorstellungen; so brutal, daß sie nicht verfehlt hat, die Beobachter gesellschaftlichen Wandels in Erstaunen zu versetzen. Das ist ein neues, wirklich absolut beispielloses Phänomen. Der früher so gegenwärtige und derart vertraute Tod verliert sich und verschwindet. Er wird schamhaft ausgespart und zum verbotenen Objekt.

Diese Revolution hat sich in einem genau definierten kulturellen Bereich vollzogen: da, wo der Kult der Toten und Friedhöfe im 19. Jahrhundert nicht die in Frankreich, Italien und Spanien feststellbare große Entwicklung durchgemacht hat ... Es hat sogar den Anschein, als hätte sie in Amerika eingesetzt, um von da aus nach England, Holland und ins industrielle Europa vorzudringen, und wir sehen sie heute, vor unseren Augen, auf Frankreich übergreifen und an Boden gewinnen. An ihrem Ursprung steht ohne Zweifel ein Gefühl, das man bereits in der zweiten Hälfte des 19. Jahrhunderts vorformuliert findet: Die Umgebung des Sterbenden neigt dazu, ihn zu schonen und ihm die Schwere seines Zustandes zu verheimlichen; man räumt gleichwohl ein, daß die Verschleierung nicht allzu lange aufrechterhalten werden darf (mit Ausnahme ungewöhnlicher Fälle wie Mark Twain einen in *Was it Heaven or Hell?* aus dem Jahre 1902 beschrieben hat), der Sterbende muß eines Tages erfahren, wie es um ihn steht, aber dann haben die Angehörigen gewöhnlich nicht mehr den grausamen Mut, ihm von sich aus die Wahrheit zu sagen.

Kurzum, die Wahrheit beginnt fragwürdig zu werden.

Das erste Motiv für diese Täuschung hat der Wunsch beigesteuert, den Kranken zu schonen, ihm seine Prüfung durch Pflege zu erleichtern. Dieses Gefühl aber, dessen Ursprung wir kennen (die Intoleranz angesichts des Todes des Anderen und das neue Vertrauen des Sterbenden in seine Umgebung), ist sehr bald von einer andersartigen, für die

Moderne bezeichnenden Strebung überdeckt worden: nicht mehr dem Kranken, sondern der Gesellschaft, der Umgebung selbst die Belästigung und die allzu starke, unerträgliche gefühlsmäßige Belastung zu ersparen, wie sie die Widerwärtigkeit des Todeskampfes und die einfache Präsenz des Todes inmitten des vollen Lebens mit sich bringt, denn man hält es jetzt für ausgemacht, daß das Leben glücklich ist oder wenigstens den Anschein haben soll. Noch hat sich an den Todesriten nichts geändert, die wenigstens dem Schein nach aufrechterhalten werden, und noch hat man nicht das Bedürfnis, sie umzugestalten. Aber man hat bereits begonnen, sie ihrer dramatischen Bürde zu entkleiden, der Prozeß des Verschwindenmachens hat eingesetzt. Er ist bereits in den Todeserzählungen von Tolstoi deutlich greifbar.

Zwischen 1930 und 1950 beginnt diese Entwicklung sich zu überstürzen. Diese Beschleunigung rührt von einem bedeutsamen materiellen Phänomen her: Der Ort des Todes verschiebt sich. Man stirbt nicht mehr zu Hause, im Kreise der Seinen. Man stirbt im Krankenhaus, allein.

Man stirbt im Krankenhaus, weil das Krankenhaus zu der Stätte geworden ist, wo man die Betreuung erhält, die zu Hause nicht mehr gewährleistet ist. Es war früher das Asyl der Notleidenden, der Pilger; es wurde fürs erste zum medizinischen Zentrum, in dem man heilte und gegen den Tod kämpfte. Diese kurative Funktion hat es immer gehabt, doch beginnt man heute auch, einen bestimmten Typus von Krankenhaus als privilegierten Ort des Todes aufzufassen. Man ist im Krankenhaus gestorben, weil die Ärzte beim Versuch der Heilung erfolglos waren. Man geht oder wird demnächst ins Krankenhaus gehen, nicht um zu genesen, sondern gerade um zu sterben. Die amerikanischen Soziologen haben festgestellt, daß es in Amerika heute zwei große Gruppen von Kranken gibt: auf der einen Seite ganz rückständige, erst vor kurzem eingewanderte, die noch den alten Traditionen des Todes verhaftet sind und den kranken Angehörigen aus dem Hospital zu entführen suchen, um ihn zu Hause, *more majorum*, sterben zu lassen, auf der anderen blinde Anhänger der Moderne, die zum Sterben ins Krankenhaus kommen, weil es ungebührlich geworden ist, zu Hause zu sterben.

Der Tod im Krankenhaus ist nicht mehr Anlaß für eine rituelle Zeremonie, die der Sterbende im Kreise seiner versammelten Angehörigen und Freunde lenkt und die wir wiederholt in Erinnerung gerufen haben. Der Tod ist ein technisches Phänomen, das sich aus dem Abbruch der Betreuung ergibt, d. h. aus einer mit mehr oder weniger Deutlichkeit ausgesprochenen Entscheidung des Arztes und des Krankenhauspersonals. In der Mehrzahl der Fälle hat der Kranke überdies schon lange das Bewußtsein verloren. Der Tod ist in eine Serie von kleineren Teilphasen aufgelöst, zerstückelt, von denen man nicht mit Sicherheit weiß, welche den wirklichen Tod bedeutet, die, in der man das Bewußtsein verloren, oder die, in der man den letzten Atemzug getan hat ... Alle diese kleinen stillen Tode haben den großen dramatischen Vorgang des Todes ersetzt und unkenntlich gemacht, und niemand hat mehr die Kraft oder die Geduld, über Wochen hinweg einen Zeitpunkt zu erwarten, der einen Teil seiner Bedeutung eingebüßt hat.

Vom Ende des 18. Jahrhunderts an drängt sich der Eindruck auf, daß ein Abgleiten ins Sentimentale die Initiative vom Sterbenden selbst auf die Familie übergehen ließ – eine Familie, in die er jetzt sein ganzes Vertrauen setzte. Heute ist die Initiative von der Familie, die ebenso entfremdet ist wie der Sterbende, auf den Arzt und das Krankenhauspersonal übergegangen. Sie sind die Herren und Meister über den Tod, seinen Zeitpunkt und die Umstände, unter denen er eintritt, und man hat festgestellt, daß sie sich bemühen, ihren Patienten zu einem *acceptable style of living while dying*, zu einem *acceptable style of facing death* anzuhalten. Der Akzent liegt auf „annehmbar". Ein annehmbarer Tod ist ein Tod, der für die Hinterbliebenen annehmbar oder erträglich ist. Er hat auch sein Gegenteil: das *embarrassingly graceless dying*, das die Hinterbliebenen in Verlegenheit bringt, weil es zu starke Gefühlsregungen auslöst; Emotionen aber sind das, was im Krankenhaus genauso wie überall sonst in der Gesellschaft vermieden werden muß. Das Recht, seine Erschütterung zu zeigen, hat man nur privat, d.h. im verborgenen.

Das also ist aus der großen Szene des Todes geworden, die sich jahrhundertelang, wenn nicht jahrtausendelang so geringfügig verändert hatte. Auch die Bestattungsriten sind umgemodelt worden. Im Bereich des neuen und modernen Todes versucht man, die zur Beseitigung des Körpers unvermeidlichen Maßnahmen auf ein dezentes Minimum zu reduzieren. Wichtig ist vor allem, daß die Gesellschaft, die Nachbarn, Freunde, Kollegen und Kinder so wenig wie möglich wahrnehmen, daß der Tod eingetreten ist. Wenn auch an einigen Formalitäten festgehalten wird, wenn auch noch eine Zeremonie auf das Hinscheiden aufmerksam macht, so müssen sie doch diskret bleiben und jeden Anlaß zu einer tieferen Gemütsregung ausschließen: So werden die Beileidsbezeigungen für die Familie jetzt auf den Schluß der Trauerfeierlichkeiten verschoben. Offenkundige Äußerungen von Trauer sind verpönt und verflüchtigen sich. Man trägt keine dunkle Kleidung mehr, man gibt sich keinen anderen Habitus als den gewöhnlichen.

Allzu augenfälliger Schmerz erweckt nicht Ehrerbietung, sondern Widerwillen: er ist ein Zeichen von geistiger Verwirrung oder von schlechter Erziehung; er ist *morbide*. Innerhalb des Kreises der Familie ist man noch unschlüssig, ob man sich gehen lassen darf oder nicht, aus Angst, die Kinder zu verstören. Das Recht zu weinen hat man nur, wenn einen niemand hört oder sieht: Die einsame und verschämte Trauer ist die einzige Zuflucht, gleichsam eine Art Masturbation – der Vergleich stammt von Gorer.

Hat man sich des Toten erst einmal entledigt, ist keine Rede mehr davon, sein Grab aufzusuchen. In den Ländern, in denen die Revolutionierung des Todes und des Totenkultes einschneidend ist, etwa in England, wird die Einäscherung zur vorherrschenden Bestattungsweise. Wo die Feuerbestattung – zuweilen mit anschließender Zerstreuung der Asche – überwiegt, liegen die Gründe dafür nicht nur im bewußten Entschluß, mit der christlichen Tradition zu brechen, einer Äußerungsform von *enlightenment* (Aufklärung), von Modernität; die eigentliche und tieferliegende Motivation gibt zu erkennen, daß die Einäscherung als das radikalste Mittel aufgefaßt wird, die sterblichen Überreste verschwinden und vergessen zu machen, sie restlos zu tilgen: *too final*. Den angestrengten Bemühungen der Friedhofsbehörden zum Trotz werden den Urnen heute kaum Besuche abgestattet, während die Erdgräber noch regen Zulauf haben. Die Feuerbestattung schließt die Wallfahrt aus.

Man ginge gründlich fehl, wenn man den Versuch unternähme, diese Flucht vor dem Tode einer Gleichgültigkeit den Toten gegenüber zuzuschreiben. In Wirklichkeit ist das Gegenteil richtig. In der alten Gesellschaft verschleierten die maßlosen Ausbrüche von Trauer nur mit Mühe eine jähe Resignation: Ungezählte Witwer verheirateten sich nur wenige Monate nach dem Tode ihrer Frau erneut. Umgekehrt hat man heute, wo sich die Trauer verbietet, festgestellt, daß die Sterblichkeitsrate von Witwern oder Witwen im auf den Tod des Gatten folgenden Jahr wesentlich höher lag als in Kontrollgruppen von Gleichaltrigen. Daraus läßt sich – nach den Beobachtungen von Gorer – vermutlich ableiten, daß die Verdrängung des Schmerzes, das Verbot seiner öffentlichen Äußerung und der Zwang, allein und im verborgenen zu leiden, das vom Verlust eines geliebten Wesens herrührende Trauma verschärfen. In einer Familie, in der das Empfinden aufgewertet ist und ein früher Tod seltener wird (abgesehen von Autounfällen), wird der Tod eines Nahestehenden immer als äußerst schmerzlich empfunden, so wie in der romantischen Epoche:

„Un seul être vous manque, et tout est dépeuplé."

Aber man hat nicht mehr das Recht, das laut zu sagen.

245

VI

Gegenwart

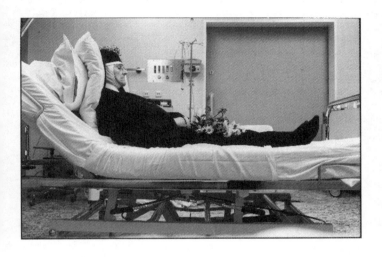

Andy Warhol

Auflösen

Wenn meine Zeit gekommen ist und ich sterbe, will ich nicht, daß etwas von mir übrigbleibt. Ich will kein *leftover* sein. Ich habe diese Woche eine Frau in eine Strahlenmaschine gehen und darin verschwinden sehen. Das war wunderbar. Materie ist nichts als Energie, ihr Körper löste sich einfach auf. Das wäre eine echt amerikanische Erfindung, die größte amerikanische Erfindung überhaupt – einfach verschwinden zu können.

Am Tod stirbt niemand – Sterbestatistik

Mit den Lebensbedingungen der Menschen, den Umweltbelastungen und den Fortschritten der Medizin ändert sich auch das Risiko, an der einen oder anderen Krankheit zu sterben. Werden die Kriegszeiten ausgeklammert, so ist die *Sterblichkeit* in Deutschland seit Anfang dieses Jahrhunderts drastisch zurückgegangen: Im Jahre 1910 kamen auf 100 000 Einwohner des Deutschen Reiches noch 1508 Sterbefälle; dagegen wurden in Deutschland 1993 – trotz der im Durchschnitt viel älteren Bevölkerung – nur 1101 Sterbefälle je 100 000 Einwohner registriert. Die durchschnittliche Lebenserwartung eines neugeborenen Kindes lag 1910 erst bei 47 Jahren; heute beträgt sie schon mehr als 75 Jahre.

Viele *Krankheiten*, die vor zwei, drei Generationen noch tödlichen Schrecken verbreiteten, treten unter den heutigen Lebensumständen seltener auf oder lassen sich medizinisch besser beherrschen. Dazu gehören vor allem die infektiösen Erkrankungen wie Diphtherie, Tuberkulose, Keuchhusten oder Masern. Auch die einst als Hauptursache der Säuglingssterblichkeit gefürchteten ernährungsbedingten Krankheiten haben an Bedeutung verloren. Dafür sterben viel mehr Menschen an Krankheiten, die in der Regel erst in höherem Alter auftreten, vor allem an Herz-Kreislauf-Störungen und Krebs.

Im Lauf des Jahres 1993 starben in Deutschland 897 270 Menschen, und zwar 415 870 Männer und 481 400 Frauen. Rund 95% aller Todesfälle wurden durch Krankheiten verursacht, die übrigen 5% durch Unfälle oder sonstige Gewalteinwirkungen. Häufigste *Todesursachen* waren die Krankheiten des Kreislaufsystems, an denen 44% der Männer und 53% der Frauen starben. Bei den Männern war allein jeder achte Todesfall auf einen Herzinfarkt zurückzuführen, bei den Frauen standen die Hirngefäßkrankheiten (vor allem der Schlaganfall) im Vordergrund.

Rund 26% der Sterbefälle bei den Männern und 22% bei den Frauen wurden durch Krebserkrankungen ausgelöst, die damit die zweithäufigste Todesursache bildeten. Männer starben öfter an Bronchial- oder Lungenkrebs, Frauen an Brustkrebs. Auf die übrigen krankheitsbedingten Todesursachen (darunter Diabetes mellitus, Lungenentzündung und Bronchitis, chronische Leberkrankheiten und Nierenversagen) entfielen 24% der Sterbefälle bei den Männern und 21% bei den Frauen. Durch Unfälle kamen 4% der Männer und mehr als 2% der Frauen ums Leben, durch Selbstmord 2% der Männer und 1% der Frauen.

Ulrich Beck

Eigenes Leben, eigener Tod

Je eigener und einzigartiger das Leben, desto unersetzbarer. Der Preis für weit vorangetriebene Individualisierung ist eine durch nichts gemilderte Konfrontation mit der eigenen Vergänglichkeit. Das einzigartige Leben macht dieses kostbar, aber auch in sich zerbrechlich. Es kann in nichts und niemandem fortleben: Das eigene Leben endet mit sich selbst.

Alle historisch früheren Epochen waren nicht so leichtsinnig, das Leben mit seinem Ende enden zu lassen. In religiösen Kulturen kommt der Tod einem *„Kostümwechsel"* gleich: Eine Bühne wird durch eine andere ersetzt. Oft ist damit die Verheißung der Befreiung verbunden. Die Menschen gehen von der Welt des Scheins und der Qualen ein in das „wahre Leben". [...]

Der Tod – nicht als Übergang, sondern als Ende, und zwar als absolutes und unerbittliches Ende – entsteht erst mit und in der Existenzform des eigenen Lebens. Das eigene ist das im radikalen Wortsinn *vergängliche* Leben. Es hat alle Sicherheiten der Transzendenz verloren. Der kosmisch-religiöse ebenso wie der gesellschaftlich-politische Erlösungsglaube sind entzaubert, in seiner Selbstverständlichkeit zerbrochen. Dies gilt auch und gerade dort, wo mit allen Mitteln der Ausbruch aus der Immanenz des eigenen Lebens gesucht und versucht wird – in der Flucht in Mystik, Esoterik, in neue Religionsbewegungen usw.

Das eigene Leben ist – allein seinem Begriffe folgend – der Versuch, die Versuchung, in sich selbst Grund, Kraft, Ziel der Selbst- und Weltgestaltung zu finden. Dieser Versuch ist, von seinem Ende her gesehen, vom Scheitern bedroht. Dies gibt dem eigenen Leben seine Konturen: seine Flüchtigkeit, seinen Lebenshunger, seinen Geschmack von Bitternis, Trostlosigkeit, seine Ironie und Leichtigkeit, die aus der Unbegreiflichkeit seines „Nichtsein-Seins" erwächst. Hier haben sein Hochmut, sein Wahn, sein Abenteurertum, dieses Hochjauchzen-und-zu-Tode-Betrübtsein ihren Grund.

Zugleich wandeln sich, wechseln die Bedeutungen von Tod und Sterben. Der Tod wird unfaßlich. Das Sterben wird zur allgegenwärtigen Bedrohung des eigenen Lebens.

Der Tod fängt dann an, wenn das eigene Leben aufgehört hat. Man begegnet sich nicht. Zwischen beiden gibt es keine Brücke, keine Verständigung. Der Tod ist nicht wahrnehmbar. Er kennt keine Gefühle, kein Wissen, keinen Schmerz, kein Leid. An die Stelle des Todes aber tritt das *Sterben.* Das eigene Leben ist gekennzeichnet, gepeinigt von einer Sterbensfurcht von Anfang an. *Dieses* Ende beginnt früh, ist erfahrbar und allgegenwärtig. An ihm verdienen die Versicherungen, die Ärzte, die Apotheker, die kosmetische und pharmazeutische Industrie, die Heilsversprecher und Drogenhändler im direkten und übertragenen Wortsinn, alle Vorsorger und Nachsorger, die auch noch die winzigsten Anzeichen des Verfalls vom eigenen Leben, vom eigenen Körper zu tilgen versprechen. Die Angst vor dem Sterben schlägt sich in den neuen Kathedralen der Sicherheit und der Versicherungen nieder, die das nur diesseitige Leben vor den Spuren seiner Vergänglichkeit bewahren sollen. Am Ende stirbt der Mensch nicht, sondern die Medizin versagt.

Dies ist die Vorstufe der Ewigkeit *im* Diesseits, an der die Eingeborenen des eigenen Lebens mit aller ihnen zu Gebote stehenden Kraft arbeiten.

Zwar – so lautet die Hintergrundbotschaft der Diagnose, daß der Mensch nicht am Tod, sondern am Kreislaufversagen gestorben ist – sind wir in unserem Können noch nicht ganz so weit; aber eines schönen großen Tages werden wir alle Kreisläufe gegen ihr Versagen schützen können, und dann beginnt der wahre Jubel! Der Tod ist das Schnippchen, das wir dem Ende des eigenen Lebens nur noch nicht schlagen können. Er ist ein verbliebenes Restrisiko, unter dem das eigene Leben noch steht. Aber wenn unsere Kontrollansprüche so wachsen, wie sie wollen und sollen, dann wird diese archaische Urverunsicherung des Sterbenmüssens so eingegrenzt und eingepanzert und damit sicher werden, wie es Kernkraftwerke schon heute sind!

Die erste große Versicherungspolice gegen das Ende des eigenen Lebens war das Versprechen des *ewigen* Lebens, das die Kirche ausstellte. Im Hochmittelalter war der Tod des eigenen Lebens nur eine Verwandlung in das *eigentliche* Leben, das Leben aller in und mit Gott. Der Tod als *Bewährung vor Gott* ist eine Erfindung, die seit dem 13. Jahrhundert die Seelen beunruhigte – und vereinzelte. Tod bedeutet damit Rechenschaft ablegen vor Gott. Hier und so begann die Ursünde des Individualismus – als Forderung der Kirche!

Man hört förmlich die Theologen streiten, mit der Paradoxie ringen. Das einzelne Leben wird nun wertvoll und im

Prinzip selbstbestimmt gedacht. Es kann fehlen. Freiheit kommt im theologischen Gewande als die menschliche Möglichkeit der Sünde auf die Welt. Aber ist dies nicht schon pure Ketzerei? Wo bleibt Gott, wenn der Mensch fehlen kann? Das individuelle Schuldigwerden im Leben ist der erste Schritt in beides: in die Gottlosigkeit *und* in das eigene Leben.

Die kirchliche Lehre bleibt hier auch seltsam unentschieden: Einerseits gilt die Welt und alles Treiben der Menschen nichts. Es ist Schall und Rauch vor Gott. Andererseits hängt vom Vollzug des eigenen Lebens nun alles ab: ewiges Leben oder ewige Verdammnis. Das entscheidet sich im Tod. Der Tod ist also kein Ende, sondern eine Prüfung, *die* Prüfung auf der Karriereleiter ins ewige Leben.

Mit der Größe der Strafandrohung – der Hölle – wird versucht, den theologischen Lapsus auszubügeln, die Menschen in die Gottlosigkeit des eigenen Lebens entlassen zu haben. Das eigene Leben entsteht und steht unter der Drohung der ewigen Verdammnis. So wird die Freiheit, die Zügellosigkeit, die Anarchie eines auf sich selbst gestellten Lebens zugleich ermöglicht und aufgehoben. Entsprechend war es die Angst vor der Hölle, nicht so sehr vor dem Sterben oder dem Tod, die die Menschen damals im Angesicht ihres Endes peinigte.

Im gleichen Maße wird aber das Leben auf sich selbst gestellt. Die Bewährung im Beruf wird zur Prüfung vor Gott. Wie Max Weber in seiner berühmten Protestantismusstudie zeigt, gewinnt gerade die Rücksichtslosigkeit, mit der die Welt, auch die Welt der Überlieferungen, von den modernen Menschen erobert, entzaubert wird, ihre ursprüngliche Rechtfertigung aus dieser irdischen Bewährungsprobe des Menschen vor Gott. Ein eigenes Leben zu führen wird zum Gottesgebot. Diese Selbstentmachtung, dieses Sich-selbst-das-eigene-Grab-Schaufeln der Theologie wird durch alle Stadien der Säkularisierung hindurch gnadenlos Schritt für Schritt ausbuchstabiert.

Immer noch bleibt zunächst der Tod Bewährungsprobe, aber nicht mehr vor Gott, sondern nun vor der Gesellschaft, vor der gemeinsamen Sache, dem Auftrag in der Welt. „Auch Hegel und Marx – jener durch seinen Erkenntnisbegriff, dieser durch das Konzept der gesellschaftlichen Veränderung – feiern den Tod des einzelnen im Interesse der Zukunft des ganzen Menschengeschlechts. Hier ist alles auf den Kopf gestellt: Es kommt nicht mehr darauf an, sich auf einer religiösen oder mythischen Ebene mit den Ahnen zu versöhnen, sondern darauf, auf einer profanen und historischen Ebene zum Geburtshelfer der zukünftigen Menschheit zu werden." (André Dumas)

Erst das eigene, nur noch mit sich selbst konfrontierte Leben wird zur Auflehnung gegen sein Ende. Auf dieses „Existential" sind gegensätzliche Antworten möglich: Der Gedanke an den Tod, die Erfahrung des Sterbens, *kann* die Lust am eigenen Leben wecken, kräftigen. Bei den alten Ägyptern tanzte neben dem Narren der Knochenmann in großen Festen mit. Er war die Steigerung des Witzes, die Musik in der Musik. Er gab dem Vergnügen den transzendentalen Beigeschmack der Vergänglichkeit. In einer Uhr auf einem Kirchenportal steht geschrieben: „Jede verwundet, die letzte tötet". Gemeint ist: die Minute. Das Ticken der Lebensuhr fordert das Jetzt heraus. Der Stachel und Kitzel der Vergänglichkeit machen den Augenblick unendlich kostbar.

Auch kann der Todesgedanke zur Freiheit befreien. Stellt er doch alle Konstruktionen gesellschaftlicher Hierarchie in Frage: Ach, dafür haben die gestritten, gelogen, sich und andere getäuscht, unterdrückt, überhöht! Um dieses absurden Nichts willen! Alle Wahrheit, alle Pflicht, alles Suchen, Ängstigen, Fliehen, alles Mühen, Verdrängen, Lieben, Kämpfen, Leugnen, Verstecken läuft immer auf ein und dasselbe hinaus: das absolute Ende. „Philosophieren heißt sterben lernen", schreibt der weise Montaigne.

Das Bewußtwerden, Bewußthalten des eigenen Lebens

253

kann aus dem heiteren Wissen um seine Vergänglichkeit wachsen.

Doch die dominante Antwort der Moderne lautet: Vergessen, Verdrängen, den Tod beerdigen, hineinverschließen in die tiefsten Grüfte, dunkelsten Gedächtniskammern des Selbst. Dort mag er ruhen, bis er aufersteht und damit das eigene Leben endet. Der Wunschtod *dieses* eigenen Lebens ist der ganz und gar plötzliche Tod. Der Tod ohne Sterben. Der Tod ohne jeden Gedanken an den Tod. Dieser Tod, in dem auch noch das Vergessen des eigenen absoluten Endes mitgewünscht wird, ist die radikale Normalform des Todeswunsches des eigenen Lebens.

Wenn schon nicht der Tod, so kann doch wenigstens das Sterben abgeschafft werden. Das Ende des Sterbens wird in dem Maße erreichbar, wie der Gedanke an den Tod verschwindet, verstummt, und der Übergang vom Leben in den Tod verplötzlicht wird. Der Unfalltod ist dafür das Idealbild.

Dieser allerdings ist unvollkommen, solange die Abschaffung des eigenen Sterbens genau umgekehrt die grausame Endgültigkeit des Todes *für andere* weckt. Wenn ich plötzlich nicht mehr bin, können die anderen nicht länger das Ende des Endes unter Kontrolle behalten.

Der Ausweg deutet sich an: der kollektive Unfalltod – der plötzliche Urknall: Das ist das Ideal der Abschaffung des Sterbens!

Es gibt also zwei Richtungen, um an diesem Ziel zu arbeiten: entweder die Verewigung des eigenen Lebens oder die Verplötzlichung des allgemeinen Endes. In beidem sind die Fortschritte groß.

Gundolf S. Freyermuth

„Vom Hamburger zur Kuh" –
Wiederauferstehungsutopie

„Zu sterben, darin kann ich keinen Sinn entdecken", sagt Klaus Reinhard. Der Diplom-Informatiker ist fünfunddreißig Jahre jung und wirkt mit seinen schlanken ein Meter achtzig alles andere als gebrechlich. Die Wahrscheinlichkeit, daß der Große Gleichmacher bei ihm bereits in der näheren Zukunft vorbeischaut, dürfte gering sein. Die meisten Männer in seiner Situation würden sich statt aufs Sterben mehr aufs Leben kaprizieren. Doch Reinhard ist Kiels einziger Kryoniker. Er gedenkt, dem Tod ein kühl kalkuliertes Schnippchen zu schlagen. „Kryos" ist griechisch und heißt kalt. Für rund sechzigtausend Mark will Klaus Reinhard sich von einer US-Organisation namens Alcor einfrieren lassen – um unbehelligt von den Beschwernissen unserer rückständigen Gegenwart mit seinem Leben fortzufahren.

„Das Ende der Unfreiheit" und „Zeiten der Fülle" erwartet der Kieler – wiederaufgetaut – im zweiten Akt seines Daseins: eine „Ära des neuen Humanismus" ohne Armut, ohne Wehrpflicht, ohne Krieg. „Außerdem wird der einzelne zu höheren schöpferischen Leistungen fähig sein, weil er bei jugendlicher Vitalität zu den Einsichten des Alters gelangen kann."

Reinhards intensive Beschäftigung mit dem eigenen Ableben und dem, was danach geschehen mag, kann sich daher nicht aufs Grübeln beschränken. Ihm muß es um aktive Vorsorge gehen. Für den Fall des Todesfalles liegt ihm an einer Variante, die gemeinhin als besonders elendig gefürchtet wird: langsames, schleichendes Sterben:

„Ich hoffe nur, daß der Tod mich nicht überrascht."

Denn ein plötzlicher Exitus an der Waterkant könnte seine Chancen auf ein zukünftiges, wenn nicht ewiges Leben drastisch mindern. [...]

„Ich würde, wenn es irgend geht, in meinen letzten Lebenstagen nach Arizona fliegen", sagt Klaus Reinhard. Und falls der Tod ohne jede Vorwarnung kommt?

„Dafür habe ich hier in Kiel mit einem Bestattungsinstitut eine Vereinbarung geschlossen. Die legen mich sofort auf Eis, um weitere Schäden zu verhindern, und befördern mich in einem mit Trockeneis gefüllten Behälter in die USA."

Getreu dem plattdeutschen Wahlspruch im Kieler Ratskeller: „Dat is noch lang nicht daan, dat fangt erst an to gaan", begänne dort, in Alcors Lager der lebenden Leichen, Klaus Reinhards „kryonische Suspension".

Suspension heißt laut Duden „zeitweilige Aufhebung". Sie findet, nach vorheriger Abkühlung des „Patienten", in einem Bad aus flüssigem Stickstoff statt. Kryoniker vergleichen die Suspension mit einer Rettungsaktion, die den Sterbenden statt ins Hospital um die Ecke, wo man ihm nach heutigem Wissensstand nicht mehr helfen kann, in die Zukunft transportiert. Und zwar um so viele Jahrzehnte oder nötigenfalls Jahrhunderte, bis unsere Nachfahren Krebs, Aids und auch das Altern, die Krankheit des Lebens, besiegt haben werden.

Die Mehrheit der gegenwärtigen Schulmediziner hält das Konzept der kryonischen Zeitmaschine selbstredend für Humbug, Scharlatanerie, eine futuristische Version von Geldschneiderei. [...]

Daß die „Patienten", schwimmen sie erst einmal bei minus einhundertsechsundneunzig Grad Celsius in den Stickstofftanks, tatsächlich der fernen Zukunft dekompositionsfrei, also ohne weiteren Zellverfall entgegentreiben, ist offizieller Forschungsstand von Kryobiologie und Kryogenik. Und diese gelten, im Gegensatz zur Kryonik, als exakte Wissenschaften. Kryogeniker, die sich mit den Eigenschaften der Materie bei extrem niedrigen Temperaturen beschäftigen, haben beachtliche Ergebnisse bei der Nahrungsmittelkonservierung und im Energietransport erzielt. Noch weiter reichen die Erfolge der Kryobiologen. Die Kälte-

Konservierung von Blut, Zellmaterial und menschlichem Samen ist derweil eine Standardprozedur. Trotz intensiver Bemühungen ist es aber bis heute keinem Kryobiologen gelungen, komplette Organe wie Nieren oder Herzen so tiefzukühlen, daß sie nach dem Wiederauftauen funktionsfähig wären.

Sind die Gefrierverfahren der Kryoniker im Prinzip unumstritten, so bleibt fraglich, wer bzw. was da konserviert wird. Ein Haufen totes Gewebe beziehungsweise ein lebloses, von Gefrierbrand geschädigtes Gehirn? Oder ein winterschlafendes Individuum samt Persönlichkeit und Gedächtnis?

„Der Glaube, Kryonik könne jemanden wiederbeleben, der eingefroren wurde", sagt etwa Arthur C. Rowe, der Direktor des kryobiologischen Rote-Kreuz-Instituts in New York, „ist so ziemlich dasselbe wie die Idee, aus einem Hamburger wieder eine Kuh zu machen."

Die kryonische Utopie sieht das weniger kleinklein. Sie lebt von dem Glauben, daß wir am Vorabend einer der größten technischen Revolutionen der menschlichen Existenz stehen. Gewaltige wissenschaftliche Fortschritte werden in den kommenden Jahrzehnten und Jahrhunderten der Menschheit die Kontrolle über ihr eigenes Schicksal geben. Die Genforschung schickt sich an, die Todesstrafe aufzuheben, die heute unser aller Existenz bedroht. „Wir werden kein hilfloses Vieh mehr sein", heißt es in einer kryonischen Broschüre, „das sich von einem gleichgültigen Universum zur Schlachtbank führen läßt." [...]

„Wenn es mit mir zu Ende geht, kann ich mir ein Rettungsteam aus Phoenix hierher bestellen. Die warten an meinem Krankenbett. Und nach meinem Tod können sie sofort den ersten Teil der Gefrierschutzbehandlung vornehmen ..." [...]

Sobald sich bei ihm erste Anzeichen der Agonie einstellen – Verfärbung der Extremitäten etwa oder extreme Atemnot –, weicht Tanya Jones [die Leiterin des Letzte-Hilfe-

Teams] nicht mehr von Klaus Reinhards Seite. Im Nebenraum wartet das Team mit dem „Mobile Advanced Life Support System" (MALSS), einer Art fahrbarem HighTech-Operationstisch, hochgerüstet mit diversen Geräten zur künstlichen Versorgung und Beatmung.

Die Energiereserven in den Zellen des menschlichen Gehirns sind äußerst limitiert. Für das kryonische Verfahren hängt daher alles daran, so schnell wie möglich mit der erneuten Versorgung von Klaus Reinhards totem Körper beginnen zu können. Ungefähr zehn Minuten nachdem die Durchblutung des Gehirns ausgesetzt hat (Ischämie), treten chemische Reaktionen auf, von denen die Zellen geschädigt werden. Wann der Verfall irreversibel wird, ist umstritten. Menschen, deren Herz schon stillstand, sind wiederbelebt worden, ohne daß größere Gehirnschäden zu beobachten gewesen wären – in seltenen Fällen nach einer Stunde und später.

„Wo die absolute Grenze liegt, weiß die Forschung nicht", sagt [Alcor-Präsident] Stephen Bridge. „Die medizinischen Möglichkeiten verbessern sich ständig. Vielleicht wird man in fünfzig Jahren Menschen nach fünf oder sechs Stunden reanimieren können?"

Vorerst aber ist größte Eile geboten. Wenn der Herzstillstand eintritt und die Krankenhausärzte Klaus Reinhard aufgeben, heben die Alcor-Helfer ihn aus dem Sterbebett und in die eisgefüllte Plastikwanne des MALSS. Eine Pumpe läßt das Tauwasser um die (un-)sterblichen Überreste zirkulieren. Die Körpertemperatur soll schnellstens abgesenkt werden. Die Herz-Lungen-Maschine des MALSS preßt mit ihrem schweren, gepolsterten Arm rhythmisch auf den Brustkorb.

Viele Chefärzte verbieten den Alcor-Leuten operative Eingriffe auf dem Krankenhausgelände. Spätestens also, wenn der MALSS in einen bereitstehenden Transporter geladen ist, nimmt Tanya Jones einen Luftröhrenschnitt vor und führt einen Tubus ein. Sauerstoff wird in Klaus Rein hards Lungen gezwungen und das Blut durch den Körper gepumpt. Die – notdürftige – Versorgung der Gehirnzellen ist erneut hergestellt. [...]

Nach Ansicht der Schulmedizin ist Klaus Reinhard gestorben. Ein für allemal. In den Augen des Alcor-Teams, das sich im Wettlauf mit der Zeit um die Konservierung seiner Person bemüht, ist er jedoch lediglich „deanimiert". Entseelt. Vorübergehend. [...]

„Ich lasse nur meinen Kopf einfrieren", sagt Klaus Reinhard.

Selbst überzeugteste Kryoniker leugnen nicht die gewaltigen Gefrierschäden, die bei der gegenwärtigen Suspensionstechnik entstehen. Sinnvoll erscheint vielen daher, die Menge der eingefrorenen und schwer reparaturbedürftigen Humanität gering zu halten. Häufiger als Ganzkörper-Konservierung wählen Alcors Kunden „Neuropräservation". Bei dieser Discount-Lösung, die der Kieler Kandidat zum Rezessionspreis von fünfunddreißigtausend Dollar ergatterte, kommt der Kopf ab und ins Tiefkühltöpfchen, während der Restleib den Weg alles Irdischen antritt.

„Beim Stand der Gefriertechnologie", meint Klaus Reinhard, „wäre die Heilung meines alten Körpers später genauso kompliziert wie seine Neukonstruktion durch Klonen."

Die Sofortmaßnahmen bei Neuropräservationen konzentrieren sich jedoch nicht aufs Gehirn. Das Alcor-Team leistet Letzte Hilfe am Komplettkörper.

„Wenn wir den Kopf jetzt abtrennen", sagt Stephen Bridge, „kappen wir eine Vielzahl von Verbindungen zum Gehirn. Die wieder herzustellen, würde kostbare Zeit fressen. Die vorhandenen Körperanschlüsse geben uns eine simple Möglichkeit, die Gehirnzellen zu versorgen."

Nicht mehr als dreißig Minuten sollen zwischen der Abfahrt des Transporters vom Krankenhaus und seiner Ankunft in dem provisorischen Operationssaal des Leichenbestatters vergehen. [...]

Sobald der Patient von dem Transporter in den provisorischen OP-Saal gebracht ist, öffnet Tanya Jones den Oberschenkel und verbindet seine Arterie mit einer speziellen Blutpumpe. An die Stelle des Eigenbluts des Patienten tritt Milliliter für Milliliter Viaspan, eine Lösung, die normalerweise zur Konservierung von Körperteilen für Transplantationen benutzt wird. Übliche Organspenden wie Herzen und Nieren halten sich in ihr achtzehn bis vierundzwanzig Stunden frisch. Nach rund vier Stunden ist der Blutaustausch beendet. Klaus Reinhards Körpertemperatur liegt nun um die zwei Grad Celsius und soll dort für die nächste Zeit stabilisiert werden.

Der Abtransport des Patienten zum Alcor-Hauptquartier steht unmittelbar bevor. Sein lebloser Körper wird in eine metallene Kiste gehievt, deren Inneres mit einer polsternden Gummischicht verkleidet ist. Die Metallkiste wird mit Trockeneis aufgefüllt und dann in einer schützenden Holzkiste verstaut. So verpackt, tritt Klaus Reinhard, der Mann, der in die Kälte wollte, seine vorerst letzte Reise an. Sie führt in die Wüste. [...]

Der frischgeschrubbte Operationstisch hat Wannenform. Die hohen Ränder hindern das Tauwasser und die diversen Körperflüssigkeiten des Patienten am Abfluß in Richtung Boden. Alcors Operationssaal liegt zwischen den Büroräumen und der Halle, in der die suspendierten Patienten gelagert werden. Ist Klaus Reinhard erst einmal hier angekommen, läßt sich sein Weg in die Tiefkühl-Zukunft kaum mehr aufhalten. [...]

Die Operation, die ein solches Rendezvous in der Zukunft möglich machen soll, dauert knapp zwei Stunden. Die Brust des Patienten wird geöffnet, der Miet-Chirurg legt einen Herz-Bypass an und kappt die Verbindungen zur Lunge ab. Ein effektiverer Blutkreislauf wird so direkt vom Herz zum Gehirn und zurück etabliert. Erneut muß ausgetauscht werden, was durch Klaus Reinhards Adern fließt. An die Stelle des in Kiel eingepumpten Organkonservierungsmittels tritt nun das Frostschutzmittel Glycerol.

„Woher nehmen Sie die Sicherheit, mit dem gegenwärtigen kryonischen Verfahren die Persönlichkeit Ihrer Patienten zu konservieren?" frage ich: „Und nicht nur einen Haufen toter Gehirnzellen?"

Tanya Jones lächelt. Mehr freundlich als mitleidig. „Wir wissen in der Tat sehr wenig darüber, wie das Gehirn funktioniert", sagt sie. „Die entscheidende Frage, die wir uns stellen müssen, lautet aber: Was macht uns unterschiedlich? Denn wir wollen nicht Leben an sich, sondern einen ganz bestimmten Menschen erhalten." [...]

„Für mich", fährt sie mit einer Bestimmtheit fort, die auf intensive Lektüre schließen läßt, „liegt das Besondere jedes Menschen in der Kombination von Erb- und Erlebnisstruktur, von einmaliger DNA und einmaligem Daten-Input."

Vollverkabelt und die Genitalien schamhaft bedeckt, liegt der nackte Patient auf dem Operationstisch. Nach vier Stunden erreicht die Konzentration des Glycerol allmählich die angestrebten Höchstwerte. Hätte sich der Patient für eine Ganzkörper-Präservation entschlossen, so würde ihm die Brust wieder zugenäht, sein Leib in eine Plastikplane eingewickelt und langsam in ein Silikon-Trockeneisbad getaucht, das in einer Art Badewannensarg vorbereitet wird. [...]

Doch Klaus Reinhard wollte es anders, und daher ist nun der Moment gekommen, an dem er den Kopf verlieren muß. Seine Abtrennung vom Rumpf nimmt der Chirurg zwischen dem fünften und sechsten Rückenwirbel vor. Anschließend heftet er den offenen Nacken zum Schädel hin mit einer Art Haut-Stapler zusammen. Der so verschlossene Schädel wird in ein neuartiges, automatisches Gefriersystem gesteckt. [...]

Von dort wird der Kopf nach anderthalb Tagen in den Standard-Neuro-Kühler überführt, eine Art chromglänzender Spaghettitopf.

Klaus Reinhards Gehirn erhält jetzt seine letzte Kühlung. Die Endlagertemperatur stellt die Biologie still. Hunderte, wenn nicht Tausende von Jahren wird im Innern des so konservierten Schädels keinerlei Veränderung stattfinden. Klaus Reinhards Eiszeit beginnt, und mit ihr das lange Warten auf die Wiedererweckung.

„Natürlich gibt es keine Garantie, daß die Kryonik funktioniert", sagt Tanya Jones. „Aber besser eine kleine als gar keine Chance auf Unsterblichkeit."

Außerhalb der eisigen Heimstatt des Patienten läuft das Leben weiter. Jahre verstreichen, Jahrzehnte, vielleicht Jahrhunderte. Heute unheilbare Krankheiten werden heilbar. Den Genforschern gelingt es, das Wachstum von Zellen zu kontrollieren. Der Alterungsprozeß kann angehalten werden. Nanotechniker entwickeln winzige Bioroboter. Sie vermögen beschädigte Zellen innerhalb des Körpers zu reparieren. Bereits vollzogene Alterung kann nun rückgängig gemacht werden. Forever young und unrettbar gesund, erinnern sich die Menschen der Zukunft – allen voran natürlich (über-)lebende Alcor-Mitglieder – der kryonautischen Zeitreisenden aus unserer Gegenwart. Damit schlägt auch Klaus Reinhards Stunde.

Die Rekonstruktion seines Gehirns beginnt in der „Revival Unit", einer halb organischen, halb anorganischen Maschine. Die Temperatur des Kühl-Kopfes wird auf minus einhundertdreißig Grad erhöht. Die „künstliche Intelligenz" der Wiederbelebungsapparatur steuert von ferne mikroskopisch kleine Reparatureinheiten. Sie räumen die Blutbahnen von Eis frei, bis neue Kühlflüssigkeit ungehindert zirkulieren kann. In ihr navigieren dann Trillionen gerade zellgroßer, sich selbst vermehrender Bioroboter und beseitigen die Gefrierschäden an den Zellen. Dabei entnehmen sie ebenfalls DNA-Proben. Aus ihnen wird die intakte, „jugendliche Sequenz rekonstruiert. Sobald sie bekannt ist, setzen Reparatur-Enzyme im Schädel die Re-Programmierung der DNA in Gang. Gleichzeitig liefern die Zellanalysen alle notwendigen Informationen, um für Klaus Reinhard im Bio-Labor einen neuen, teils mit seinem alten identischen, teils genetisch verbesserten Körper heranwachsen zu lassen. Sobald die Reparatur der Gehirnzellen abgeschlossen ist, wird der – verjüngte – Schädel mit dem rekonstruierten Körper vereinigt.

In einem Raum, der weitgehend jenem Kieler Krankenzimmer gleicht, in dem Klaus Reinhard Jahrzehnte oder Jahrhunderte zuvor seine letzten Atemzüge tat, wacht er sanft wie aus einer Narkose auf. Die Rekonstruktion der vertrauten Vergangenheit soll den Zukunftsschock mindern. Im Bestfall erblicken die Augen des Reanimierten zuerst, wen sie vor ihrer Kryo-Konservierung zuletzt gesehen haben: Tanya Jones. Von ihr erfährt der reanimierte Kryonaut, in dessen Bewußtsein nur Stunden vergangen sind, seit er in Kiel entschlief, wo und wann er sich befindet: am Ende des 21. Jahrhunderts und in einer Station, die um die Erde kreist.

So jedenfalls will es die „spekulative Theorie der Wiederauferstehung", eine Alcor-Utopie aus der Werbebroschüre *Cryonics. Reaching for Tomorrow*, der diese Schilderung weitgehend folgte. Damit das Alcor-Märchen dereinst wahr wird, müssen zwei „Techniken der Unsterblichkeit" (weiter-)entwickelt werden: Genmanipulation und Nanotechnologie. Die jüngsten Fortschritte auf beiden Gebieten scheinen [den Kryonikern] vielversprechend genug.

Claudine Herzlich / Janine Pierret

Prüfung durch Leiden,
Freundschaft durch Leiden

Sicher ist es kein Zufall, daß Bezugnahmen auf Gott und auf den Glauben, die selten sind, heutzutage fast nur in einem einzigen Zusammenhang auftauchen, nämlich dann, wenn es um Leiden und die Ohnmacht vor dem Leiden geht. 1960 entwickelte eine junge katholische Lehrerin mit großer Ergriffenheit das traditionelle christliche Bild vom Leiden und der Erbauung durch Leiden, als sie von ihrer Erfahrung mit einer Freundin erzählte, die an Krebs starb:

Im letzten Jahr habe ich eine Erfahrung gemacht, die mich ungeheuer berührt hat, es war eine Frau, mit der ich zusammengearbeitet habe und die Krebs hatte, und neun Monate lang habe ich sie regelmäßig besucht, ich war wirklich bis zu ihrem Tod da, und das ist vielleicht die vollständigste Erfahrung, die ich mit jemandem gemacht habe, der so schwer krank war und so gelitten hat ... An manchen Tagen war es furchtbar; sie hat so gelitten, es war ein Martyrium, und trotzdem hat sie es fertiggebracht, nicht ein Wort von diesen Krankenhausgeschichten, von ihrer Krankheit zu sagen ... sie empfand Freude, das hat sie mir übrigens gesagt, und ich habe es selbst gespürt, das war ganz außergewöhnlich ... Es gibt eine Art und Weise, das Leiden anzunehmen, genau das war bei ihr der Fall, wirklich, für alle Menschen in ihrer Umgebung war das eine Erbauung ... im Krankenhaus ging sie im Zimmer herum, sie besuchte die anderen Kranken, die hocherfreut waren, sie haben sie gebraucht, sie wollten mit ihr reden ... Ich glaube, wenn ein Kranker sein Leiden auf eine gewisse Weise annimmt ... es ist außerordentlich, solchen Leuten nahezukommen.

Aber das Leiden führte auch zu einer außergewöhnlichen Form der Kommunikation:

Darauf hat sich richtig eine Art Freundschaft zwischen uns gegründet, eine sehr außergewöhnliche Beziehung, die durch ihre Krankheit entstand, man hatte das Gefühl von etwas Gelungenem, von einem Austausch, ein Gefühl, das man sehr selten im Leben hat.

Eine zweiundachtzigjährige alte Dame, die 1972 wegen einer sehr schmerzhaften Arthrose unbeweglich im Krankenhaus lag, drückte sich etwas farbloser aus. Aber auch für sie blieb Gott angesichts einer Krankheit, gegen die man wenig tun kann, eine Zuflucht, und das Leiden konnte eine Bereicherung darstellen: „Ich bin gläubig, ich sage mir: ich werde es trotzdem ertragen, weil der liebe Gott mir helfen wird!

Ich werde es trotzdem schaffen, es auszuhalten." Leiden ist im Grunde eine gute Sache, weil man für sich oder für andere ein Geschenk daraus machen kann.

Ich bin in einem sehr christlichen Milieu aufgewachsen. Nun, manchmal habe ich mir gesagt: Wenn Mama noch auf der Erde wäre und mich sehen würde, hätte sie Kummer. Und jetzt bin ich sicher, daß sie glücklich ist, mich leiden zu sehen, mich behindert zu sehen, weil sie mir sagt: ‚Das sind Verdienste, die du dir oder auch anderen erwerben kannst.' Sehen Sie, das ist die Kraft der Gläubigen.

Angesichts des Leidens bleibt die Vorstellung von Gott, von Glauben und Gebet also als Bezugsrahmen möglich und legitim. Selbst bei nicht gläubigen Menschen kann das der Fall sein. Das zeigt der Fall einer fünfundvierzigjährigen Frau, einer Kellnerin, die 1972 wegen eines Darmkrebses ins Krankenhaus kam, der ihr qualvolles Leiden verursachte und auf den die Behandlungen ohne rechte Wirkung blieben. Voll Freude wies sie darauf hin, daß man für sie bete. Dennoch war sie nicht christlich und verhielt sich der Wirksamkeit von Gebeten gegenüber skeptisch, aber diese Gebete hatten für sie eine Bedeutung, weil sie eine Form der Liebe waren:

„Ich habe eine Tante, die sehr fromm ist, die arme ... sie ist alles für mich und sie betet ... *Ich weiß, daß sie für mich betet, und im Grunde tut mir das gut,* aber ich bin nicht katholisch, ob das an der Krankheit etwas ändert, weiß ich nicht. Aber meine liebe Tante dagegen ... ich weiß, daß sie für mich betet, das tröstet mich."

Es wäre falsch, diese dankbare Anerkennung nur der emotionalen Unterstützung zuzuschreiben, die dieses Gebet vermittelte. Das Gebet blieb legitim; vielleicht, weil es sich auf einer anderen Ebene befand als die Medizin, während der Heilpraktiker, direkter Konkurrent des Arztes, in ihren Augen keinerlei Legitimation besaß. Die Kranke hatte in der Tat eine parallele Behandlung, die zwei Verwandte vorgeschlagen hatten, kategorisch abgelehnt, obwohl sie sicher sein konnte, daß die Vorschläge aus der Zuneigung der Angehörigen kamen.

Ich habe eine Schwägerin, sie arbeitet mit einer Cousine zusammen, und beim Haareschneiden haben die beiden sich in den Kopf gesetzt, daß ich eine Behandlung machen soll, lauter so Zeug ... ich sollte etwas nehmen. Da habe ich gesagt: Niemals! ... Damit braucht ihr gar nicht zu rechnen, habe ich gesagt. Ich bin es, die leidet, nicht ihr. Macht euch nicht die Mühe, weiter darauf zu bestehen – und dann war Schluß.

Man sieht, wie komplex der Einfluß religiöser Auffassungen auf unsere heutigen Vorstellungen ist. Jahrhundertelang hat die christliche Tradition die Gesamtheit unserer Beziehung zur körperlichen Krankheit geformt, und oft besteht sie implizit in unserer Haltung weiter. Aber die explizite Bezugnahme auf Gott ist heute sehr selten. Dennoch kann das selbst bei Nicht-Christen eine „letzte Zuflucht" sein, wenn alles andere – die Medizin und der Arzt – sich als ohnmächtig erweisen.

Klaus Maag

Aids – „ich vermisse euch"

Auf Brunos Beerdigung betet der Pfarrer das Vaterunser für Bruno und für „den nächsten, der ihm folgen wird". Manche der Trauergäste sind über die Worte des Pfarrers so erschrocken, daß sie vor dem offenen Grab zurückweichen. Jede Beerdigung ist eine Erinnerung an die eigene Vergänglichkeit.

Aids polarisiert. Helmut, der mir seine Freundschaft „aufgekündigt" hatte und nach Jahren den Dialog mit mir wieder aufnahm, drückte es so aus: „Mein Freund und ich infiziert – die anderen nicht, das fand ich ungerecht, damit kam ich nicht klar."

Aids hat eine Dimension des Wahnsinns. Keine andere tödliche Krankheit vereint derart weitreichende moralische, religiöse, soziale und psychologische Komponenten, kein anderes Leiden erzeugt so niederschmetternde Gefühle von Schuldig-sein, Wertlos-sein, Opfer-sein, Täter-sein (Ansteckung), Zum Tode-verurteilt-sein, und vor allem: nicht mehr dazuzugehören. „Was soll ich noch in der Szene?" fragte sich Peter. „Da werde ich doch bloß jedesmal daran erinnert, daß ich krank bin."

Helmut (gestorben 1992, 37) sah ich zum letzten Mal beim Einkaufen im Supermarkt. In seinem Narzißmus war ihm Kunstlicht sowieso lieber als Tageslicht. Dem eitlen Helmut folgte der noch eitlere Claus (gestorben 1992, 35). Über Arnolds Tod in Kopenhagen wird nie etwas Genaues zu erfahren sein; damit muß sein Freund leben.

Marcel sei wenige Tage nach dem Tod seines Freundes an Herzversagen gestorben. Der Bucklige wiederum sei an einem nicht erkannten Diabetes gestorben. In einer Gazette las ich die Todesanzeige vom Taubstummen, diesem schönen, strahlenden Stern.

Ikarus räumt in der Kneipe keine Gläser mehr weg. Wie eine Ikone schaut er jetzt von den Plakaten der Aids-Hilfe auf die Schwulen herab. Aus London kam die Nachricht, daß Jürgen, der dort gelebt hatte, verstorben ist. Thomas fand die Berliner arrogant und unnahbar; dennoch hat er wie viele andere auch kurz vor seinem Ende das kalte München hinter sich gelassen. Sterbetourismus ins wärmere Berlin?

Dieter und Bernhard verschwanden einfach; bis ich nach Jahren von ihrem Tod hörte.

Steven starb in den USA. Leistungsdruck ließ seiner Familie keine Zeit zur Pflege. Berliner Freunde richteten einen nordatlantischen Pflegeservice ein.

Monate vor seinem Tod ließ sich der Fernsehreporter bei seinen Interviews nicht mehr im Bild zeigen.

James, meine süße Maus. Dieses grauenhafte Wissen – um

die Krankheit und ihren Verlauf. „Ja, ich will leben, ich will alt werden, und es macht mich panisch, nicht mal 30 zu werden", schrieb er mir im Sommer 1992. Dann dieses Wissen, dieses quälende Warten auf die Todesnachricht. Im November 1993, kurz vor seinem 30. Geburtstag, fand ich sie in meinem Briefkasten. Mit unbekanntem Absender, aus den USA.

Für den Fotografen Jürgen Baldiga (gestorben 1993, 35) war sein Beruf eine Möglichkeit, „gegen den Tod zu arbeiten, sich von der Trägheit zu befreien". Günter hatte seine Krankheit den Mitbewohnern, so lange es ging, verschwiegen. Mit welcher Diät erklärte man sich seinen Gewichtsverlust?

Volker hatte Hoffnung, wieder als Barkeeper hinter dem Tresen zu stehen. Barmann Wolfgang verstarb nach mehreren Jahren Leben mit dem Vollbild Aids. Kreuze hinter den Tresen?

Beim Sonntagsfrühstück lese ich im *Tagesspiegel:* „Kai (gestorben 1994, 33) verstarb jung, friedlich und gefaßt an den Folgen seiner Immunschwäche."

„Bestatten ohne Routine. Eine alternative Trauerfeier" – ein Fernsehbericht in der Sendung „Kirchplatz" auf B1. So erfahre ich von Werners Tod. Nach langer Zeit treffe ich Martin. „Wenn ich ihn jetzt nach seinem Freund frage …", schießt es mir durch den Kopf. Ich frage doch, und Martin sagt mir, daß sein Freund Carlos vor einem Jahr gestorben ist.

In der *Siegessäule,* einer Schwulenzeitschrift, lese ich die Todesanzeige von Andreas (gestorben 1994, 32), der in der Nachbarschaft lebte. Noch vor drei Monaten war er mir fröhlich lachend auf der Straße begegnet.

Ich vermisse euch. Mein träges Hirn kommt mit dem schnellen und häufigen Sterben nicht mit. Schneller fikken, schneller wohnen, schneller sterben. Schnelle Jugend, schnelle Drogen, schneller Sex und schneller Tod. Allmählich dämmert es: Was wäre das Leben ohne den Tod! Stirb, bevor du stirbst!

Trauer? Vor der Trauer kommt die Wut. Eine Wut, die kein Ziel hat und unbegreiflich ist. „Selber schuld, wer sich heute noch ansteckt", höre ich manche sagen. Martins Mutter rutscht es raus, nachdem sein Freund gestorben ist: „Selber schuld."

„Warum mußte ich so viel rumficken?" fragte sich James. Die Frage nach Schuld, ein sinnloses Unterfangen, das nicht mehr Änderbare anders haben zu wollen, oder auch ein Versuch, der Trauer auszuweichen? Wolfgang im Wartezimmer beim Arzt: „Ich habe alles gehabt. Drogen, Männer, Geld. Ich bereue nichts." Selbstbetrug angesichts des Todes oder selbstbewußter Ausdruck eines Lebens? Steht es mir zu, ein Urteil zu fällen?

Das Schlimme am Sterben der Freunde ist, wie man immer wieder auf sich selbst zurückgeworfen wird. Da gab es Gemeinsamkeit – und damit meine ich nicht Sex –, es gab ein Einfühlen in andere, das Teilen mit anderen, ein Mitschwingen.

Nun sind sie fast alle tot, und das Sterben nimmt kein Ende.

Sherwin B. Nuland

Die Tragödie des Horace Giddens

Horace Giddens könnte in der Kategorie der chronisch Herzkranken ein „Jedermann" genannt werden. Die Einzelheiten seiner Krankheit geben ein anschauliches Bild für den unaufhaltsamen Niedergang jedes Patienten mit koronarer Herzerkrankung.

Der fünfundvierzigjährige Giddens war ein erfolgreicher Bankier in einer Kleinstadt im Süden der Vereinigten Staaten. Dort kreuzten sich unsere Wege Ende der achtziger Jahre. Er war gerade von einem längeren Aufenthalt im

Johns Hopkins Hospital in Baltimore nach Hause zurückgekehrt. Sein Hausarzt, der mit seinem Latein am Ende war, hatte ihn nach Baltimore geschickt, in der Hoffnung, die dortigen Spezialisten würden ein Mittel gegen die immer heftiger werdenden Anfälle von Angina pectoris und die sich stetig verschlimmernde Herzinsuffizienz finden. Die gängigen Therapien hatten bei ihm keinen Erfolg gezeigt, aber vielleicht konnte man das Fortschreiten der Krankheit wenigstens verlangsamen. Giddens, dessen Ehe sich zu einer privaten Hölle ausgewachsen hatte, war also nach Baltimore aufgebrochen, um Erleichterung für sein Herz zu finden und den Streitereien mit seiner Frau zu entgehen. Doch es war schon zu spät. Sein Leiden hatte ein Stadium erreicht, in dem ihm mit ärztlicher Kunst nicht mehr zu helfen war. Die Spezialisten des Johns Hopkins Hospital mußten ihm nach umfangreichen Untersuchungen und Tests schonend mitteilen, daß sie ihm nur noch schmerzlindernde Medikamente verordnen konnten. Für Horace Giddens gab es keine Gefäßchirurgie, keine Bypassoperation und keine Herztransplantation.

Ich war nur aus einem gesellschaftlichen Anlaß zugegen, als Giddens an jenem Abend mit der Gewißheit aus Baltimore zurückkam, daß er bald sterben würde. Obwohl seiner wenig mitfühlenden Frau bekannt sein mußte, daß er auf dem Heimweg war, tat sie so, als wisse sie den genauen Zeitpunkt seiner Ankunft nicht. Als er schließlich zur Tür hereinkam, saß ich still auf meinem Stuhl und hörte schweigend dem Gespräch der Familie zu. Auch für einen unbeteiligten Beobachter war es eine Pein, ihn zu sehen. Gestützt auf das treue Hausmädchen, schlurfte ein großer, ausgemergelter Mann mühsam nach Atem ringend ins Wohnzimmer. Der Fotografie nach zu urteilen, die auf dem Klavier stand, war er einmal ein athletischer, gutaussehender Mann gewesen, doch jetzt sprach aus seinem aschgrauen Gesicht nur noch Müdigkeit. Er bewegte sich steifbeinig, wie unter größter Anstrengung, und unsicher, als könne er das Gleich-

270

gewicht nicht halten. Man mußte ihm in einen Lehnsessel helfen.

Ich kannte Giddens' Krankengeschichte, die neben Anfällen von Angina pectoris auch mehrere vollausgebildete Myokardinfarkte aufwies. Während ich beobachtete, wie der Kranke bei jedem schmerzhaften Atemzug mit den Schultern bebte, versuchte ich mir gleichzeitig vorzustellen, wie wohl sein Herz aussehen mochte und welche Elemente zur jetzigen Insuffizienz geführt hatten. Nach vierzig Jahren Praxis ist es mir zur Gewohnheit geworden, im stillen solche Diagnosen anzustellen. [...]

Was ich hinter Horace Giddens' Brustbein zu erkennen glaubte, war ein vergrößertes, gedehntes Herz, das nicht mehr imstande war, einigermaßen kraftvoll zu schlagen. Eine große weißliche Narbe zog sich über die Muskelwand, und weitere kleine Bezirke waren ebenfalls verödet. In kurzen Abständen erfolgten unregelmäßige Kontraktionen des Herzmuskels, die von verschiedenen Stellen der linken Herzkammer ausgingen und einen normalen Schlagrhythmus verhinderten. Es schien so, als ob verschiedene Teile der Herzkammern aus dem Automatismus, der gewöhnlich die Herzaktion steuert, ausbrechen wollten, während der Sinusknoten vergeblich seine schwindende Autorität wiederherzustellen versuchte. Dieser Vorgang war mir wohlbekannt: Wegen Mangeldurchblutung gelangten die regulären Impulse des Sinusknotens nicht mehr zu den Herzkammern. Ohne die gewohnten Steuerungsbefehle begannen die Kammern ihrerseits, von beliebigen Stellen des Myokards aus eine Schlagfrequenz aufzubauen. Eine geringfügig erhöhte Belastung oder mangelnde Sauerstoffversorgung führt zu einem Zustand, den französischen Kardiologen so treffend als „Kammernanarchie" bezeichnen. Spontane, uneffektive Kontraktionen durchlaufen das Myokard und stürzen das Herz in einen unkontrollierten Zustand, der zu ventrikulärer Tachykardie und Kammerflimmern führt. Aus Giddens' unsicheren Bewegungen konnte ich unschwer entnehmen, daß er dem Endstadium der Krankheit sehr nahe war.

Die Vena cava und die Lungenvenen waren gedehnt und gespannt, denn das Blut staute sich wegen der unzureichenden Herztätigkeit auf. Die Lungenflügel ähnelten graublauen, durchtränkten Schwämmen. In ihrem ödematösen Zustand konnten sie sich kaum heben und senken, wie sie es früher getan haben, als sie noch zarte, rosige Blasebälge waren. Die blutstarrende Lunge, die ich vor meinem geistigen Auge sah, erinnerte mich an die Obduktion eines Mannes, der sich erhängt hatte. Sein fahlrotes Gesicht war aufgedunsen gewesen, die plethorischen Züge hatten kaum noch Menschenähnlichkeit gehabt.

Giddens hatte ein honoriges Leben geführt und mit der Langmut des Philosophen eine boshafte Gattin ertragen, die ihn quälte, wo sie nur konnte. Für ihn zählten nur seine siebzehnjährige Tochter, die ihn verehrte, und die Erfüllung seiner beruflichen Pflichten. Als Bankier hatte er sich das Vertrauen der Mitbürger erworben, die seine Rechtschaffenheit und sein Geschick im Umgang mit ihren Spareinlagen schätzten. Doch jetzt war er nach Hause gekommen, um zu sterben.

Beim Anblick von Giddens' Nasenflügeln, die bei jedem mühsamen Atemzug bebten, fiel mir unwillkürlich auf, daß seine Nasenspitze und ebenso seine Lippen sich leicht bläulich verfärbt hatten. Die wasserdurchtränkte Lunge ließ keine ausreichende Sauerstoffversorgung mehr zu. Der mühsame, schlurfende Gang war die Folge angeschwollener Knöchel und Füße, die über den Rand seiner Schuhe quollen, so sehr hatte das Blutwasser das Gewebe aufgetrieben. Im durchtränkten Körper des Kranken gab es kein Organ mehr, das nicht ödematös gewesen wäre.

Die unzureichende Pumpleistung des Herzens erklärte nur zum Teil, warum Giddens so mühsam ging. Er mußte sich bei jedem Schritt bewußt sein, daß auch nur die geringste Anstrengung jederzeit einen der gefürchteten Anfälle von Angina pectoris auslösen konnte. Die haarfeinen Gefäße der verkalkten Herzkranzarterien drosselten die Blutzufuhr auf ein Mindestmaß.

Als Giddens im Lehnsessel saß, sprach er kurz mit seiner Familie, ohne von mir Notiz zu nehmen. An Leib und Seele erschöpft, erhob er sich dann wieder und stieg mühsam die Treppe hinauf; er hielt mehrmals inne und sprach ein paar Worte zu seiner Frau, bis er schließlich das Schlafzimmer erreichte. Was er tat, erinnerte mich an ein Verhalten, das sich viele Herzkranke zu eigen machen, um das fortgeschrittene Stadium ihres Leidens zu kaschieren. Ein Patient, der bei einer alltäglichen Besorgung von einem Anfall von Angina pectoris überrascht wird, hält inne und schaut sich scheinbar interessiert eine Schaufensterauslage an, bis der Schmerz nachläßt. Der Medizinprofessor, ein gebürtiger Berliner, der mir gegenüber zum erstenmal dieses Verhalten beschrieb, mit dem der Patient den Schein wahrt (und manchmal sein Leben rettet), nannte es sehr plastisch „Schaufenster schauen". Auch Giddens verfiel auf diese Taktik und verschaffte sich damit kleine Atempausen, die ihm auf dem Weg ins Bett einen schlimmeren Anfall ersparten.

An einem regnerischen Nachmittag nur zwei Wochen später starb Horace Giddens. Wieder war ich zugegen, und wieder konnte ich nichts für ihn tun. Ich mußte dasitzen und zusehen, wie seine Frau ihm mit Worten zusetzte, bis er sich plötzlich mit der Hand an die Kehle fuhr, als wolle er die Bahn zeigen, die seine Herzschmerzen nahmen. Er wurde noch blasser als gewöhnlich, rang nach Atem und suchte zitternd nach dem Fläschchen mit der Nitroglyzerinlösung, das auf einem niedrigen Tisch vor seinem Rollstuhl stand. Zwar erreichte er es noch mit den Fingern, doch zitterte er zu sehr. Er warf es um, das Glas zerbrach, und die kostbare Lösung, die ihm das Leben hätte retten können, indem sie die Herzarterien ein wenig erweiterte, floß auf dem Fußboden aus. Der Angstschweiß brach ihm aus, er

273

flehte seine Frau an, das Hausmädchen zu rufen, das wußte, wo er das Ersatzfläschchen aufbewahrte. Doch sie rührte sich nicht. Von Panik ergriffen, wollte er um Hilfe rufen, aber aus seiner Kehle kam nur ein heiseres Flüstern, das für niemanden außerhalb des Raumes zu hören war. Sein Gesichtsausdruck war herzzerreißend, als er merkte, daß alle Mühe umsonst war. [...]

Verzweifelt riß er sich vom Rollstuhl los und stürzte auf die Treppe zu, nahm auch die ersten Stufen wie ein Läufer, der die letzten Reserven mobilisiert, um das Ziel zu erreichen. Auf der vierten Stufe stolperte er, rang nach Atem, griff nach dem Geländer und schleppte sich mit äußerster Anstrengung bis zum Treppenabsatz. Wie gelähmt schaute ich die Treppe hinauf zu ihm und sah, wie seine Beine unter ihm wegsackten. Wir alle hörten den dumpfen Aufprall des nach vorn kippenden Körpers.

Noch steckte ein Funken Leben in ihm. Mit der kühlen Berechnung einer Mörderin wies seine Frau zwei Hausangestellte an, ihn in sein Zimmer zu tragen. Erst dann wurde der Hausarzt der Familie benachrichtigt. Innerhalb weniger Minuten und noch vor Eintreffen des Arztes war der schwergeprüfte Giddens tot.

Ich vermute, daß Horace Giddens an Kammerflimmern gestorben ist, aber es kann auch ein akutes Lungenödem oder ein kardiogener Schock gewesen sein. Bei letzterem ist die linke Herzkammer zu schwach, um den für das Überleben nötigen Blutdruck aufrechtzuerhalten. Bei koronarer Herzerkrankung im Endstadium muß in den meisten Fällen mit einem dieser drei todbringenden Vorgänge gerechnet werden. Sie können im Schlaf auftreten und so rasch ablaufen, daß nur ein paar Minuten bis zum Eintritt des Todes vergehen. Ist ein Arzt zugegen, können die schlimmsten Schmerzen mit Morphium oder anderer Narkotika gelindert werden. ...

Der Leser hat vielleicht inzwischen gemerkt, weshalb ich dem armen Horace Giddens nicht zu Hilfe eilen konnte, als

274

er vor meinen Augen starb. Ich erlebte seine Tragödie als Zuschauer in der siebten Reihe eines Theaters, in einer Neuinszenierung von Lillian Hellmans Stück *The Little Foxes*. Hellmans klinisch akkuraten Bericht über eine fiktive Person, die um die Jahrhundertwende an einer ischämischen Herzerkrankung stirbt, [...] vermittelt ein genaues Bild der Art und Weise, wie auch heute noch viele Opfer koronarer Herzerkrankungen sterben. Denn mag die moderne Medizin in ihrem Kampf gegen Herzleiden auch große Fortschritte gemacht und den atherosklerotischen Prozeß verlangsamt und Schmerzen gelindert haben, die letzte Phase im Überlebenskampf eines kranken Herzens sieht auch an der Schwelle zum einundzwanzigsten Jahrhundert oft noch genauso aus wie die ergreifende Szene, die Horace Giddens vor hundert Jahren zu durchleiden hatte.

Klaus Sagaster

Kulturtransfer:
Das tibetische Totenbuch

Das Buch, das in seinen europäischsprachigen Übersetzungen „Das tibetische Totenbuch" genannt wird, ist wohl dasjenige Werk der tibetischen Literatur, welches im Westen am bekanntesten ist. ... Der zentrale Begriff des tibetischen Totenbuchs, des Bardo Thödröl, ist nicht der Tod, sondern die Erlösung. Damit stellt sich der Bardo Thödröl in eine Reihe mit praktisch allen anderen buddhistischen Texten. In allen von ihnen geht es letztlich immer wieder nur um das eine Thema: um die Erlösung, und sie alle wollen die vielen verschiedenen Mittel zeigen, die der Gläubige, je nach dem Grade der Verständnisfähigkeit, die er besitzt, wählen kann, um die Erlösung zu erreichen. Das Hauptanliegen des Bardo Thödröl ist es nun zu zeigen, welche besondere Rolle der Tod und der Nachtodzustand als Mittel zur Erlösung spielen, und er nimmt die Erklärung von Tod und Nachtodzustand zum Anlaß, die ganze Problematik der Erlösung aufzurollen und die wichtigsten Erlösungsmittel vorzuführen. [...]

Erlösung ist Erlösung vom Leiden. [... Und] die Ursache des Leidens sind die sogenannten „Befleckungen", d.h. die den Geist trübenden Leidenschaften. Es gibt unendlich viele solcher Befleckungen. Die wichtigsten sind Gier, Haß, Nichtwissen, Stolz und Neid, die „fünf Gifte". Man spricht auch von „drei Giften". Hiermit sind Gier, Haß und Nichtwissen gemeint. Die Befleckungen verleiten die Menschen, schlechte, unheilsame, schwarze Willensakte zu vollziehen und gute, heilsame, weiße Willensakte zu unterlassen. Diese Willensakte, sanskritisch karma, können sich in körperlichen Taten, in Worten und in Werken äußern und beeinflussen den Charakter und das Schicksal eines Lebewesens in seiner gegenwärtigen Existenz, darüber hinaus aber auch in den folgenden Existenzen. Mit der nächsten Wiedergeburt führt gutes Karma zur Existenz in einem der drei guten Existenzbereiche, zur Geburt als Gott, Halbgott oder Mensch; böses, schlechtes Karma aber resultiert in den drei schlechten Existenzformen als Tier, Hungergeist oder Höllenwesen. Alle diese Existenzformen sind leidvoll. Auch die Götter, die doch in Herrlichkeit und Freuden leben, müssen einmal sterben.

Ziel des Erlösungsstrebens ist es, sich dem Gesetz des Karmas zu entwinden und dadurch den Kreislauf immer wieder neuer leidvoller Existenzen in den sechs Existenzbereichen, den sogenannten Saṃsāra, zum Stillstand zu bringen. Hierdurch schwindet das Leiden, und es tritt Nirvāṇa ein, d.h. „Verwehen", Verwehen des Leidens. [...]

Die entscheidenden Zeiten, in welchen die Erlösung realisiert werden kann, heißen Bardo (bar-do, wahrscheinlich „zwischen zwei"). Bardo ist nicht nur die Zeit oder besser der Zustand zwischen Tod und Erlösung oder eventueller

Wiedergeburt im Saṃsāra, also nicht einfach ein Nach-Tod-Zustand. Bardo ist vielmehr eine Extremsituation zwischen zwei Situationen, zwischen einer alten und einer neuen Situation.

Wenn ein Mensch stirbt, nimmt an seiner Seite entweder sein persönlicher geistlicher Lehrer, sein Lama, Platz oder ein anderer Geistlicher oder aber irgendein anderer Mensch, der klar und deutlich lesen kann. Sobald der Sterbende zu atmen aufgehört hat, wird mit der Lesung des Totenbuchs begonnen. Nach ein paar Tagen wird der Leichnam allerdings weggeschafft, die Lesungen werden jedoch fortgesetzt, theoretisch 49 Tage lang, denn so lange dauert der Bardo, wenn man sich, was nur selten vorkommen soll, nicht schon vorher erlöst.

Wie aber kann nun der Tote die Worte des Totenbuchs überhaupt hören? Nun, der Tote ist ja nicht wirklich tot, er ist ja nur ein „sogenannter Toter". Denn im Tod haben sich lediglich der aus den Elementen Erde, Wasser, Feuer und Luft gebildete Körper und das Bewußtsein oder, wie es auch genannt wird, der Geist getrennt. [...] Da der Geist, das Bewußtsein, im Bardo-Zustand, das heißt in einer Extremsituation, neunmal klarer ist als während des Lebens, ist er fähig, sich an das zu erinnern, was er im Leben gelernt und praktiziert hat, d. h. an die Lehren und Praktiken der tantristischen Erlösungstechnik. Man sollte natürlich diese Lehren und Praktiken schon während des Lebens möglichst oft üben und deshalb auch das Totenbuch möglichst oft lesen, am besten dreimal oder siebenmal täglich. Aber auch wenn man nur ein einziges Mal mit der Lehre in Berührung gekommen ist und sie dabei nicht einmal verstanden hat: das im Bardo neunmal hellere Bewußtsein wird sie verstehen; es wird sich erinnern und verstehen, oder es wird, wenn es nichts gibt, woran man sich erinnern kann, weil man nichts gelernt und nichts praktiziert hat, im Bardozustand die Lehren des Totenbuchs eben neu lernen. [...]

Wir wollen nun einen Toten, einen „sogenannten Toten",

auf seinem vom Totenbuch beschriebenen Wege vom Tod bis zur Wiedergeburt begleiten.

In seiner Sterbestunde tritt unser Toter in den ersten Bardo ein, den Bardo der Todeszeit. Im Bardo der Todeszeit leuchtet dem Verstorbenen zunächst während der kurzen Spanne zwischen dem Aufhören des äußeren Atems, d. h. der Atmung, und dem Aufhören des inneren Atems, d. h. des Pulsschlags, ein strahlendes Licht auf. Dies ist das Licht, in welchem ihm die Dharmatā, die wahre Natur der Dinge, erscheint, die ihrem Wesen nach leer ist, Leerheit. Wenn man sich von diesem strahlenden Licht nicht erschrecken läßt, sondern seine wahre Natur erkennt und damit das Wesen der Leerheit, ist man erlöst, ist man sofort ein Buddha. Der Augenblick des Aufhörens der Atmung, also der eigentliche Moment des Todes, bietet somit die erste und die beste Chance zur Erlösung: Wenn man sie, wozu allerdings nur die wenigsten fähig sind, nutzt, braucht man in den Bardo praktisch gar nicht erst einzutreten, und deshalb braucht man auch das Leid des Bardo nicht erfahren. Denn im Bardo ist der Mensch eben noch nicht erlöst, er muß vielmehr auch dort leiden.

Unser Toter hat nun, wie zu befürchten war, das strahlende Licht der Dharmatā nicht erkannt, weil die Wirkkraft seines Karma zu mächtig ist. Aber sofort wird ihm wieder eine Chance geboten: Nach dem Aufhören des Pulsschlags erscheint ihm noch einmal das strahlende Licht der Dharmatā und zerstört, wenn sein wahres Wesen erkannt wird, das Karma und bringt Erlösung.

Doch obwohl dieser Zustand dreieinhalb Tage andauert, begreift unser Toter wieder nicht. Nun muß er weiterwandern in den zweiten Bardo, den Bardo der Dharmatā, der wahren Natur der Dinge. Hier verblüfft ihn nicht mehr die strahlende Helligkeit reinen Lichts, hier spiegelt ihm sein Karma Trugbilder vor, und es erscheinen ihm Gestalten, Klänge, Lichter und Strahlen, die ihn erschrecken, bedrohen und ängstigen. Sein Bewußtsein hat sich inzwischen mit einem Geistkörper verbunden, einem Körper, der nicht aus Fleisch und Blut besteht, aber mit allen Sinnesfähigkeiten ausgestattet ist, so mit dem Gesichtssinn, den der Verstorbene besitzt, selbst wenn er während seines Lebens blind war. Der Geistkörper besitzt auch Wunderkräfte und kann z. B. gehen, wohin er will, nur nicht in einen Mutterschoß und nicht an den Ort, wo Buddha seine Erleuchtung erlangt hat. Der Geistkörper ist zugleich unverwundbar. Der Tote sieht nun, wie man seinen irdischen Körper entkleidet, die für ihn bestimmte Nahrung wegnimmt und seine Schlafstätte reinigt, und er vernimmt das Weinen und Wehklagen seiner Verwandten und Freunde. Doch er kann sich nicht mehr mit ihnen verständigen. Zwar sieht er sie, doch sie können ihn nicht sehen, und deshalb geht er voller Trauer weg.

Nun wird unserem Toten das Totenbuch weiter vorgelesen, um ihm zu erklären, was er sieht und was er tun soll. Er sei ja, so heißt es im Totenbuch, nicht der einzige, der diese Welt verlassen müsse, denn es gibt niemanden, der davon ausgenommen ist. Deshalb solle er sich nicht an dieses Leben klammern, denn selbst wenn er dies täte, so könnte er doch nicht verweilen, sondern müßte vielmehr weiterhin im Saṃsāra umherwandern. Er solle deshalb alles Begehren nach dieser Welt aufgeben und erkennen, daß alles, was ihm jetzt gleich erscheinen werde, so schrecklich es auch aussehen mag, nichts anderes sei als seine eigenen Vorstellungen, die Projektionen seines eigenen noch nicht gereinigten Geistes. Doch was ihm auch begegnen möge: er brauche sich nicht zu fürchten, denn es könne ihm nichts geschehen, da sein Geistkörper unverwundbar sei. Wenn er dies allerdings nicht begreife, werde er weiterwandern müssen zum Saṃsāra hin.

Alle diese Erklärungen dienen der Vorbereitung auf die Erscheinungen, die unserem Toten in den nächsten vierzehn Tagen begegnen sollen, doch, wie schon das strahlende Licht im Bardo der Todeszeit, nicht, um ihn zu erschrecken, sondern um ihn zur Erkenntnis zu bringen.

Zuerst erscheinen dem Bewußtsein des Toten nach und nach fünf Buddhas in all ihrer Herrlichkeit, eingehüllt in gleißendes Licht und begleitet von ihrem Gefolge. Diese fünf Buddhas sind die Symbole für das gesamte Lehrgebäude des Tantra-Buddhismus. [...] Vor allem sollen die fünf Buddhas und ihre Begleiter den Toten daran erinnern, daß es die Befleckungen sind, von denen er sich befreien muß, die fünf Gifte Gier, Haß, Nichtwissen, Stolz und Neid; denn diese Befleckungen sind es, die das schlechte Karma verursachen. [...]

Da das Bewußtsein des Toten nicht durch das strahlende Licht der fünf Buddhas und ihrer Begleiter in ihrer von Natur aus milden, friedlichen Form von seiner Selbsttäuschung befreit werden konnte, erscheinen nun die gleichen Buddhas noch einmal, aber diesmal in ihrem zornigen, schrecklichen Aspekt als bluttriefende Ungeheuer, und gleichfalls wieder mit großem Gefolge. Spätestens jetzt sollte dem Toten aufgehen, daß, um die Katastrophe des Eintritts in eine neue saṃsārische Existenz zu vermeiden, alles darangesetzt werden muß, um sich von den Befleckungen zu befreien und den falschen Ansichten zu entsagen. Denn es gibt kein besseres Mittel, um die so machtvollen Befleckungen auszumerzen, als die Gegenmacht der schrecklichen Gottheiten. Wie bereits schon die friedlichen Gottheiten, soll er deshalb auch ihre als zornige Gottheiten erscheinenden schrecklichen Aspekte als geistige Hilfsmittel ansehen, als Projektionen des eigenen Geistes. [...]

Nach den 42 friedlichen Gottheiten haben es auch die 58 zornigen Gottheiten nicht vermocht, ihn zur Erkenntnis zu bringen. Es bleibt ihm nun nichts anderes übrig, als in den dritten Bardo zu wandern, den Bardo des Wiedergeburtsprozesses. Sein Geist, sein Bewußtsein, wird vom Wind des Karma weitergetrieben und von allen möglichen schrecklichen Erscheinungen gejagt und gezogen, die in Wirklichkeit Gier, Haß und Nichtwissen sind, also seine eigenen Befleckungen. An keinem Orte kann er bleiben, und so erwacht in

280

ihm allmählich die Sehnsucht nach einem neuen Körper, der, wenn er auch noch so schlecht wäre, wenigstens etwas Schutz gewähren dürfte. Das ist natürlich wieder eine Illusion. Doch gerade die Sehnsucht nach einem neuen Körper bietet wieder eine Erlösungschance: Wenn der Tote mit Hilfe des Totenbuchs erkennt, daß diese Sehnsucht falsch ist, hat er sich selbst erlöst. Wenn er sich aber auch in dieser Situation nicht erlöst, treibt das schlechte Karma den Toten weiter zum Gericht. Das Totenbuch ermahnt ihn hier, sich nicht zu beklagen und niemand anderen als sich selbst für sein Mißgeschick verantwortlich zu machen, denn er hat sich schließlich alles selbst zuzuschreiben.

Im Gericht erwartet der Todesgott Yama unseren unglücklichen Wanderer und schaut in den Karma-Spiegel, in welchem alle bösen und guten Taten deutlich erscheinen. Und nun kommt eine der plastischsten Stellen des Totenbuchs. Es heißt:

Dann wird dir der Todesgott ein Seil um den Hals schlingen, dich wegführen, dir den Hals durchschneiden und das Herz herausreißen, er wird deine Eingeweide herausziehen, dein Blut trinken, dein Fleisch essen und deine Knochen abnagen. Aber du kannst nicht sterben, und selbst wenn dein Körper in Stücke zerhackt wird, er wird sich immer wieder erholen ... Da du ein Geistkörper bist, kannst du nicht getötet werden ... In Wirklichkeit bist du die Eigengestalt der Leerheit, deshalb brauchst du dich nicht zu fürchten. Der Todesgott und seine Knechte sind deine eigenen trügerischen Projektionen, die Eigengestalt der Leerheit. Auch du bist Leerheit, ein Geistkörper aus karmischen Neigungen. Leerheit aber kann Leerheit nichts anhaben.

Doch auch die Schrecken des Gerichts haben unseren Toten nicht zum Erwachen aus seinen Illusionen gebracht. Wieder muß er weiter, und immer deutlicher wird es nun, daß ihm nichts anderes übrigbleibt, als sich einen neuen Leib zu suchen. Noch immer aber ist es möglich, eine Wiedergeburt zu verhindern: Der Tote kann, natürlich wieder mit Hilfe der Anweisungen des Totenbuchs, die Pforte des Mutterschoßes verschließen, d. h. er kann dafür sorgen, daß er nicht in den Mutterschoß eingeht. [...]

Wenn nun auch dies nichts nützt und der Tote, von der Macht des schlechten Karma wie von Furien verfolgt, nichts mehr gegen eine Wiedergeburt tun kann, so soll er jetzt wenigstens einsehen, daß nur eine Geburt in den Bereichen der Götter und Menschen erstrebenswert ist. Wenn es unserem Toten gelingt, als Mensch wiedergeboren zu werden, so ist ihm unter den gegebenen Umständen das beste Los zuteil geworden. Denn der menschliche Körper ist ganz besonders kostbar, weil er ihm eine einzigartige neue Chance bietet. Wenn er an einem Ort wiedergeboren wird, an dem es die Lehre Buddhas gibt, so ist es nicht ausgeschlossen, daß er mit einem Lama zusammentrifft, mit einem Guru, und dieser Lama wird ihn wiederum darin unterweisen, was er tun muß, um die Erlösung zu erlangen.

Wir sind nun am Ende unserer Wanderung durch das buddhistische Totenreich angekommen. Es ist ein Reich der Schrecken, aber zugleich auch ein Reich immer neuer Chancen, das Leid, das letztlich immer nur selbstverursachtes Leid ist, durch Selbsterkenntnis zu überwinden und so die Erlösung zu erlangen. Die Pforte und die größte Chance zur Erlösung aber ist der Tod.

FAZ, 24. 3. 1994; Michael Maar

Nachrichten vom Nahtod –
auf nichts ist mehr Verlaß

Nun ist auf nichts mehr Verlaß. Bis vorgestern abend konnte man glauben, der knappe Übertritt zum Tode werde sich in den harmonischen Formen vollziehen, von denen die klinisch Scheintoten und Reanimierten so oft berichten: ein Tunnel, dahinter das strahlende Licht, ozeanisches Glücksgefühl, geliebte Jenseitige zu freundlichem Empfang, und die Enttäuschung darüber, wieder ins Diesseits gerissen worden zu sein. So die Meinung unter den Laien – bis zur ZDF-Sendung „Ich habe die Hölle gesehen". Innerhalb der Nahtodesforschung, erfährt man jetzt, mehren sich die alarmierenden Meldungen schon seit Jahren. Etwa ein Drittel der fast Hinübergegangenen hat keineswegs beglückende Eindrücke. Ein amerikanischer Kunstprofessor, der nach einem Magendurchbruch von den Ärzten aufgegeben war, schildert nach Jahrzehnten, was ihm im Sterben geträumt. Er wird einen dunklen Gang von Schattenwesen entlanggeführt, die Angst steigt, er wehrt sich und wird geschlagen, die Kleider werden zerfetzt. Am Ende des Gangs öffnet sich das Herz der Angst: Hitze und Spottgelächter, Brüllen und Geifern, tobender Lärm, das sichere Gefühl, daß alles aus ist und die Qual beginnt. Die Schemen lachen und drohen und nähern sich ihm, um diesmal ernsthaft weh zu tun.

Viele andere dem Tod knapp Entkommene haben ähnliche Erfahrungen, reden aber nicht darüber aus Sorge, man könnte Rückschlüsse über ihr Sünderleben ziehen. Denn das Erfahrene gleicht zu sehr der Hölle, als daß man die Assoziation vermeiden könnte. Der Professor war Atheist und konnte sich nur mit Mühe an ein paar Gebetszeilen erinnern, deren Rezitation ihren Effekt auf die Teufel zunächst nicht verfehlte, den Quäleifer dann aber erst richtig stachelte. Was er gesehen hatte, konnte er nicht mehr loswerden. Er wechselte den Beruf, änderte sein Leben und erzählt keine schlüpfrigen Witze mehr. Er ist glaubwürdig, er erfindet nichts, und es ist nicht zu leugnen, daß es einen kalt überrieselt bei seiner Erzählung.

Das Fernsehen tut alles, dem Schauder einen anderen Sinn zu unterlegen. Auch die Metaphysik muß anschaulich bebildert und beschallt werden. Bevor einem Hören und Sehen vergehen, gibt es viel erzgruslige Musik und farbig kämpfende oder schattenboxende Schemen. [...]

Eher nebenbei wird dann doch berichtet, daß die in Frage

283

stehenden Effekte auch im Labor herzustellen sind. Auch wer quicklebendig in einem Salzwassertank sensorisch depraviert wird, glaubt durch die Ritzen der Hölle sehen zu können. Das Bewußtsein ist zu den erstaunlichsten Dingen fähig, solange es gerade noch kann. Im Buch des Princetoner Gelehrten Julian Jaynes über den Ursprung dieses Erstaunlichsten ist nachzulesen, warum auch das exosomatische Erlebnis – das bekannte Schweben über dem Operationstisch – nichts mit Metaphysik zu tun hat. Mit dem Totenreich haben auch die Nah-Berichte nicht zu tun, es dürften per definitionem keine Lebenden sein, die sie ablegen; von spirits aber ist eine jenseitige Nahtodesforschung nicht zu erwarten, und käme sie klopfend auf unsere Tische, wir hätten sie selber produziert.

Womit kann es aber zu tun haben, von welchen Umständen hängt es ab, daß den einen beim Aushauchen Licht, den andern Greuel wird? Diese Frage, die einzige, die man mit gutem Recht als brennend bezeichnen dürfte, wurde nicht ernsthaft berührt.

Norbert Elias

Die Einsamkeit der Sterbenden

Eine Besonderheit entwickelterer Gesellschaften, die als Bedingung für die Eigentümlichkeit ihres Bildes vom Tode erwähnt zu werden verdient, ist der hohe Grad und das eigentümliche Muster der Individualisierung. Das Bild vom Tode im Bewußtsein eines Menschen ist aufs engste verbunden mit dem Bilde von sich selbst, vom Menschen, das in der Gesellschaft dieses Menschen vorherrscht. In den entwickelteren Gesellschaften verstehen sich Menschen weithin als von Grund auf unabhängige Einzelwesen, als Monaden ohne Fenster, als vereinzelte „Subjekte", denen die ganze

Welt, also auch alle anderen Menschen, als „Außenwelt" gegenübersteht und deren „Innenwelt" wie durch eine unsichtbare Mauer von dieser „Außenwelt", also auch von anderen Menschen, abgetrennt ist.

Diese Art, sich selbst zu erleben, das für eine bestimmte Zivilisationsstufe charakteristische Selbstbild des „homo clausus", steht gewiß in engster Verbindung mit einer ebenso spezifischen Art, vorwegnehmend den eigenen Tod und, in der akuten Situation, das eigene Sterben zu erleben. [...]

In verschleierter Form, etwa mit Hilfe von Begriffen wie „Geheimnis" oder „Nichts", implizieren existenzphilosophische Betrachtungen zuweilen die Projektion eines quasisolipsistischen Menschenbildes auf den Tod. Ähnliches gilt von dem „Theater des Absurden". Auch dessen Vertreter gehen implicite – und manchmal ausdrücklich – von der Voraussetzung aus, daß das Leben eines Menschen, so wie sie es verstehen, also als Leben eines im Grunde vereinzelten, hermetisch von der Welt abgeschlossenen Wesens, ganz für sich allein einen Sinn und vielleicht sogar einen vorgegebenen Sinn haben müsse. Wenn sie diese Art von Sinn nicht zu finden vermögen, erscheint ihnen die menschliche Existenz als sinnlos, sie fühlen sich desillusioniert; und die so begründete Sinnleere des menschlichen Lebens wird dann zumeist in ihrer Vorstellung durch das Wissen besiegelt, daß jeder Mensch sterben muß.

Es ist wohl zu verstehen, daß ein Mensch, der als sinnloses, vereinzeltes Wesen zu leben meint, auch als solches stirbt. Aber diese Fassung des Sinnbegriffs ist nicht weniger irreführend als das Menschenbild, zu dem sie gehört. Auch die Kategorie „Sinn" erhält hier ihr Gepräge durch das Menschenbild des „homo clausus". Die eigentümliche Tatsache, daß durch die Vermittlung der Sprache Gegebenheiten jeglicher Art, das eigene Leben miteingeschlossen, für Menschen Sinn haben können, ist seit geraumer Zeit Gegenstand ausgiebiger philosophischer Reflexionen geworden. Aber von ganz wenigen Ausnahmen abgesehen, sucht man in diesen Überlegungen dadurch Zugang zu dem Problem des Sinnes zu gewinnen, daß man als „Subjekt" des Sinnes – in der traditionellen philosophischen Manier – ein vereinzeltes menschliches Individuum, eine isolierte Monade, ein versiegeltes „Ich" ansetzt und von daher vielleicht dann noch auf einer höheren Stufe der Allgemeinheit *den* vereinzelten Menschen, das universale Ich oder, je nachdem, auch das „Bewußtsein überhaupt". Ausdrücklich oder nicht erwartet man dann auch, daß jeder Mensch ganz für sich, eben als isolierte Monade, einen Sinn haben müsse, und beklagt die Sinnlosigkeit des menschlichen Daseins, wenn man diese Art von Sinn nicht findet.

Aber die Kategorie „Sinn" läßt sich nicht verstehen, wenn man sie auf einen einzelnen Menschen oder eine von ihm abgezogene Universalie bezieht. Konstitutiv für das, was wir Sinn nennen, ist eine Vielheit von Menschen, die in dieser oder jener Weise voneinander abhängig sind und miteinander kommunizieren. „Sinn" ist eine soziale Kategorie; das zugehörige Subjekt ist eine Pluralität miteinander verbundener Menschen. In deren Verkehr miteinander erhalten Zeichen, die sie einander geben – und die in jeder Gruppe von Menschen verschieden sein können –, einen Sinn, und zwar zunächst einmal einen gemeinsamen Sinn. Jeder einzelne Mensch mag ihn – in Maßen – individuell abwandeln; aber wenn er in dieser Abwandlung zu weit geht, verliert sich – in Gegenwart oder Zukunft – die Kommunizierbarkeit seiner Zeichen und damit ihr Sinn.

Auch der Versuch, in dem Leben eines einzelnen Menschen einen Sinn zu finden, der unabhängig von dem ist, was dieses Leben für andere Menschen bedeutet, ist vergeblich. In der Praxis des gesellschaftlichen Lebens ist der Zusammenhang zwischen dem Empfinden eines Menschen, daß sein Leben einen Sinn hat, und seiner Vorstellung von der Bedeutung seiner selbst für andere Menschen – und anderer Menschen für ihn selbst – recht klar. Auf dieser Ebene versteht man gewöhnlich auch ohne weiteres, daß Ausdrücke wie „sinnvolles Leben", wie „sinnerfüllt", „sinnlos", „sinnleer" in bezug auf ein menschliches Leben aufs engste mit der Bedeutung dessen zusammenhängen, was ein Mensch für andere Menschen ist und tut. Aber in der Selbstreflexion verdunstet dieses Verständnis leicht. Da gewinnt in entwickelteren Gesellschaften das weit verbreitete Empfinden ihrer hoch individualisierten Mitglieder, daß jeder von ihnen ganz für sich und absolut unabhängig von anderen Menschen, von der „Außenwelt" überhaupt, existiere, gewöhnlich die Oberhand, und im Verein damit auch die Vorstellung, daß ein Mensch – man selbst – ganz für sich allein einen Sinn haben müsse. Die traditionelle Art des Philosophierens, die sich auf dieser Art des Selbsterlebens aufbaut und zugleich eine ihrer repräsentativsten Manifestationen ist, blockiert allzu oft die Einbeziehung dessen, was auf der Praxisebene unmittelbar einsichtig ist, die Zugehörigkeit eines Menschen zu Menschen und „Objekten", in die Reflexion der höheren Ebenen.

Jeder Mensch lebt von „äußeren" Pflanzen und Tieren. Er atmet die „äußere" Luft, hat Augen für „äußere" Lichter und Farben. Er ist von „äußeren" Eltern geboren und liebt oder haßt, befreundet oder befeindet „äußere" Menschen. Auf der Ebene der sozialen Praxis weiß er das alles. Aber in der distanzierenden Reflexion werden diese Erfahrungen oft verdrängt. Da erleben sich Menschen der differenzierteren Gesellschaften oft als Wesen, deren „Inneres" von dieser „äußeren" Welt völlig abgetrennt ist. Die klassische Philosophie hat diese Art der sozialen und individuellen Verdrängung dessen, was in der Praxis jedermann weiß, gleichsam legitimiert.

In dem derart entstellten Selbstbild eines Menschen als eines ganz für sich allein existierenden Wesens spiegeln sich höchst reale Vereinsamungstendenzen, die für die spezifische Persönlichkeitsstruktur, insbesondere für die Art der Individualisierung, von Menschen entwickelterer Gesellschaften auf der bisher erreichten Stufe recht charakteristisch sind. Die Selbstkontrollen werden in diesen Gesellschaften häufig derart in die heranwachsenden Menschen eingebaut, daß sie von den Betreffenden wie eine tatsächlich existierende Mauer erlebt werden, die ihre auf andere Menschen und Dinge gerichteten Triebe und Affekte einsperrt und sie so von ihnen abschneidet. [...]

Vereinsamungstendenzen sind in solchen Gesellschaften begreiflicherweise oft auch in der Persönlichkeitsstruktur der Sterbenden selbst angelegt. Sicherlich sind sie in allen Fällen sowohl schichtspezifisch wie geschlechtsspezifisch und generationsspezifisch differenziert. [...]

Immerhin gibt es wohl in diesen intensiv pazifizierten Gesellschaften, in denen das Zusammenleben eine allseitige und gleichmäßig hohe Kontrolle aller vulkanischen Triebimpulse, eine stete Dämpfung wilder Gefühlsregungen von allen Menschen, die zu ihnen gehören, verlangt, über solche schichten- und gruppenspezifischen Unterschiede hinweg auch bestimmte Gemeinsamkeiten der Persönlichkeitsstruktur. Allerdings treten sie deutlich erst zutage beim Vergleich mit Gesellschaften einer anderen Zivilisationsstufe. Zu ihnen gehören die relativ sehr hohe Individualisierung der Einzelperson, die verhältnismäßig hohe allseitige und gleichmäßige Zurückhaltung aller starken Trieb- und Gefühlsimpulse und die Vereinsamungstendenzen, die mit diesen Strukturen bei deren bisherigen Mustern Hand in Hand gehen.

Auch bei Sterbenden kann man diese Tendenz spüren. Sie mögen sich ihr resigniert ergeben oder gerade im Sterben noch einmal danach trachten, die Mauer zu durchbrechen. Wie es auch ist, sie bedürfen mehr als je des Empfindens, daß sie ihre Bedeutung für andere Menschen noch nicht verloren haben – in Maßen: Zuviel Sympathiebezeigung mag ebenso unerträglich für sie sein wie zu wenig. Es wäre unrichtig, von der spezifischen zivilisatorischen Scheu und Zurückhaltung der Überlebenden gegenüber den Sterbenden in Gesellschaften unserer Art zu sprechen, ohne zugleich auch an die mögliche Scheu und Zurückhaltung der Sterbenden gegenüber den Überlebenden zu erinnern.

Die Vorstellung, *allein* sterben zu müssen, ist charakteristisch für eine vergleichsweise recht späte Stufe der Individualisierung und des Selbstbewußtseins.

Dieses „allein" weist auf einen ganzen Komplex miteinander verbundener Bedeutungen hin. Es kann auf die Erwartung hinweisen, daß man den Sterbeprozeß mit niemandem teilen könne. Es kann dem Gefühl Ausdruck geben, daß mit dem eigenen Tod die kleine Welt der eigenen Person mit ihren einzigartigen Erinnerungen, mit ihren einem selbst allein bekannten Gefühlen und Erfahrungen, mit ihrem eigenen Wissen und ihren eigenen Träumen für immer verschwinden werde. Es kann sich auf das Empfinden beziehen, daß man im Sterben von allen Menschen, mit denen man sich verbunden fühlt, allein gelassen werde. […]

Der besondere Akzent, den in der neueren Zeit die Vorstellung erhält, daß man im Sterben allein ist, entspricht dem stärkeren Akzent, den in dieser Periode das Empfinden gewinnt, daß man im Leben allein sei. Auch in dieser Hinsicht ist das Bild von dem eigenen Tode aufs engste verbunden mit dem Bild von sich selbst, von dem eigenen Leben, und zugleich auch von der Art dieses Lebens. […]

Die Art des Sterbens hängt in der Tat nicht zuletzt auch davon ab, ob und wieweit ein Mensch die Möglichkeit hat, sich für sein Leben Ziele zu setzen und sie zu erreichen, sich Aufgaben zu stellen und sie zu erfüllen. Sie hängt davon ab, ob und wieweit der Sterbende das Empfinden hat, sein Leben sei ein erfülltes, ein sinnvolles, oder, je nachdem, auch unerfüllt und sinnleer gewesen. Die Gründe dieses Empfindens sind durchaus nicht immer klar. […] Man kann vielleicht annehmen, daß das Sterben für jemanden leichter wird, der empfindet, er habe das Seine getan, und schwerer ist für jemanden, der fühlt, er habe sein Leben versäumt, besonders schwer wohl für jemanden, der, was immer die Erfülltheit seines Lebens gewesen, fühlt, die Art seines Sterbens selbst sei sinnlos.

Der sinnvolle Tod – das sinnlose Sterben – auch diese Begriffe öffnen die Tür zu Problemen, über die, so könnte man denken, zu wenig öffentlich nachgedacht wird. Zum Teil ist das offenbar deswegen der Fall, weil sie einem andern Problem zum Verwechseln ähnlich sehen, das dem Wortlaut nach fast identisch, der Bedeutung nach durchaus verschieden ist. Wenn man von jemandem sagen will, er beschäftige sich mit etwas ganz Nutzlosem, dann mag man wohl berichten, er denke über den Sinn des Lebens nach. Die Nutzlosigkeit beruht dabei darauf, daß es sich um die Suche nach einem metaphysischen Sinn des menschlichen Lebens handelt, der dem einzelnen Menschen, sei es von außermenschlichen Gewalten, sei es von der Natur, gewissermaßen vorgegeben ist. Über einen solchen metaphysischen Sinn aber kann man in der Tat bestenfalls nur philosophisch spekulieren; man kann seinen Wünschen und Phantasien der Suche nach dieser Art von Sinn freien Lauf geben – die Antworten können nicht mehr als willkürliche Erfindungen sein. Was sie besagen, läßt sich weder erhärten noch widerlegen.

Aber der Sinn, von dem hier gesprochen wurde, ist anderer Art. Menschen erleben Ereignisse, die sie betreffen, als sinnvoll oder sinnlos, als sinnerfüllend oder sinnentleerend. Von diesem erlebten Sinn ist hier die Rede. Wenn ein dreißigjähriger Mann, der Vater von zwei kleinen Kindern und Mann einer Frau, die er und die ihn liebt, von einem Geisterfahrer auf der Autobahn in einen Unfall verwickelt wird und stirbt, dann sagt man, es ist ein sinnloser Tod. Nicht weil der Sterbende einen vorgegebenen außermenschlichen Sinn unerfüllt ließ, sondern weil ein Lebenslauf, der keinerlei Beziehungen zu dem der betroffenen Familie hatte, der Lebenslauf des Geisterfahrers, gleichsam von außen und zufällig den Lebenslauf, die Ziele und Pläne, die glücklich verankerten Empfindungen und Gefühle eines Menschen und somit etwas, was für diese Familie eminent sinnvoll war, mit einem Schlag über den Haufen wirft und zerstört. Nicht nur Lebenserwartungen, Hoffnungen und Freuden des Toten sind zerstört, sondern auch die der Überlebenden, die seiner Kinder und die seiner Frau. Für die Menschen, die diese Familie bildeten, hatte diese Gruppierung eine mit hohen positiven Werten besetzte Funktion. Wenn etwas eine solche Funktion für den Lebenslauf eines Menschen besitzt und ein Ereignis fördert oder stärkt es, dann sagt man, es ist sinnvoll für ihn. Umgekehrt, wenn etwas, das für einen Menschen oder eine Gruppe von Menschen eine solche Funktion besitzt, ausfällt, nicht realisierbar ist oder zerstört wird, dann sprechen wir von Sinnentleerung.

Das Wenige, was zur Natur des Sinnes, also auch zum „Sinn eines Lebens", hier gesagt werden kann, mag nicht ganz ohne Wert für das Verständnis eines besonderen Problems von Sterbenden sein. Die Sinnerfüllung des einzelnen, so sah man, hängt aufs engste mit der Bedeutung zusammen, die ein Mensch im Laufe seines Lebens, sei es durch seine Person, sei es durch sein Verhalten und seine Arbeit, für andere Menschen erlangt hat. Heute sucht man Sterbenden vor allem dadurch Hilfe zu geben, daß man ihre Schmerzen lindert und, so gut es geht, für ihr körperliches Wohlbefinden sorgt. Durch dieses Bemühen zeigt man ihnen bereits, daß man nicht aufgehört hat, ihnen als Menschen Beachtung zu schenken. Aber in vielbeschäftigten Krankenhäusern geschieht das begreiflicherweise oft etwas mechanisch und unpersönlich. Auch Familien sind heute oft um die rechten Worte verlegen, die man in dieser relativ unfamiliären Situation gebrauchen kann, um den Sterbenden Hilfe zu geben. Es ist nicht immer ganz leicht, Menschen auf dem Wege zum Tode zu zeigen, daß sie ihre Bedeutung für andere Menschen nicht verloren haben.

Wenn das geschieht, wenn ein Mensch im Sterben fühlen muß, daß er – obwohl noch am Leben – kaum noch Bedeutung für die umgebenden Menschen besitzt, dann ist er wirklich einsam. Gerade für diese Form der Einsamkeit aber gibt es viele Beispiele in unseren Tagen, einige alltäglich, andere außergewöhnlich und extrem. Der Begriff der

Einsamkeit hat ein ziemlich weites Spektrum. Er kann sich auf Menschen beziehen, deren auf andere gerichtetes Liebesverlangen frühzeitig so verletzt und gestört worden ist, daß sie es später kaum noch auf andere auszurichten vermögen, ohne die Schläge zu spüren, die sie früher empfangen haben, ohne die Schmerzen zu fühlen, die ihnen ehemals dieses Verlangen eingebracht hat. Unwillkürlich ziehen die so getroffenen Menschen ihre Gefühle von anderen Menschen ab. Das ist eine Form der Vereinsamung. Eine andere, im engeren Sinne soziale Form der Vereinsamung stellt sich dann ein, wenn ein Mensch an einem Ort lebt oder eine Position hat, die es ihm nicht ermöglicht, Menschen von der Art zu begegnen, von der er fühlt, daß er ihrer bedarf. In diesem und in vielen verwandten Fällen bezieht sich der Begriff der Einsamkeit auf einen Menschen, der aus diesem oder jenem Grunde allein gelassen wird. Er mag unter Menschen leben, doch sie haben keine affektive Bedeutung für ihn.

Aber das ist nicht alles. Der Begriff der Einsamkeit bezieht sich auch auf einen Menschen inmitten vieler anderer, für die er selbst ohne jede Bedeutung ist, für die es gleichgültig ist, ob er existiert oder nicht existiert, die die letztliche Gefühlsbrücke zwischen sich selbst und ihm abgebrochen haben. Die Stadtstreicher, die Methylalkoholtrinker, die in einem Türeingang sitzen, während die geschäftigen Fußgänger an ihnen vorbeigehen, gehören in diese Gruppe. Die Gefängnisse und Folterkammern der Diktatoren sind Beispiele für diese Art der Einsamkeit. Der Weg zu den Gaskammern ist ein anderes. Kinder und Frauen, junge und alte Männer wurden hier nackt dem Tode entgegengetrieben von Menschen, die jedes Empfinden der Identität, jedes Mitempfinden abgebrochen hatten. Da überdies die hilflos in den Tod Getriebenen auch zumeist noch selbst durch Zufall zusammengewürfelt und einander unbekannt waren, war jeder von ihnen, mitten unter Menschen, in höchstem Maße einsam und allein.

Das extreme Beispiel mag daran erinnern, wie fundamental die Bedeutung der Menschen für Menschen ist. Es weist zugleich darauf hin, was es für Sterbende bedeutet, wenn sie – noch lebend – fühlen müssen, daß sie von den Lebenden bereits aus ihrer Gemeinschaft ausgeschlossen sind.

Thomas H. Macho

Wir erfahren Tote, keinen Tod

Der Tod ist unserer *Erfahrung* entzogen; wir erfahren weder den eigenen Tod noch den Tod der anderen (und selbst der geliebten) Menschen. Gleichwohl erfahren wir die *Verwandlung* von Mitmenschen in Leichen. Wir können diese Verwandlung nicht erklären, auch nicht auf uns selbst applizieren; wir können sie nicht *verstehen*. Dennoch *erfahren* wir ihre unbedingte Faktizität. *Alles,* was sich vom Tod in Erfahrung bringen läßt, erfahren wir gleichsam in der Konfrontation mit den Leichen. Wir erfahren *keinen* Tod, wohl aber erfahren wir die *Toten*. In der Erfahrung der *Toten* wird uns der Tod *nicht* offenbart; wir erfahren nur den *Widerstand,* den uns die *Toten,* in ihrer puren Anwesenheit, entgegenhalten. Es gibt keinen Zugang zur Erfahrung des *Todes*; daß wir nach dieser Erfahrung suchen und fragen, verdanken wir aber der unerklärlichen Erfahrung, die uns jede Begegnung mit *Toten* verschafft. Am Anfang war die Leiche; und danach kam alle Theorie. [...]

In derselben Zeitspanne, die uns den Tod als *Individualität* zugänglich zu machen versprach, haben wir das Ärgernis der *Leichenerfahrung* in die Randzonen gesellschaftlicher Bewußtheit gedrängt. Wir haben den *Anlaß* der Frage nach dem Tod abgespalten, indem wir uns selbst als die einzig mögliche *Antwort* auf diese leidige Frage offerierten. Hegel, der vielleicht erstmals den Tod mit der Individuation vermählte, hat immerhin solchen Anlaß noch gekannt, wie die Auseinandersetzung mit den *Toten* in der „Phänomenologie des Geistes", und vorher schon, in der Jenenser Untersuchung der „wissenschaftlichen Behandlungsarten des Naturrechts", dokumentiert. Heidegger, der den Gedanken Hegels radikalisierte, wollte dagegen von der Leiche nichts mehr wissen. Im gigantischen Mausoleum von „Sein und Zeit" gönnte er ihr keine winzige Nische: mit Heidegger hat sich die „kopernikanische Wende" der Todesdeutung vollendet. Der Anlaß älterer Todeserklärungen war die Leiche; der Anlaß moderner Todeserklärungen sind wir selbst. Darum ist auch das Dogma der Unsterblichkeit gefallen; jede Spekulation über das Schicksal der Leichen mußte zur *theoria nongrata* avancieren, seitdem wir das Phantasma des *eigenen Todes* am Horizont erblickt haben. Der Abschied von der Unsterblichkeit hat uns nicht zuletzt von den Toten befreit.

Allerdings ist uns der *Tod zum leeren Begriff* geraten. Nach dem Vergessen der Frage und ihres provokativen Anlasses ist nur eine schale Antwort übriggeblieben, deren Rätsel sich *in* der Sprache unerlöst *zeigt.* Wir wissen nicht, worüber wir sprechen, wenn wir vom Tod sprechen. Das sprachliche Zeichen „Tod" verbirgt das Bezeichnete. Die Frage verbirgt das Erfragte und offenbart keinerlei Referenz, sondern nur unsere Ohnmacht, den Tod in der Sprache heimisch zu machen. Der Tod verharrt indes als das Unheimliche, ohne sprachlichen Sinn; und seine Erhebung zur transzendentalen Voraussetzung aller Bedeutung und jeglichen Verstehens gelingt bloß so lange, als wir uns selbst an die Stelle des Todes plazieren können. Der Tod ist die Grenze des Sinns und der Bedeutung; er ist eine *Metapher,* und er wird mit *Metaphern* aufgefüllt. [...]

Worüber sprechen wir, wenn wir vom Tod sprechen? – Wir sprechen vom Zusammenbruch des sozialen Körpers, wir sprechen von der Grenzerfahrung. Wir sprechen vom Blick auf das Jenseits, der manchen Abschied begleitet, ohne genauerhin zu wissen, ob wir – als Wölfe – den Tod erfahren oder bloß die Rückenansicht unserer eigenen, vertrauten und gewohnten Welt. Wir sehen am Sterben allein den Kommunikationsabbruch; und die Berichte vieler Menschen, die den „klinischen Tod" überlebt haben, scheinen diese Wahrnehmung zu affirmieren. Sterben ist ein Trip. Als Desorganisation von Raum und Zeit, als Trennung von Körper und Identität, als Negation aller diskursiven und sozialen Regeln.

Das Sterben der Mitmenschen. Auch für die ratlosen Hinterbliebenen, für die traurigen Angehörigen, für die verzweifelten Mitglieder der Gruppe, ist das Sterben ihres Nächsten eine Grenzerfahrung: als Erfahrung der Verletzlichkeit des sozialen Körpers. – Der Sterbende läßt sich nicht mehr ansprechen, jeder Kontakt wird abgeschnitten, sein körperliches Aussehen verändert sich dramatisch: vom blassen Gesicht zum spitzen Kinn und zu den eingefallenen Gesichtszügen; zu den aufgerissenen Augen, von denen niemand weiß, *ob* und *was* sie noch sehen; zur langsam aussetzenden Atmung und zu den Muskelkontraktionen und Zuckungen, die uns wie mechanische Krämpfe anmuten. Schließlich bleibt eine Leiche zurück. Und erst ab diesem Moment entfaltet sich der unüberholbare Schrecken des Todes. Die Leiche, und mehr noch das Gesicht der Leiche, bilden den Anfang jener erschreckenden, fürchterlichsten Grenzerfahrung, für die es lediglich ein imaginäres *back home* geben kann. Die Perzeption jeder Leiche treibt die Grenzerfahrung, die wir am Sterben des anderen Menschen erleiden, auf die Spitze; erst jetzt ist der Kommunikationsabbruch wirklich zur unwiderruflichen Faktizität geworden.

Leichenparadox. An der Leiche exemplifiziert sich ein Rätsel, eine unerklärliche Verdopplung. Auf der einen Seite ist die Leiche ganz offensichtlich identisch mit einem bestimmten Menschen: wir wissen genau, wer da liegt und gestorben ist; auf der anderen Seite aber ist dieselbe Leiche – ebenso offensichtlich – nicht identisch mit diesem bestimmten Menschen. Wie sollen wir das Rätsel lösen, die Verdopplung erklären? – Wir können behaupten, daß jener sichtbare Widerspruch zwischen Identität und Nichtidentität von allem Anfang an existiert hat: als dualistische Konstitution des Menschen, der mit einem Leib und einer Seele ausgestattet wurde; als Kombination von res extensa und res cogitans, die sich nur kurzfristig miteinander vertrugen – gemessen an den unendlichen Zeiträumen vor der Geburt und an den unendlichen Zeiträumen nach dem Tod. Aber schon Aristoteles hat an dieser Lösung gezweifelt; und ganz besonders seit der Aufklärung und Säkularisierung sind wir nicht mehr in der Lage, diesem Gedanken – wie einem festen Fundament, auf dem sich unsere Welt errichten ließe – zu vertrauen. Die Kritik an der Lehre vom menschlichen Leib-Seele-Zwitter hat uns freilich erneut vor das Leichenparadox gestellt. Nach dem Untergang der Religionen müssen wir uns abermals fragen, welchen Status die Toten einnehmen: jene Dingmenschen, die als Organe des sozialen Körpers versagen, indem sie nicht angesprochen oder motiviert werden können, gleichwohl als Individuen aber lokalisierbar und identifizierbar bleiben. Nicht umsonst haben die Freidenker, schon seit dem Beginn der Moderne, die Leichenverbrennung gefordert: und womöglich nicht nur, um die kirchliche Hoffnung auf eine Resurrektion des Fleisches nachhaltig zu dementieren, sondern vielleicht auch, um jenem Paradox auszuweichen, das sich – mit dem Abschied von traditionellen Unsterblichkeitsdogmen – in frischer Schärfe einstellen mußte; dem Rätsel, das uns alle Leichen ungerührt aufgeben – zumindest vor ihrer Vernichtung durch das Feuer der Krematorien.

Erich Fried hat das Leichenparadox in einer beeindruckenden Erzählung vortrefflich zur Anschauung gebracht: im Stil einer Meditation in der Totenhalle.

Dieser Mensch soll also kein Mensch mehr sein. Dieses Gesicht soll also kein Gesicht mehr sein. Aber dieses Gesicht ist ein Gesicht. Dieses Gesicht ist ganz und gar ein Gesicht, das man kennt und das man kennen wird, wie man es noch nie zuvor gekannt hat. Dieses Gesicht ist und ist und ist. Es gibt nichts, was so *ist* wie dieses Gesicht, es gibt nichts, was so dauert wie dieses Gesicht, obwohl man nicht einmal weiß und sagen kann, ob die Augen offen oder zu sind. Obwohl man nicht weiß und nicht sagen kann, ob es schärfer oder weicher geworden ist als es war, zuletzt oder früher oder viel früher. Dieses Gesicht ist dieses Gesicht, und die Schultern sind diese Schultern, und diese Arme und Hände *sind* diese Arme und diese Hände, der Arm und die Hand auf der anderen Seite, und der Arm und die Hand auf dieser Seite, die Hand mit dem Finger, der einen Ring trägt.

Die Anwesenheit der Toten, ihr Dasein. Vermutlich wäre uns leichter, wenn der Tod sich als spurloses Verschwinden ereignen würde; wenn es keine Leiche gäbe, keinen Blick auf ein Gesicht, das als dieses Gesicht bleibt, sich nicht mehr zu verändern scheint: eine Maske, die sich fotografieren ließe und vom Fotoabzug idealiter nicht zu unterscheiden wäre. Ein Gesicht sub specie aeternitatis. Ebendarum ist dieses Gesicht auch nicht dieses Gesicht:

Die anderen sind fort. Nur das Gesicht ist da, und der weiße Spitzenkragen ist da, und die Schultern sind da, unter dem weißen Stoff, und die Arme und die Hände, und der Ring an der einen Hand ist da, und das, was *nicht* wie ein offener Sarg aussieht. Aber nichts ist so da, wie das Gesicht. Das Gesicht, das das Gesicht ist, das es nicht mehr ist. Das Gesicht, das immer das Gesicht bleiben wird und das man sieht, wie man es noch nie gesehen hat, obwohl man nicht einmal weiß, ob seine Augen offen oder geschlossen sind, und obwohl man das auch nie mehr wissen wird. Das Gesicht ist größer, weil es näher ist. Über dem Gesicht gibt es eine Stirne mit kurzem Haar. Dieses kurze Haar berührt man mit den Lippen und riecht es mit der Nase. Es riecht, wie es früher gerochen hat. Nichts hat sich geändert. Die Hand mit dem Ring ist größer, weil sie näher ist. Die Hand mit dem Ring ist groß und man berührt sie mit den Lippen. Sonst nichts, aber das ist alles. Alles ist ruhig. Alles ist so ruhig wie sonst nichts. [...] Das Gesicht über dem Spitzenkragen hat kleine Kinder gesehen und hat zu ihnen gesprochen, während sie zu weinen aufhörten und Milch tranken. Es war noch nicht *dieses* Gesicht, aber es war *doch* dieses Gesicht.

Die Leiche ist eine verschlossene, eine negative Synthesis zwischen Identität und Differenz, Nähe und Entfernung, Einheit und Trennung, *etwas* und *nichts*. Diese Synthesis ist anwesend, aber nicht als Versöhnung eines dialektischen Widerspruchs. Sie erscheint, um sich zu verbergen – ganz wie die Gottheit der Neuzeit: *mortuus absconditus*. Die Verhüllung offenbart sich durch die Augen. Nicht umsonst betont Fried mehrmals, daß sich nicht entscheiden ließe, ob die Totenaugen geöffnet oder geschlossen sind. An den Augen erleben wir, ob wir zu einem anderen Menschen Kontakt bekommen oder nicht; mit den Augen können wir flirten; oder uns vor den kalten Augen fürchten, vor dem bösen Blick. An den Augen entscheidet sich, welche sozialen Beziehungen zwischen verschiedenen Menschen bestehen oder aufgenommen werden können. Es gibt schmachtende und tötende Blicke, im Augenblick ist alles geschehen, und wir wissen Bescheid. – Man sagt, daß den Sterbenden die Augen brechen, weniger um die spätere Zerstörung des Augenlichts zu antizipieren, als um den Moment festzuhalten, in welchem der Augenkontakt mit dem Sterbenden abreißt. Brechen kann nur eine Verbindung, ein Zusammenhang. Und zu den ersten Handlungen, die am gestorbenen Menschen verrichtet werden, zählt, daß ihm die Augen zugedrückt werden.

Abbildungsverzeichnis

Seite 13 Deckel vom Sarkophag des Djedhor, Ptolemäerzeit, Louvre, Paris. Aus: Christiane Ziegler u. a., Museen der Welt. Der Louvre. Die Ägyptische Sammlung. 1990, S. 80.

Seite 55 Aigina, Tempel der Aphaia. Sterbender Krieger. Foto: © Albrecht Ohly, München.

Seite 95 Rohan-Meister: Heures de Rohan, Der Tote vor Gott. Um 1415–1420. Bibliothèque Nationale, Paris. Aus: Roland Recht/Albert Châtelet, Ausklang des Mittelalters 1380–1500. 1989, S. 209.

Seite 145 Rembrandt, Anatomische Vorlesung des Dr. Tulp.

Seite 195 Edouard Manet, Die Erschießung Kaiser Maximilians von Mexiko, 1867. Städtische Kunsthalle, Mannheim.

Seite 247 Aufgebahrte Tote im Krankenhaus. Foto: © Albrecht Ohly, München.

Autoren- und Quellenverzeichnis

Alle genannten Werke – soweit nicht ausdrücklich
anders vermerkt – sind im Verlag C. H. Beck erschienen.

Am Tod stirbt niemand – Sterbestatistik 248

ARNOLD ANGENENDT, geb. 1934, ist o. Professor für Kirchenge-
schichte an der Universität Münster.
Werke: Heilige und Reliquien. 1994.
Heilige Leichen 99
Aus: Heilige und Reliquien, 149f., 152–156.

PHILIPPE ARIÈS (1914–1986) war einer der prominenten Vertreter
der französischen Historikerschule der „Annales".
Der Beginn der Lüge und das Verbot des Todes 240
Aus: Studien zur Geschichte des Todes im Abendland. Aus dem
Französischen von Horst Henschen. München 1976, S. 57–61.
© 1976 Carl Hanser Verlag, München und Wien.

JAN ASSMANN, geb. 1938, ist Professor der Ägyptologie in Heidel-
berg. Er lehrte als Gastprofessor in Paris, Yale und Jerusalem.
Zahlreiche Veröffentlichungen vor allem zur ägyptischen Religion
und Kultur.
Werke: Ma'at. Gerechtigkeit und Unsterblichkeit im Alten Ägyp-
ten. ²1995; Das kulturelle Gedächtnis. Schrift, Erinnerung und po-
litische Identität in frühen Hochkulturen. 1992.
Totengedenken als kulturelles Gedächtnis 15
Aus: Das kulturelle Gedächtnis, S. 31–34, 61 ff.
Die Idee des Totengerichts 38
Aus: Ma'at. Gerechtigkeit und Unsterblichkeit im Alten Ägypten,
S. 122, 132–136.

AURELIUS AUGUSTINUS (354–430), lateinischer Kirchenlehrer des
christlichen Altertums.
„Ich empfand nur Schmerz und weinte…" 90
Aus: Bekenntnisse. Mit einer Einleitung von Kurt Flasch, übersetzt, mit Anmerkungen versehen und herausgegeben von Kurt

Flasch und Burkhard Mojsisch. Stuttgart 1989. 4. Buch: IV.7–
VII.12.
Abdruck mit Genehmigung des Verlages Philipp Reclam jun.,
Stuttgart.

MICHAIL BACHTIN (1895–1975) studierte Altphilologie, Philosophie und Sprachwissenschaft und lehrte in Moskau Literaturwis-
senschaft.
Hölle, Tod und Karneval – mittelalterliche Lachkultur 121
Aus: Literatur und Karneval. Zur Romantheorie und Lachkultur.
Aus dem Russischen übersetzt und mit einem Nachwort versehen
von Alexander Kaempfe. Frankfurt am Main 1990, S. 32–37.
© 1969 Carl Hanser Verlag, München und Wien.

ROLAND GÉRARD BARTHES (1915–1980), französischer Literatur-
kritiker.
Vermißt? Erwägungen über den Liebestod 239
Aus: Fragmente einer Sprache der Liebe. Übersetzt von Hans-
Horst Henschen. Frankfurt am Main 1984, S. 238 f.
© Suhrkamp Verlag, Frankfurt am Main 1984.

ULRICH BECK, geb. 1944, lehrt als Professor für Soziologie an der
Universität München.
Werke: eigenes Leben. Ausflüge in die unbekannte Gesellschaft, in
der wir leben (gem. mit Wilhelm Vossenkuhl und Ulf Erdmann
Ziegler; mit Fotos von Timm Rautert). 1995.
Eigenes Leben, eigener Tod 249
Aus: eigenes Leben, S. 171–174.

RANUCCIO BIANCHI BANDINELLI (1900–1975) wirkte als Professor
der Archäologie und der Geschichte der griechischen und der römischen Kunst an den Universitäten Cagliari, Pisa, Groningen
(Holland), Florenz und Rom. Mitarbeiter der bedeutendsten archäologischen Publikationsorgane; in seinen Veröffentlichungen
befaßte er sich mit der etruskischen, der früh-griechischen, der römischen und der beginnenden byzantinischen Kunst. Er war viele
Jahre Präsident des Istituto Antonio Gramsci (Rom), eines Zen-
trums für geschichtliche Studien über den Marxismus.

Werke: Die römische Kunst. 1975; Klassische Archäologie. 1978.
Römisches Patriziat: Lebende Bilder der Ahnen 69
Aus: Die römische Kunst, S. 55 ff.

WALTER BURKERT, geb. 1931, war Dozent bzw. Professor in Erlangen und Berlin. Er ist heute Professor für klassische Philologie an der Universität Zürich und war mehrfach Gastprofessor an amerikanischen Universitäten.
Werke: Antike Mysterien. [3]1994.
„Straße der Seligen" – griechische Mysterien 57
Aus: Antike Mysterien, S. 19–34.

WILHELM BUSCH (1832–1908), Maler, Zeichner und Dichter.
Der frommen Helene Versuchung und Ende 224
Aus Wilhelm-Busch-Album, 1. Buch, S. 39 ff.

DANTE ALIGHIERI (1265–1321), italienischer Dichter des Mittelalters.
Ein Blick in das Licht Gottes 113
Aus: Die Göttliche Komödie. Italienisch und Deutsch. Übersetzt von Hermann Gmelin. Teil 3: Paradiso – Das Paradies. Stuttgart [3]1991. 33. Gesang, 46–145.
Abdruck mit Genehmigung des Klett-Cotta Verlages, Stuttgart.

JOHANN FRIEDRICH DIEFFENBACH (1792–1847), Berliner Chirurg, wandte als einer der ersten Chirurgen die Äther-Narkose an. Er machte sich verdient um die Entwicklung der Plastischen Chirurgie.
Äther – „der Tod hat nur noch sein halbes Grauen" 218
Aus: Heinrich Schipperges (Hg.), Gute Besserung. Ein Lesebuch über Gesundheit und Heilkunst. 1994, S. 143 f.

MIRCEA ELIADE (1907–1986), Professor für vergleichende Religionswissenschaft in Chicago.
Ereignis in Judäa: Die Auferstehung des Gekreuzigten 74
Odin. Gott der Toten, des Kriegs und der Ekstase 88
Aus: Geschichte der religiösen Ideen. Bd. 2: Von Gautama Buddha bis zu den Anfängen des Christentums. Freiburg, Basel, Wien 1979, S. 142–145; 288 ff.
Abdruck mit Genehmigung des Herder Verlages, Freiburg i. Br.

NORBERT ELIAS (1897–1990), Soziologe, seit 1954 Professor in Leicester, erhielt 1977 den Adorno-Preis der Stadt Frankfurt am Main.
Die Einsamkeit des Sterbenden 284
Aus: Über die Einsamkeit der Sterbenden in unseren Tagen. Frankfurt am Main 1982, S. 81–99.
© Suhrkamp Verlag, Frankfurt am Main 1982.

MICHEL FOUCAULT (1926–1984), französischer Philosoph und Schriftsteller.
Politische Disqualifizierung des Todes 178
Aus: Sexualität und Wahrheit. Bd. 1: Der Wille zum Wissen. Übersetzt von Ulrich Raulff und Walter Seitter. Frankfurt am Main 1977, S. 161–170.
© Suhrkamp Verlag, Frankfurt am Main 1977.

GUNDOLF S. FREYERMUTH, geb. 1955, freier Schriftsteller. Lebt in den White Mountains, Arizona, USA.
Werke: Berlin. Das Insider Lexikon (gem. mit Elke S. Freyermuth). 1993.
Vom Hamburger zur Kuh – Wiederauferstehungsutopie 255
Aus: KryoKonserven. Ein Besuch im Lager der lebenden Leichen, in: Kursbuch 119, Berlin 1995, S. 147–185.
Abdruck mit Genehmigung des Autors und des Rowohlt-Berlin Verlages, Berlin.

EGON FRIEDELL (1878–1938) lebte als Kabarettist, Schauspieler, Kritiker und Übersetzer in Wien, wurde vor allem aber als Schriftsteller und Essayist berühmt.
Werke: Die Kulturgeschichte Ägyptens und des alten Orients. 1980; Kulturgeschichte der Neuzeit. 1989; Kulturgeschichte Griechenlands.
Ägyptische Gräber 33
Aus: Kulturgeschichte Ägyptens, S. 180–185.

GILGAMESCH-EPOS (babylonisches Epos, um 1200 v. Chr.), handelt von den Fahrten des sagenhaften sumerischen Königs Gilgamesch (um 2600 v. Chr.) und seines Gefährten Enkidu.
„Was ist das für ein Schlaf?" 14

Aus: Das Gilgamesch-Epos. Übersetzt und mit Anmerkungen versehen von Albert Schott. Neu herausgegeben von Wolfram von Soden. Stuttgart 1988, S. 72 f., 75.
Abdruck mit Genehmigung des Verlages Philipp Reclam jun., Stuttgart.

RENÉ GIRARD (geb. 1923 in Avignon) ist Literaturwissenschaftler und Kulturanthropologe. Er lebt seit Ende der vierziger Jahre in den USA.
Die Rache der Toten 20
Aus: Das Heilige und die Gewalt. Aus dem Französischen von Elisabeth Mainberger-Ruh. Frankfurt 1992, S. 373–376.
Abdruck mit Genehmigung des Benziger Verlages, Braunschweig.

RICHARD GOMBRICH, geb. 1937, ist Boden-Professor für Sanskrit an der Universität Oxford und Fellow des Balliol College.
Werke: Der Buddhismus (Hg. gem. mit Heinz Bechert). 1989; früher u. d. T.: Die Welt des Buddhismus. 1984.
Das „Ausblasen der Feuer" – Buddhas Weg der Erlösung 42
Aus: Der Buddhismus, S. 15 f., 20–24.

ANDREAS GRYPHIUS (1616–1664), Dichter des Barock.
Vanitas! Vanitatum Vanitas 160
Aus: Albrecht Schöne (Hg.), Die Deutsche Literatur. Texte und Zeugnisse III. München 1968, S. 213ff.

AARON GURJEWITSCH, geb. 1924, em. Professor am Institut für allgemeine Geschichte der Akademie der Wissenschaften in Moskau.
Werke: Das Weltbild des mittelalterlichen Menschen. [4]1989; Mittelalterliche Volkskultur. [2]1992; Das Individuum im europäischen Mittelalter. 1994.
Egill Skallagrimsson: Das Lied vom Söhne-Verlust 96
Leben und Tod im Mittelalter 105
Aus: Das Individuum im europäischen Mittelalter, S. 83, 93–97; 119–140.

CHRISTIAAN L. HART NIBBRIG
Der Tod als Schlaf – ästhetische Immunisierung 189
Aus: Ästhetik des Todes. Frankfurt am Main 1995, S. 213–219.
Abdruck mit Genehmigung des Suhrkamp Verlages, Frankfurt am Main.

HANS-PETER HASENFRATZ, geb. 1938, ist Professor für Theologie der Religionsgeschichte an der Ruhr-Universität Bochum.
Werke: Zarathustra. In: Peter Antes (Hg.), Große Religionsstifter. 1992.
Altiranisches Begräbnis 22
Aus: Große Religionsstifter, S. 17.

CLAUDINE HERZLICH ist Sozialwissenschaftlerin am Centre de Recherche Médicine Maladie et Sciences Sociales in Paris.
Werke: Kranke gestern Kranke heute. Die Gesellschaft und das Leiden (gem. mit Janine Pierret). 1991.
Fleischgewordenes Übel 134
Krankheit und Schuld 154
Der Sterbende als Hauptdarsteller: Das große Zeremoniell. . . 171
Die romantische Krankheit 215
Prüfung durch Leiden, Freundschaft durch Leiden 263
Aus: Kranke gestern Kranke heute, S. 94ff.; 170–174; 175–178; 40f.; 180ff.

HOMER, griechischer Epiker, lebte im 8. Jh. v. Chr. im ionischen Kleinasien.
Troja: Klagegesänge für Hektor 23
Aus: Ilias. Neue Übersetzung, Nachwort und Register von Roland Hampe. Stuttgart 1979, S. 526–529.
Abdruck mit Genehmigung des Verlages Philipp Reclam jun., Stuttgart.

MALTE HOSSENFELDER, geb. 1935, ist Professor für Philosophie an der Universität Münster.
Werke: Die Philosophie der Antike 3. Stoa, Epikureismus und Skepsis (= Bd. 7 der von W. Röd herausgegebenen Geschichte der Philosophie). 1985; Epikur. 1991.
Epikur: „Der Tod geht uns nichts an“. 67
Aus: Epikur, S. 80–83.

KURT HÜBNER, geb. 1921 in Prag, ist ordentlicher Professor für Philosophie an der Universität Kiel. Seine Hauptgebiete sind Wissenschaftstheorie, Philosophie der Geschichte, des Mythos, der Religion und Politik.

Werke: Die Wahrheit des Mythos. 1985; Die zweite Schöpfung.
Das Wirkliche in Kunst und Musik. 1994.
Die Wirklichkeit der Verstorbenen. 26
Aus: Die Wahrheit des Mythos, S. 227–232.

JEAN PAUL (Johann Paul Friedrich Richter; 1763–1825) stammte
aus einer oberfränkischen Predigerfamilie; Studium der Theologie
in Leipzig; Hauslehrer, Schriftsteller.
Fragwürdiges Jenseits: Die Rede vom toten Christus 196
Aus: Siebenkäs. Blumen-, Frucht und Dornenstücke oder Ehestand, Tod und Hochzeit des Armenadvokaten F. St. Siebenkäs im
Reichsmarktflecken Kuhschnappel. Frankfurt 1987. Bd. 2, 1. Blu-
menstück, S. 275–280.

CHARLOTTE VON KALB (um 1785)
Das eigene Grabmal. 188
Aus: Andrea van Dülmen (Hg.), Frauenleben im 18. Jahrhundert.
München 1992, S. 368 f.

REINHART KOSELLECK, geb. 1923, ist ordentlicher emeritierter
Professor für Geschichte in Bielefeld.
Das Kriegerdenkmal. 226
Aus: Kriegerdenkmale als Identitätsstiftungen der Überlebenden,
in: Odo Marquard/Karlheinz Stierle (Hg.): Identität. München
1979, S. 271–274.
Abdruck mit Genehmigung des Wilhelm Fink Verlages, München.

EMMANUEL LE ROY LADURIE, geb. 1929, Professor am Collège de
France, Paris.
Seelenboten – Nachrichten aus dem Jenseits 116
Aus: Montaillou. Ein Dorf vor dem Inquisitor 1294 bis 1324. Ber-
lin 1980. S. 369, 371–375.
Abdruck mit Genehmigung des Ullstein Verlages, Berlin.

MARY R. LEFKOWITZ ist Professor für Geisteswissenschaften am
Wellesley College (Mass.).
Antike Märtyrerinnen. 64
Werke: Die Töchter des Zeus. Frauen im alten Griechenland. 1992.
Aus: Die Töchter des Zeus, S. 122–125.

KLAUS MAAG
Aids – „ich vermisse euch" 266
Aus: „Warum gerade ich?", in: Der Spiegel 11/1995, S. 204 ff.

MICHAEL MAAR
Auf nichts ist mehr Verlaß: Nachrichten vom „Nahtod". 282
Aus: Vorhölle des Schmocks. In: Frankfurter Allgemeine Zeitung
70 vom 24. 3. 1994, S. 36.
Abdruck mit Genehmigung von Herrn Michael Maar und der
Frankfurter Allgemeinen Zeitung.

THOMAS H. MACHO
Wir erfahren Tote, keinen Tod 293
Aus: Todesmetaphern. Zur Logik der Grenzerfahrung. Frankfurt
am Main 1987, S. 195 f., 408–412.
© Suhrkamp Verlag, Frankfurt am Main 1987.

MARGARETA PORETE (ca. 1250–1310)
Mystischer Tod 112
Aus: Christliche Mystik. Texte aus zwei Jahrtausenden. Herausge-
geben von Gerhard Ruhbach und Josef Sudbrack. 1989, S. 162.

THOMAS MORUS, geb. 1478, enthauptet am 6. Juli 1535 in London.
Englischer Staatsmann und Humanist.
Werke: Utopia. Ein wahrhaft kostbares und ebenso bekömmliches
wie kurzweiliges Buch über die beste Staatsverfassung und die
neue Insel Utopia. 1989.
Der Tod in Utopia 146
Aus: Utopia, S. 158–161.

SHERWIN B. NULAND lehrt an der Yak University Chirurgie.
Die Tragödie des Horace Giddens 269
Aus: Wie wir sterben. Ein Ende in Würde? München 1994, S. 60–67.
© 1994 Kindler Verlag, München.

IRIS ORIGO lebte in England und Italien und veröffentlichte zahlreiche Bücher über italienische Geschichte und Literatur. Sie war
Mitglied der Royal Society of Literature und Ehrendoktorin

zweier amerikanischer Universitäten. 1966 erhielt sie für ihre historischen Studien die Isabella-d'Este-Medaille. Sie starb 1988.
Werke: „Im Namen Gottes und des Geschäfts". Lebensbild eines toskanischen Kaufmanns der Frührenaissance – Francesco di Marco Datini. [2]1986; Der Heilige der Toscana. Leben und Zeit des Bernadino von Siena 1380–1444. 1989.
Der Schwarze Tod und die Weißen Brüder 125
Aus: „Im Namen Gottes und des Geschäfts", S. 280–295.

Publius Ovidius Naso (43 v. Chr.–17 n. Chr.), römischer Dichter.
Orpheus und Eurydike 72
Aus: Metamorphosen. Übersetzt von E. Rösch. München, S. 361, 363.
Abdruck mit Genehmigung des Artemis & Winkler Verlages, Zürich.

Paulus (jüdischer Name: Saul), geb. etwa 10 n. Chr., stammte aus einer jüdischen Familie, wurde bald nach 30 zum Jünger Jesu bekehrt. Mehrere Missionsreisen im Mittelmeerraum. 64 in Rom hingerichtet.
„So werden in Christus alle lebendig…" 79
Aus: 1. Brief an die Korinther, Kapitel 15. In: Die Heilige Schrift des Neuen Testamentes. Übersetzt aus der authentischen Vulgata von J. F. Allioli. Freiburg i. Br. 1949.
Abdruck mit Genehmigung des Herder Verlages, Freiburg i. Br.

Samuel Pepys (1633–1703), englischer Schriftsteller, hatte nach einem Studium in Cambridge hohe Verwaltungsposten inne. Zeitweilig aus politischen Gründen in Haft.
„Der schönste Traum meines Lebens" 163
Aus: Tagebuch aus dem London des 17. Jahrhunderts. Ausgewählt, übersetzt und herausgegeben von Helmut Winter. Stuttgart 1980, S. 262–265.
Abdruck mit Genehmigung des Verlages Philipp Reclam jun., Stuttgart.

Janine Pierret ist Sozialwissenschaftlerin am Centre de Recherche Médicine Maladie et Sciences Sociales in Paris.

Werke: Kranke gestern Kranke heute. Die Gesellschaft und das Leiden (gem. mit Claudine Herzlich). 1991.

Fleischgewordenes Übel 134
Krankheit und Schuld............................ 154
Der Sterbende als Hauptdarsteller: Das große Zeremoniell. . . . 171
Die romantische Krankheit 215
Prüfung durch Leiden, Freundschaft durch Leiden 263
Aus: Kranke gestern Kranke heute, S. 94 ff.; 170–174; 175–178; 40 f.; 180 ff.

ANNEMARIE PIEPER, geb. 1941, seit 1981 Ordinaria für Philosophie an der Universität Basel.
Werke: Albert Camus, 1984.
Camus' „Sisyphos" und das Absurde des Lebens. 233
Aus: Albert Camus, S. 92–101.

PLATON (427–347 v. Chr.), griechischer Philosoph.
Der Abschied des Sokrates 54
Aus: Phaidon, in: Platon, Klassische Dialoge. Übersetzt von Rudolf Rufener. Zürich 1958.
Abdruck mit Genehmigung des Artemis Verlages, München und Zürich.

FRANÇOIS RABELAIS (1494–1553), zunächst Ordens-, später Weltgeistlicher, Arzt, Schriftsteller.
Spöttischer Dialog: „Lustfeuer des Himmels" 148
Aus: Gargantua und Pantagruel. Aus dem Französischen übersetzt von Walter Widmer und Karl August Horst. Bd. 1. München, S. 937–940.
Abdruck mit Genehmigung des Artemis & Winkler Verlages, Zürich.

WOLFGANG RÖD, geb. 1926, ist Professor für Philosophie an der Universität Innsbruck.
Werke: Descartes. [3]1994; Dialektische Philosophie der Neuzeit. [2]1986; Erfahrung und Reflexion. 1991; Der Gott der reinen Vernunft. 1992; Der Weg der Philosophie. Bd. 1: Altertum, Mittelalter, Renaissance. 1994; Geschichte der Philosophie in 12 Bänden (Hg.), darin: Bd. 1. Die Philosophie der Antike 1. Von Thales bis Demo-

309

krit. ²1988; Bd. 7. Die Philosophie der Neuzeit 1. Von Francis Bacon bis Spinoza. 1978; Bd. 8. Die Philosophie der Neuzeit 2. Von Newton bis Rousseau. 1984.

Pythagoreische Seelenwanderungslehre 49
Aus: Geschichte der Philosophie. Bd. 1: Von Thales bis Demokrit, S. 53, 56 ff.

Religionskritik. Paul Henri Thiry d'Holbach. 185
Aus: Geschichte der Philosophie. Bd. 8: Die Philosophie der Neuzeit 2. Von Newton bis Rousseau, S. 222–228.

RUGGIERO ROMANO, geb. 1923 in Fermo; studierte an der Philosophischen Fakultät der Universität Neapel; seit 1951 Directeur d'Études an der École Pratique des Hautes Études in Paris (VI. Sektion), wo er eine Reihe von Vorlesungen über die Wirtschaftsgeschichte Italiens und Lateinamerikas hielt; war Gastprofessor an polnischen und lateinamerikanischen Universitäten.

Abscheu vor der Endlichkeit: Die makabren Themen 138
Aus: Fischer Weltgeschichte. Bd. 12: Die Grundlegung der modernen Welt. Spätmittelalter, Renaissance, Reformation. Herausgegeben und verfaßt von Ruggiero Romano und Alberto Tenenti. Frankfurt 1976, S. 117–121.
Abdruck mit Genehmigung des Fischer Taschenbuch Verlages, Frankfurt am Main.

KLAUS SAGASTER, geb. 1933, ist Professor für Sprach- und Kulturwissenschaft Zentralasiens in Bonn.

Kulturtransfer. Das tibetanische Totenbuch 275
Aus: Grundgedanken des tibetanischen Totenbuches, in: Hans-Joachim Klimkeit (Hg.), Tod und Jenseits im Glauben der Völker. Wiesbaden 1994, S. 175–187.
Abdruck mit Genehmigung des Harrassowitz Verlages, Wiesbaden.

HENRI SANSON war der letzte Henker aus der Pariser Scharfrichterdynastie der Sanson.
Werke: Tagebücher der Henker von Paris 1685–1847. 2 Bde. ³1989.

Staatliches Grauen: Die Hinrichtung Damiens. 175
Aus: Tagebücher der Henker von Paris 1685–1847. Bd. 1, S. 215–218.

ALBRECHT SCHÖNE, geb. 1925, ist ordentlicher emeritierter Professor der Deutschen Philologie in Göttingen. Von 1980 bis 1985 war er Präsident des Internationalen Germanistenverbandes.
Werke: Kürbishütte und Königsberg. Modellversuch einer sozialgeschichtlichen Entzifferung poetischer Texte. Am Beispiel Simon Dach. [2]1982; Goethes Farbentheologie. 1987; Emblematik und Drama im Zeitalter des Barock. [3]1993; Götterzeichen, Liebeszauber, Satanskult. Neue Einblicke in alte Goethetexte. [3]1993; Aufklärung aus dem Geist der Experimentalphysik. Lichtenbergs Konjunktive. [3]1993; Das Zeitalter des Barock (Hg.; = Bd. 3 von: Die Deutsche Literatur. Texte und Zeugnisse. In Verb. mit H. de Boor, H. Heger, A. Schöne, H. E. Haas, B. von Wiese, hg. von W. Killy). [3]1988; G. Ch. Lichtenberg, Briefwechsel. Hg. von U. Joost und A. Schöne. 4 Bde. 1983–1992.
Bühnenbilder: „Der Schauplatz liegt voll Leichen" 161
Aus: Emblematik und Drama im Zeitalter des Barock, S. 217–219.

ARTHUR SCHOPENHAUER (1788–1860), Philosoph.
„Kurze Vergangenheit" – über das Alter 219
Aus: Aphorismen zur Lebensweisheit. Herausgegeben und mit einem Vorwort von Arthur Hübscher. Stuttgart (Reclam) 1972, S. 238 f.

GERHARD SCHULZ, geb. 1928, ist Emeritus für deutsche Sprache und Literatur der Universität Melbourne.
Werke: Die deutsche Literatur zwischen Französischer Revolution und Restauration. Erster Teil: Das Zeitalter der Französischen Revolution 1789–1806. 1983; Zweiter Teil: Das Zeitalter der napoleonischen Kriege und der Restauration 1806–1830. 1989; Novalis: Werke. Hg. und kommentiert von G. Schulz. [3]1987.
Liebe und Tod – „Penthesilea" 200
Aus: Die deutsche Literatur zwischen Französischer Revolution und Restauration. Teil 2: Das Zeitalter der napoleonischen Kriege und der Restauration 1806–1830, S. 646–649.

JORGE SEMPRUN, geb. 1923, französischer Schriftsteller spanischer Herkunft, 1943 deportiert ins Konzentrationslager Buchenwald. 1988 bis 1991 Kulturminister im Kabinett von Felipe González. Lebt in Paris.
„Unter dem Lachen der SS-Männer" 229

Aus: Die große Reise. Roman. Frankfurt am Main 1981, S. 166–170.
© Suhrkamp Verlag, Frankfurt am Main 1981.

VILLY SØRENSEN, geb. 1929, Dr. h. c., einer der bedeutendsten dänischen Schriftsteller der Gegenwart. Sein Werk umfaßt Erzählungen sowie Bücher über literarische, philosophische und politische Themen, u. a. über Nietzsche, Kafka, Schopenhauer. 1974 erhielt er in Lübeck den Henrik-Steffens-Preis.
Werke: Seneca. Ein Humanist an Neros Hof. [2]1985; Apolls Aufruhr. 1991.
Seneca an Lucilius – Todesgedanken 82
Aus: Seneca, Ein Humanist an Neros Hof, S. 180–184.

ALBERTO TENENTI, geb. 1924 in der Toskana; studierte an der Universität Pisa Geschichte und Philosophie. Er ist gegenwärtig Directeur d'Études an der École Pratique des Hautes Études in Paris.
Abscheu vor der Endlichkeit: Die makabren Themen 138
Aus: Fischer Weltgeschichte. Bd. 12: Die Grundlegung der modernen Welt. Spätmittelalter, Renaissance, Reformation. Herausgegeben und verfaßt von Ruggiero Romano und Alberto Tenenti. Frankfurt 1976, S. 117–121.
Abdruck mit Genehmigung des Fischer Taschenbuch Verlages, Frankfurt am Main.

MANFRED VASOLD, geb. 1943, Dr. phil., hat als Sozialhistoriker auch viele Jahre lang Erfahrungen im öffentlichen Gesundheitswesen gesammelt.
Werke: Pest, Not und schwere Plagen, 1991.
Die Mortalität in den großen Städten. 203
Erfolge in der Seuchenbekämpfung 220
Aus: Pest, Not und schwere Plagen, S. 198–202; 259ff.

MICHEL VOVELLE, geb. 1933, ist em. Professor an der Universität Paris Sorbonne, wo er den Lehrstuhl für die Geschichte der Revolution innehat.
Werke: Der Friedhof. In: Heinz-Gerhard Haupt (Hg.), Orte des Alltags. Miniaturen aus der europäischen Kulturgeschichte. 1994. S. 267–276.

Wandel der Friedhöfe und neues Familiengefühl 209
Aus: Orte des Alltags, S. 270–274.

Andy Warhol (1928–1987), amerikanischer Popkünstler und Filmregisseur.
Auflösen. 248
Aus: S. Hesper, Die Krankheit Tod, in: taz 21/22. 1. 1995, S. 15 f.
Abdruck mit Genehmigung der taz, Berlin.

Max Weber (1864–1920), Volkswirtschaftler und Soziologe, Professor in Berlin, Freiburg i. Br., Heidelberg, Wien und München.
Reformation des Jenseits 150
Aus: Die protestantische Ethik und der „Geist" des Kapitalismus. Auf der Grundlage der ersten Fassung von 1904/1905 herausgegeben von K. Lichtblau und J. Weiß. Bodenheim 1993. S. 56–62.

Heide Wunder, geb. 1939, ist Professorin für Sozial- und Verfassungsgeschichte der Frühen Neuzeit in Kassel. Neben zahlreichen Veröffentlichungen zur Frauengeschichte hat sie vor allem zum Wandel der ländlichen Gesellschaft publiziert.
Werke: „Er ist die Sonn', sie ist der Mond". Frauen in der frühen Neuzeit. 1992.
Riskante Schwangerschaft 166
Aus: „Er ist die Sonn', sie ist der Mond", S. 156–160.

Buchanzeigen

„Denker" in der Beck'schen Reihe

Friedo Ricken
Antike Skeptiker
1994. 174 Seiten. Paperback
Beck'sche Reihe Band 526

Andreas Graeser
Ernst Cassirer
1994. 235 Seiten mit 5 Abbildungen. Paperback
Beck'sche Reihe Band 527

Malte Hossenfelder
Epikur
1991. 177 Seiten. Paperback
Beck'sche Reihe Band 520

Alfred Schöpf
Sigmund Freud
1982. 244 Seiten mit 8 Abbildungen und 2 Graphiken. Paperback
Beck'sche Reihe Band 502

Heiner Roetz
Konfuzius
1995. 133 Seiten mit 4 Abbildungen. Paperback
Beck'sche Reihe Band 529

Günter Figal
Sokrates
1995. 144 Seiten mit 6 Abbildungen. Paperback
Beck'sche Reihe Band 530

Verlag C. H. Beck München

Briefe – Biographien – Selbstzeugnisse

John M. Hull
Im Dunkeln sehen
Erfahrungen eines Blinden
Aus dem Englischen von Silvia Morawetz
2. Auflage. 1992. 242 Seiten. Gebunden

Roger Dufraisse
Napoleon
Revolutionär und Monarch. Eine Biographie
1994. 181 Seiten mit 13 Abbildungen. Leinen

Nicholas Boyle
Goethe. Der Dichter in seiner Zeit
Band 1: 1749–1790
Aus dem Englischen von Holger Fliessbach
1995. 885 Seiten mit 37 Abbildungen. Leinen

Ruth-Alice von Bismarck/Ulrich Kabitz (Hrsg.)
Brautbriefe Zelle 92
Dietrich Bonhoeffer – Maria von Wedemeyer 1943–1945
Mit einem Nachwort von Eberhard Bethge
41. Tausend. 1995. XIV, 308 Seiten mit 28 Abbildungen
und 2 Faksimiles im Text. Leinen

Gershom Scholem – Briefe
Im Auftrag des Leo-Baeck-Instituts
Band I: 1914–1947
Herausgegeben von Itta Shedletzky
1994. XV, 525 Seiten mit 14 Abbildungen und 6 Faksimiles. Leinen
Band II: 1948–1970
Herausgegeben von Thomas Sparr
1995. 351 Seiten mit 7 Abbildungen und 1 Faksimile. Leinen

Verlag C. H. Beck München